农村法律援助体系的创新和发展研究

梁高峰 著

Northwest University of politics & Law
西北政法大学
经济法学院
School of Economic Law

长安经济法学文库
14

法律出版社
LAW PRESS · CHINA

编审委员会

经邦济世　长治久安

（总序）

长安，作为一个地理名词，是指位于渭河平原中部，东经108.9°、北纬34.2°的关中平原地区。西汉至北周时期的长安城，位于今天西安市西北侧的龙首原，而隋唐长安城则坐落在今天的西安市区。长安，对于华人来说，似乎天然地带着浓厚的历史印记，成为一种中华文明的图腾与中国古代历史象征。这不仅仅是因为曾有13个古代王朝在这里定都，延续近千年的古都历史；更在于这自秦岭北坡向渭河平原上铺展开来的历史长卷中浸透的周秦风骨与汉唐血脉，在当时历史背景下所能达至的人类思想文化的交流、包容的自由境界，以及以文景之治、贞观之治、开元之治为代表的社会文明、安定、经济繁荣的程度。正如古斯塔夫·拉德布鲁赫所言："每一种法律思想都不可避免地带有它得以型塑的'历史气候'的标记，大多从一开始就被不知不觉地限定在历史可能性的界限之内，正是在此意义上它们与事物的性质相关联。"长安也不例外，我们无意人为地去美化和拔高长安在历史文化上的地位和意义，然而，就与其紧密联系的特定历史时期而言，我们应当肯定古人的历史格局与视野。因此，我们在将这套丛书命名为"长安经济法学文库"时便带有了这种单纯的自傲与深深的自省。

西北政法大学创立于战火纷飞的1937年的红都延安，1949年南迁西安，即历史文化古城长安。一路走来，历经陕北公学、延安大学、西北人民革命大学、中央政法干校西北分校、西安政法学院、西北政法学院，今天的西北政法大学有新、老 2 个校区。老校区坐落于古城西安大雁塔旁的长安南路上，谓之雁塔校区；新校区位于秦岭北麓的长安区韦郭路上，谓之长安校区。经济法学院是西北政法大学 12 个学院之一，创建于 1985 年 8 月，原名经济法系，是经司法部批准的全国首批设立的经济法系之一。1999 年 5 月更名为法学二系（经济法方向）。2006 年 11 月学校更名为大学之后成立经济法学院。经济法学院现有教职员工 67 人，其中专业课教师 54 人，教辅人员 14 人；教授 9 人，副教授 22 人；博士 8 人，博士在读 14 人。我院现设有 1 个法学（经济法方向）本科专业和经济法学、环境与资源保护法、知识产权法学、劳动与社会保障法学 4 个硕士学位点；设经济法学、知识产权法学、环境与资源保护法学、财税金融法学、劳动与社会保障法学、企业法与合同法学 6 个教研室；经济法学、房地产法学、金融法学、知识产权法学、环境与资源保护法学、法律经济学、劳动与社会保障法学、动物保护法学等 22 个研究中心。目前，已形成了在国内法学界具有重要影响的 7 个研究方向，即劳动与社会保障法研究方向、知识产权法与科技法研究方向、环境与资源保护法研究方向、金融法研究方向、房地产法研究方向、企业法研究方向、动物保护法学方向。目前，从综合实力上来讲，西北政法大学经济法学院已经成为全国有重要影响的法学院。

"长安经济法学文库"是西北政法大学经济法学院遴选本院教师的优秀研究成果，资助出版的一套学术丛书。其选题涵盖了目前我院的经济法、劳动与社会保障法、环境资源法、知识产权法及企业公司法 5 个学科。这套丛书的出版，首先，得益于经济法学院近年来在科研学术水平上的不断提高和积累。学术研究是学校教学的基础，而创新则是学术研究的灵魂所在。经济法学院教师在学术研究中努力前行，追求创新，成果颇丰。在最近 5 年中共发表学术论文 500 多篇，其中被核心期刊、中国人民大学书报资料中心《复印报刊资料》等刊物转载、转摘计 123 余篇；出版学术专著 17 部；获省部级奖励及其他获奖共 29 项；目前承担科研项目共 55 项，其中国家级项目 7 项，省部级项目 16 项，厅级、校级项目 26 项。同时，我院教师出版教材 26 部，获省部级优秀教学成果奖 2 项。其次，丛书的出版也得益于经济法重点学科的建设。近年来，经济法学院始终把学科建设作为龙头工作来抓，取得了良好的效果。我院经济法学学科 1995 年被评为司法部重点学科，2001 年被评为省级重点学科。经济法学课程 2003 年被评为陕西省首届省级精品课程，金融法学、知识产权法学课程 2006 年被评为省级精品课程，劳动和社会保障法学课程在 2010 年 5 月被评为国家级精品课程，是当时全国唯一的劳动与社会保障法学的精品课程。再次，丛书的出版也得益于经济法学院的人才培养计划。经济法学院实施传、帮、带的人才培养模式，支持、鼓励青年教师学业和教学科研水平提升。近3年来,专业教师中获得博士学位的有6名,博士在读的有14名。收入本文库的部分著作就是他们的博士学位论文中的精品。最后,丛书的出版也得益于法律出版社对西北政法大学经济法学院的支持和帮助。

经济法学是经世济民、安邦致用的学科,经济法学院则应是培养人才、创新学术和服务社会的园地。故而"经邦济世法魂系之,智识无涯学脉永续"是我们的办院宗旨。"长安经济法学文库"汇聚近年来西北政法大学经济法学院的科研成果,展示了经济法学院教师的教学科研能力,正是对我们学院宗旨的诠释。

公元前200年(汉高祖七年)2月,西汉朝廷正式迁入长安,"长安"之用意在于"欲其子孙长安都于此也"。而在2200多年后的今天,当我们编纂这套"长安经济法学文库"时,已经没有了封建帝王千秋万代家天下的美梦黄粱,取而代之的是现代社会主义法律人对于"经邦济世、长治久安"和谐社会的期冀。我想这是对"长安经济法学文库"最美好的祝福,也是对伟大祖国的最美好的祝福。

强　力*

长安静雅斋

2010年7月1日

* 西北政法大学经济法学院院长,教授。

序 言

公民基本权利的保护,一方面需要法律确认权利的存在,另一方面在这些权利被侵犯时,能够通过有效的途径及时得到救济。没有救济的权利不是权利,迟来的正义是非正义。在我们建设社会主义法治国家、推行法治国家法治社会伟大战略中,引导公民通过法律途径解决纠纷,依法维护自身合法权益,是法治国家法治社会的重要内容和手段。但是,司法活动具有很强的专业性,由于经济条件、受教育程度、法律素养和法律意识的不同,公民个人通过自身力量进行权利救济是有限的,有偿的法律服务成为市场经济条件下公民维护合法权益进行权利救济的重要手段。但是,对于经济困难或具有其他情形的社会弱势群体,在无力通过自身力量维护合法权益,又无力通过支付高昂的费用购买私人律师法律服务时,其基本权利的存在也仅仅具有书面意义。因此,法律援助制度从一开始就承担着保障司法公正、保护弱势群体合法权益以及维护社会正义的基本职责,是国家和社会的一项重要法律制度。

经过几十年的发展,中国经济以及社会各方面事业取得了举世瞩目的成就,尤其是近年来党和政府采取了一系列的惠民政策,城乡居民生活取得了极大改善,城乡社会保障事业也得到了长足发展,中国社会正向着全面建成小康社会稳步前进。但是,由于长期的城乡经济社会二元化发展格局,形成了中国经济社会事业发展的城乡分野,广大的农村地区在经济和社会事业发展中远远落后于城镇地区。一方面,人均收入城乡差距依然非常大,在一定程度上还表现出进一步扩大趋势;另一方面,在城镇社会保障逐步健全、保障力度不断提高的新形势下，农村社会保障才刚刚开始。城乡差别以及农村公民应对生存及其他社会风险的弱势性非常突出。统筹城乡发展，促进农村地区社会经济各方面事业的较快发展，是当前中国社会面临的巨大课题。

从1994年试点开始，中国的法律援助经过20多年的发展，取得了很大进步，逐步走上了法制化和规范化道路，为保障司法公正、维护社会正义起到了积极作用。但是，我们同样看到，中国法律援助在发展中也凸显出一些问题，尤其是在实践中表现出的城乡发展的极不均衡，严重地违背了法律援助制度的价值导向——越需要法律援助的人越得不到法律援助。首先，就当前中国社会发展实际情况而言，贫困人口绝大多数分布在农村，作为对经济困难和弱势群体的法律援助事业，其在农村的需求巨大，其发展的重点也在农村地区。其次，由于受资金和法律专业人员匮乏的制约，农村法律援助的发展却严重滞后。

党的十八届四中全会提出了全面推进依法治国的伟大战略，农村法律援助作为一项政府责任，也承担着社会救助的职能和作用。创新和发展农村法律援助从某种意义上说，不但是统筹发展城乡法律援助事业、维护农村弱势群体的合法权益、维护司法公正和社会正义的必然选择，也是积极推进法治农村、“送法下乡”、实现城乡社会经济事业统筹发展、完善农村社会救助与社会保障的重要举措。这在当前中国具有重要的历史和现实意义。

目　录

第一章　法律援助论

第一节　法律援助本体论

一、法律援助的概念

法律援助(Legal Aid),也称“法律扶助”“法律救助”。鉴于各国法律文化传统和法律制度的构建并不一致,对于法律援助的认识亦不相同。不同的学者采用不同的方法、从不同的视角出发对其定义亦不相同,可以说对于法律援助的界定并无通说。① 但是,近年来国内的理论界、实务界以及国务院颁布的《法律援助条例》中都采用了“法律援助”的概念。所以,如此的概念表述在我国被统一使用。法律援助虽然有不同的表述方式和不同层面的含义,但其实质应当为:为贫者、弱者、少者、残者施以法律救济和帮助,保障人权,实现司法公正,体现法律面前人人平等的精神。

法律援助有广狭义之分。广义上法律援助指国家、社会组织以及占有一定资源的社会个人对经济困难的人以

---

① 英国《简明不列颠百科全书》将法律援助表述为,“法律援助是在免费或者收费很少的情况下,对需要专业性法律帮助的穷人所给予的帮助”;我国台湾地区学者蒋耀祖将法律援助表述为“平民之法律扶助,而为维护合法之权益”;我国原司法部副部长张耕将法律援助定义为“法律援助制度,是指国家在司法制度运行的各个环节和各个层次上,对因经济困难及其他因素而难以通过通常意义上的法律救济手段保障自身基本社会权利的弱者,减免收费提供法律帮助的一项法律保障制度”;日本《法律援助法纲要(草案)》第一章总则第2条规定,“本法所称法律援助,是指就有关法律纠纷、法律事务对被援助者提供法律服务以及费用的援助”,“本法所称法律援助费用,是指进行法律援助的律师的费用以及审判和其他法律程序所需要的一切费用”。

及因其他原因而无法实现法律权利的人提供诉讼或者非诉讼法律援助的活动。广义上法律援助的概念把法律援助的主体、受体以及法律援助的原因条件进行扩大解释,突破了以往对单纯因经济困难无力诉讼的人的法律援助,是最宽泛意义上的法律援助。广义上法律援助的概念可以涵盖一些社会发展过程中出现的新情况,把其纳入法律援助的范畴,可以很好地维护受援助人的法律权利,化解社会纠纷和矛盾,维护社会和谐,但其不足是范围不清,难以界定,因此,在现实生活中具体界定的时候可操作性不强。狭义上法律援助则专指法律援助专门机构和社会律师为因经济困难无法通过诉讼实现自己权利的人提供的诉讼和非诉讼法律帮助活动。根据狭义法律援助的概念可以明确界定法律援助的范围,但此范围较窄,界定不准确,因此,需要适当地延展界定:法律援助是指政府通过建立专门机构配备专门人员为经济困难者以及社会弱者提供法律服务并承担相关费用,或者通过政府购买私人法律服务向经济困难者或者其他弱势群体提供免费法律服务,以实现公民基本权利的平等实现,实现司法公正。

二、法律援助的起源

法律援助起源于500多年前的英国。1495年英国议会颁布法令规定:“在某行政区域内的需要进行诉讼或其他法律服务的穷人,可以在司法官批准后免除向国王缴费或是从事法律活动的费用。”①自15世纪末期,英格兰法律就赋予穷人享有免除诉讼费的权利,根据英格兰《最高法院章程》的规定,没有能力支付民事诉讼费用的人可以获得高等法院和上诉法院给予的法律援助。1771年西班牙颁布法令要求建立律师协会为穷人免费服务。② 20世纪中期,世界上大多数的发达国家相继建立起法律援助制度,并逐步完善。作为现代法制建设重要内容之一,越来越多的发展中国家为了实现司法公正和社会正义,根据本国国情相继建立了法律援助制度。

三、法律援助的发展

法律援助制度的历史演进经历了3个主要的历史阶段。第一个阶段是“社会慈善阶段”,为该制度的萌芽和初始发展阶段,在这一阶段,法律援助仅限于对穷人的法律救助,且多是通过律师具有慈善性质的行为来帮助穷人通过司法途径保

① [美]马丁·梅耶:《法律公正的理念与贫困问题》,胡显耀译,江苏人民出版社2001年版,第261页。

② 参见张耕:《中国法律援助制度诞生的前前后后》,中国方正出版社1998年版,第201页。

障自己权利的实现,此时律师为穷人提供法律援助并没有法律上的依据,律师提供法律援助的行为不是法律规定的义务,而仅是一种道德义行。到第二阶段,法律援助逐渐具有了福利的色彩,成为一种国家福利。此本阶段可以称为“国家福利阶段”。随着资本主义经济的发展,社会问题开始暴露出来,但资本主义本身的痼疾导致贫富差距悬殊,为了保障穷人的权利,实现社会公平、平等,资本主义国家开始从社会制度乃至法律制度上进行构建。到第三个阶段,法律援助被却认为是国家责任,公众期待国家去完成该项任务。在联合国《公民权利和政治权利国际公约》(International Covenant on Civil and Political Rights)通过之后,法律援助因此被授以人权保障的内涵,许多国家的国内法都规定了法律援助的国家责任。国家开始从理念、原则、制度、规则等各个层面构建法律援助制度,并为制度的运行提供财政支持。作为现代法制的重要内容,越来越多的现代国家逐步建立并不断完善本国的现代法律援助制度,更为全面地发挥着保障人权、实现社会公平的功能。

我国法律援助制度萌芽于清末,民国时期的《公设辩护人条例》其实在一定程度上具备了法律援助制度的初步形态。但当时法律援助制度因律师的有限功用而没有发挥出更好的效果。中华人民共和国成立后,我国在一段时期内没有建立法律援助制度,直到 1994 年试点,1996 年成立国家法律援助中心。之后,我国《律师法》《刑事诉讼法》相继作出相关规定,法律援助的基本原则和制度框架陆续形成,2003 年我国颁布了《法律援助条例》,这标志着法律援助制度在我国有了更进一步的发展。至此,我国法律援助之法律体系的基本核心形成,这对我国法制建设发挥了重要的作用。

四、法律援助的基本理念

在实际生活中,公民一方面享受着法律规定层面的平等权利,另一方面却遭受着因经济等诸多外在因素所引起的不能实然享有应然权利的矛盾和落差。为了矫正非个例性的因经济因素等无法实现的法律权利,法律援助制度应时而生。一方面促使无法通过自己的能力实现法律应然权利的公民实现其程序和实体的权利,另一方面则承担着保障人权的重任。当前,对于法律援助制度的基础理念,所公认的主要有法治、公正和平等三项。

五、法律援助的功能与作用

无救济无权利。在确保公民享有的权利得到实现的各种措施中,法律援助是极其重要的一种措施。一个社会贫困和弱势群体的存在,是法律援助制度产生的直接社会原因。法律援助制度的建立也是社会保障制度的完善,对人权保障机制的健全,既体现出和谐社会的构建,完善法制,保障人权,又表现了国家实现司法公正、维护社会稳定的有效举措。我国法律援助的主要功能如下:

第一,扶助贫弱,保障人权。改革开放之后我国经济全面发展,各项活动随之开展,对公民权益的保护和重视增大,大量法律法规颁布以明晰公民的各项经济、政治权利。在矛盾纠纷出现时,大众通常需要采取诉讼或非诉讼的途径解决。但在现实中,公民实现法定权利的实际能力和法律条件存在较大差异。换言之,个人实现权利、保障权利所能达到的效果并不能完全和法律赋予的一致。对于经济困难、生理缺陷、心智不全和未成年等人群,在贫富差距日渐悬殊的现实情况下,如果不对这些群体予以平等的权利救济,则无异于默认了公民之间事实上的权利差别,这明显是在现代法治国家所不应当出现的。因此,根据宪法"法律面前人人平等"的精神而建立法律援助制度,可指定律师为贫弱群体提供法律帮助,保障其生存发展的权利,削减客观存在的不平等现象。

第二,推进诉讼进程、彰显司法正义。法律援助制度是司法公正的助力器,是实现诉讼的添加剂,彰显司法公正的内在价值。诉讼的最高价值司法公正的实现,需要有完善的法律制度、依法办事的高素质办案人员、享有充分的诉讼权利的双方当事人。要提升双方当事人法律素质绝非一朝一夕可以完成,但是相关法律援助在客观外力方面的加速推进,就能够使强弱差距缩小,达到势均力敌,双方都可以自由、平等地行使权利,最终实现公正裁决。如果现实中由于经济不济或其他原因,无法得到应有的法律帮助的公民大量存在,那么法律规范对公民权利规定得再完整无缺,最终也只是一纸空文,公民权利也成了"空中楼阁"。因此,建立实施法律援助制度是落实法律规定社会关系的重要手段。

第三,均衡控辩、公正诉讼。在刑事诉讼中,受害人的背后是国家刑侦机关等的支持,公诉中则是由业务水平较高的专业公诉人员直接挑战被告人。相比之下,被告人和自由受到限制的犯罪嫌疑人则成了司法程序中弱势的一群,面对技术娴熟的追诉,他们需要得到法律援助以充分得到申辩的权利,保障自身合法的权益。在民事诉讼中,诉讼的进行采取"谁主张、谁举证"的原则,但现实中原被告双方不总是势均力敌的平等,当一方处于弱势,就需要相应的法律援助施以帮助。在行政诉讼中,应诉的行政机关处在被告地位,应诉的代理人主要是政府法制部门的专员,毋庸置疑其法律素质和应诉水平优于起诉方的普通公民,更何况是经济困难、贫弱不济等弱势群体呢。

第四,消弭纷争,维护稳定。依仗法律公正的裁决和强有力的执行力,受损者的利益得到补偿,侵害者的责任得以追究,良好的社会秩序得以维持。但社会中,尤其是农村社会中，有理无钱、有理无权、有理无能的贫弱者状告无门、无处申冤的现象还时有发生，合法权益无法维护，进而激化社会矛盾，弱势群体中的少数人可能被失望和愤怒冲昏头脑铤而走险做出伤人害己的极端事件，恶化成刑事犯罪。①

六、法律援助的种类

第一，根据援助的主体不同，法律援助可分为：

（1）公证人员法律援助。公证员是指满足《公证法》所规定的必需要件，经法定程序取得公证执业资格证书，并在公证处专事公证事务的法律从业人员。公证员也要求具备相应的法律知识和能力。在我国法律援助事业发展的初期，这种人力资源的调配凸显了我国法律援助制度的特色。

（2）律师法律援助。律师是经法律职业资格考试并取得律师执业资格的具备专业理论知识与实务技能的专业法律人才。律师提供法律援助，即是由律师向符合援助条件的贫困居民提供专业法律咨询等服务，保障受援人程序权利和实体权利的法律援助模式。

（3）其他法律服务人员的法律援助。除律师、公证员外，我国法律专业人员还包括基层法律工作者、高校教师、高校法学专业学生、法官、检察官等，采取适当的措施使他们在其中发挥更大的作用，而且将在很大程度上缓解我国法律援助人才的紧缺问题。

第二，根据援助的内容不同，法律援助可分为：

（1）诉讼法律援助。顾名思义，诉讼法律援助，是指援助主体在诉讼活动中给予受援对象的援助。根据我国不同的诉讼活动领域，诉讼活动包括民事诉讼、行政诉讼、刑事诉讼。与此相对应的是民事诉讼领域的法律援助、行政诉讼领域的法律援助和刑事诉讼领域的法律援助。民事诉讼由于案件数量庞大，因此，集中了大量的法律援助资源，但由于经费支持不力，民事诉讼中的法律援助门槛比较高，导致实际上民事诉讼领域中的援助并不如理论层面的多；随着政府更多地参与市场活动，以及政府权限的明确，市场经济活动中因政府而引发的行政诉诉讼开始增多，行政诉讼领域的法律援助案件也呈上升趋势；由于刑事诉讼所涉社会关系和人身的纠纷比较严重，各国对于它的法律援助规定得较为全面，制度建设也较为完善。

（2）非诉讼法律援助。它的内容更为广泛，包括代写法律文书、参加调解、法律咨询、检查合同等。随着法律援助事业的发展，非诉讼法律援助的范围呈现扩

---

① 参见吕正春：《我国法律援助的价值功能及其实现途径》，载《党政干部学刊》2005年第4期。

大的趋势,非诉讼法律援助的扩大使用有利于预防矛盾纠纷的升级。从价值取向上来看,非诉讼法律援助的扩大使用有利于国家社会安定局面的实现。

第三,根据援助的作用不同,法律援助可分为:

(1)积极法律援助,又称预防性法律援助、事前法律援助。它是指在法律纠纷发生之前,就法律纠纷事实和行为进行调和、协商,使潜在的法律纠纷化解在发生之前,这种法律援助主要包括法律咨询、合同审查、出具法律意见书等。这在很大程度上降低了法律援助的成本,缓和了社会关系,为我们所提倡。

(2)消极法律援助,又叫事后法律援助,是指那些出现在法律纠纷之后,由律师、公证员或者其他专业法律人员向纠纷当事人提供的法律咨询、法律意见、法律服务的总称。消极法律援助的目的在于化解既有纠纷,恢复良好秩序。消极法律援助的成本通常不比积极法律援助成本低。

第四,根据援助模式的不同,法律援助可分为:

(1)专职律师模式。这种模式是由法律援助管理机关定向或者不定向地指定律师事务所的律师为法律援助的受援人提供法律援助的模式。如加拿大的"社区服务模式"和美国设计出的"公设辩护人计划"。

(2)私人律师模式。私人律师是指由矛盾纠纷的当事人按照自己的意愿选择私人律师提供的法律服务或者援助以化解纠纷的模式。比如,英国的法律援助、加拿大的"司法保护体系"等就是采取了这种模式。

(3)混合模式。即兼具专职律师模式特征和私人律师模式特征的法律援助模式,是两种模式的结合,故兼采两种模式的优长。

第五,根据援助经费的来源渠道不同,法律援助可分为:

(1)福利型法律援助,这是西方福利国家普遍采取的一种模式,福利型法律援助意指法律援助的经费全部或者大部分来自国家,如瑞典的法律援助。

(2)政府和社会结合型法律援助,它的意思是指援助的经费来源主要是国家财政拨款,社会筹款作为补充。这种模式一方面减轻了政府的财政压力,另一方面可以充分发挥社会资本的效用。故而为很多国家所采用。

第六,根据援助组织主体又可分为:

(1)政府法律援助,是指由政府设置专门机构,利用行政职权组织公证员、律师或基层法律工作者为经济困难等其他社会弱势群体免费提供法律服务,或者是由政府履行行政职责购买私人法律服务免费向经济困难者以及特殊刑事案件中的当事人等其他弱势群体提供法律帮助和服务。政府法律援助的特点为:①法律援助服务的方式需要通过政府履行行政职责设立的援助机构,对受援对象进行民事仲裁、诉讼代理、免费法律咨询、刑事辩护代理、公证代理、代写法律文书等。

②由政府提供法律援助。政府设立专门机构组织和实施相关援助工作,承担机构的办公经费和支付私人律师的办案补贴等各种费用。③援助对象是特定的,并非每个人在任何环境下都能够获取。④获得援助的启动程序特殊,一般是由经济困难的当事人在法律纠纷发生后主动申请或被指定而获取。

(2)民间法律援助,是除政府外而由其他社会团体或私人组织通过某种组织运行形式为特定区域、特定行业的穷困群体或其他社会弱势群体免费给予法律服务。我国民间法律援助业也有较大进步,某些社会团体成立了大量的民间法律援助机构。它的特点有:①方式灵活。它的机构不会受到政府部门的直接管理和政府法律援助受案范围的限制。实施民间法律援助的特定社会组织有着自己的活动章程,其内部设置比较简单明确,运作机制灵活迅速,提供援助的手段比较灵活多样。例如,我国工会、残联、妇联等社会组织或公益团体所成立的法律援助机构,它们在必要时就会与其他社会组织协商沟通,运用法律手段为受援人员出谋划策,提供无偿法律帮助,以期实现受援人权利得到全面有效的救济。②援助的公益性。民间法律援助机构的志愿者为经济不力或其他弱势群体提供援助不在政府法律援助规定的规制之下,政府所规定的法律援助的种种要求只是对所属于政府组织管理的援助机构产生约束力,对民间法律援助机构没有强制约束力,而仅供参考,舍取自由。因此,民间法律援助不仅为当事人提供更大范围的免费法律帮助,而且在很大程度上促进了我国的法治化进程,推动社会群体依靠法律,学习法律,运用法律,促进了我国法治的普及化、社会化。在争取社会公正和司法公正上,政府法律援助和民间法律援助发挥着相同的功效。③宗旨的多样性。不同的社会组织有不同的设立目标和事业追求,各自擅长的职能千差万别,依据各具特色的指导原则而运作,所以社会团体或私人组织在从事法律援助活动中的目的及基本指导原则就会表现出多样化的特点。例如,武汉大学弱势权益保护中心专门将行政诉讼的受援人作为其特定的法律援助对象,云南西双版纳妇女儿童法律健康咨询中心的设立是为云南妇女儿童提供专门的法律援助服务,坐落在北京的“打工妹之家”则是针对北京外来务工妇女而成立的。

两种法律援助存在以下区别:①管理主体不同。政府法律援助由政府设立管理,由国家财政对其提供经费保障。但民间法律援助主要由私人或社会团体设置成立,不受政府的直接领导。②设立的目的不同。政府的职责在于为公众提供服务管理,政府负有维护社会稳定的职责。政府法律援助的设立目的,是保障经济困乏者或其他社会贫弱者获得法律帮助以实现法律面前人人平等的崇高法律追求,这就是政府及其法律援助的职责所在。因此,大多规定统一的受援条件和标准。民间组织法律援助的设立并不是职责的潜在要求,并没有外在的公众期待或是社会要求，而是根据从事该法律援助服务的社会组织或私人团体的组织目标，专门针对特定行业或特定区域的弱势人群提供法律帮助，所谓的特定不同于政府法律援助的普通范围、普通标准，乃是以各自的要求决定服务的对象。③与受援人的关系不同。政府法律援助在性质上属于社会公共产品供给，法律规定政府作为法律援助的责任主体，因此，政府与受援人之间是一种法律上的权利义务关系。而民间组织法律援助活动带有传统的慈善公益色彩，为受援人提供法律援助并非来自法律，而主要出自道义。④服务的范围和方式不同。政府法律援助具有义务性、法定性，由法律明确规定法律援助的受案范围及其服务方式，有很明确的原则指导和程序要求，并且不能违背此要求。民间法律援助机构不受政府法律援助受案范围要求的制约，程序自定，标准自拟，宗旨自由，合法即可。受援对象并非全是经济困难者，其援助形式更加灵活多样。

政府可以集中力量办大事，是国家的管理服务者，大力发展政府主导型法律援助，可以在普遍的行业和广阔的范围内显示出独特而广泛的作用；但民间法律援助也是政府法律援助所无法取代的，发起社会动员，在政府财政有限、政府援助盲点等情况之下可以发挥民间法律援助独具特色的作用。有学者提出："政府与非政府组织之间的关系并非完全冲突，而更多的是以合作为特征。政府越来越需要非政府部门的帮助来满足社会的需要。"[①]在当前，我国各方面事业的发展都需要政府的财政助力，在转型时期政府难免有所透支财政，所以我国政府虽然很难给民间法律援助机构足够的财政支撑，但是可以在政策上对民间法律援助的发展提供适当便利，在设立和运作中给予技术指导和制度帮助，在宣传表彰上予以鼓励和嘉奖，在法律上授予民间组织的合法地位并提供指导和规范，如此大力倡导和推动民间法律援助全面发展具有重大意义。

七、法律援助的特征

法学界对此也存在不同的看法，有学者指出法律援助的三个特征：(1)国家性，即由国家主动出钱、出人设立，由国家拨付所需经费，组织实施法律援助；(2)福利性，即以减、免受援人原本应当支付费用的方式，来帮助受援人行使权利；(3)专业性，即通过专门的法律服务人员实施具体的法律帮助。也有学者认为法律援助的特征为：(1)国家行为性，即国家拨付法律援助经费，政府成立专门的机构和人员来具体实施；(2)公益性，即受援人符合法定的条件，国家通过减、免费用，使其能

---

① [美]莱斯·萨拉蒙：《公民社会与第三部门》，何增科译，社会科学文献出版社2000年版，第153页。

够享有同等的法定权利;(3)法律救济性,即在诉讼案件中,法律援助人员为受援人提供法律上的帮助,协助其正常行使应有的权利,维护司法的公正。还有学者认为法律援助的特征为:(1)受援人享受法律援助的无偿性和优惠性;(2)国家、社会承担援助经费的公助性;(3)律师、公证员等提供帮助的专业性。笔者通过对以上观点的比较、分析,现总结法律援助特点如下:(1)法律援助的国家性,是指法律援助属于政府的职责,政府提供财政经费上的保障,法律援助不再是社会或富有者对贫弱之人的施舍,更不是或有或无的社会救济,而是国家和政府的责任,是公民理应享有的法定权利之一。政府对于公民的合理申请,符合法律援助条件的应及时提供合格之法律援助,否则要承担相应的法律责任。(2)法律援助费用的减、免性,申请人因为经济困难而请求法律帮助,无法交纳相应的费用,而法律援助就是通过在经济上免除或减少受援人的金钱支出,并为其提供法律上的帮助,通过代理诉讼等来保障其权利的实现。(3)法律援助的专业性,即参与法律援助的是法律专业人员,具备丰富的法律知识及实务技巧,能为受援人提供刑事、民事、行政及非诉讼方面的法律帮助,这是其他非专业人员所不具备的,体现了较强的法律专业性。(4)法律援助的特定性,也就是说,接受法律援助的对象是特定的,即经济上贫困,无支付能力的人员,这在世界各国也是通行的一种标准。但也存有例外,在美国,刑事法律援助案件中没有经济收入标准,非美国公民有权得到同样的辩护。

第二节　法律援助制度论

一、作为人权保障的法律援助

不同的地域和国度有着不同的文化传统和习俗,其权利观也相应不同,对人权概念的内涵和外延也各相迥异。但究其内容,共性仍存。在此共性之下形成了关于人权的几项国际公约,各个国家也相应地在其国内法中吸收引进。[①] 人权,从最一般意义上讲,即是人作为人所应然享有的权利和得到的待遇及尊重。当今社会,人权作为一个最高位阶的权利架构在各个国家和地区的法律、法规和政策之上,同时又寓含于具体的法律制度当中。人权作为标志当今社会文明程度的标准被每一个国家和诸多的社会组织广为论及和奉为圭臬。一个明显的趋势是对于总体的人权概念,各国在其国内法中开始进行分拆和制度化,以切实落实本国公

① 主要有《世界人权公约》《公民权利和政治权利国际公约》《经济、社会及文化权利国际公约》等国际法规范,在此之外还有许多国际人权组织。

民所应当享有的权利。

作为法律制度之重要组成部分,我国法律援助制度在我国法律体系中占据重要位置,不可偏废。“基于法律援助制度的重要价值,一些重要的国际人权法律文件确立了法律援助的国家责任,使法律援助成为一项基本的国际人权标准。”①具体来看,大致有:联合国《囚犯待遇最低限度标准规则》(Standard Minimum Rules for the Treatment of Prisoners)和《公民权利和政治权利国际公约》(International Covenant on Civil and Political Rights),两者的规定比较早或是比较国际化。

《从发展和国际经济新秩序的角度看预防犯罪和刑事司法的指导原则》(节录,1985年在意大利米兰由第七届联合国预防犯罪和罪犯待遇大会通过)第27条规定:“法律制度应该实行旨在克服社会经济、政治、民族、文化上所存在的不平等或差距的适当政策,尽量使社会上各阶层尤其是最易受伤害的阶层获得司法的保护。在尚未建成法律援助人权保障机制的区域要按照司法的要求建立起成本实惠、手续便利的诉讼或者仲裁上的帮助,以使其能够在法律上得到有效、广泛的帮助。”这是比较早却比较准确、成熟的表述。

《联合国少年司法最低限度标准规则》(节录,又称《北京规则》)(1985年8月26日至9月6日第七届联合国预防犯罪和罪犯待遇大会建议通过,1985年11月29日联合国大会第40/43号决议批准)第15.1条规定:“在整个诉讼程序中,少年人应有权享有一名法律顾问代表,或请这种援助。”

《联合国保护被剥夺自由少年规则》(节录)(1990年12月14日联合国第45/113号决议通过)第18条规定:“未经审讯少年的待遇条件应与下列各项规定相符……(a)这些少年应有权获得法律顾问,并应能够申请免费法律援助(如有这些援助的话),并能经常性地与其法律顾问进行联系。此种联系应保证能私下进行,严守秘密。”

《民事诉讼程序公约》(节录,1905年7月17日海牙国际私法会议通过)第20条规定:“在法律援助的利益上,缔约国的任何国民在所有其他缔约国内,得享受与本国国民同等的待遇,但须遵守被申请法律援助国的立法。”《民事诉讼程序公约》(1954年3月1日海牙国际私法会议通过)第四章“无偿的法律援助”规定,在民商事方面,每一位缔约国公民在其他缔约国内,依据该国法律,享有与该国公民相同的免费法律援助。有关免费法律援助的送达(无论采取何种方式)在其他缔约国内进行时,无论哪一个缔约国公民获得法律援助利益,受托国不得向委托国

① 彭锡华:《法律援助的国家责任——从国际人权法的视角考察》,载《法学评论》2006年第3期。

请求偿还任何花费。前款规定,除鉴定人应得酬金外,也适用于司法协助委托。

《便利诉诸司法国际公约》(海牙国际私法会议1980年10月25日通过)第一章“法律援助”规定,缔约国的公民、经常居所地在缔约国的公民与缔约国的公民在民商事交易中,与后者在同等条件下享有法律援助的权利。如果1个人不符合上述规定,但该人在法院诉讼开始前后,曾在该法院所属缔约国国内有惯常居所,如果诉讼原因发生于其以前在该国的惯常居所,该人仍得享有上述规定的法律援助权利。在对行政、社会或税务事宜也提供法律援助的国家内,本条规定也适用于在该国法院或裁判所审理的案件。享有法律援助权利的人也享有获得法律咨询的权利,但须该人现在寻求咨询地国境内。每一缔约国均应指定一个中央机关接受和处理根据本公约提出的法律援助申请。联邦国家及法律体系不止一个的国家得指定一个以上中央机关。如果接受申请书的中央机关无权处理,应将申请书移送给该缔约国内其他有权受理的中央机关。每一缔约国应指定一个或更多的转送机关,以便将法律援助申请书转送给被请求国的适当的中央机关。法律援助申请书应按照本公约所附的格式进行转送,不受任何其他机关的干预。本条的规定并不排除通过外交途径提出申请。如果法律援助申请人不在被请求国境内,他得向其惯常居所地缔约国的转送机关提出申请,但这并不妨碍他得依其他可以采用的方法将其申请书向该被请求国的主管机关提出。申请书应依本公约所附的示范格式作出,并应附送任何必要文件,但并不妨碍被请求国有权在适当案件中要求提供有关该案的其他资料或文件。任何缔约国得宣告其接受申请书的中央机关可以接受通过其他途径和方法提出的申请书。转送机关应协助申请人以确保申请书附有据其所知为审查该申请书所必要的一切资料和文件。转送机关应查明这些资料和文件在形式上符合要求。如果转送机关认为该申请书显然缺乏依据,他得拒绝转送该申请书。申请书、支持申请的文件,以及对急促提供资料的请求的答复,应以被请求国的官方语言或其中之一作成,或附以这些语言之一的译本。但是,如在请求国内无法取得被请求国语言的译本,被请求国应接受以英文或法文作成的文件,或附有此种语言之一的译本。发自接受申请书的中央机关的通信,得以被请求国的官方语言或其中一种作成,或以英文或法文作成。但是,如果转送机关所转送的申请书以英文或法文,或附送有这两种语言之一的译本,发自接受申请书的中央机关的通信也应以这些语言之一作成。依上述规定作成申请书译本的翻译费用由请求国负担,但在被请求国所作的任何翻译,该国不得要求偿还费用。接受申请书的中央机关应就申请书作出决定,或采取必要的步骤以取得该被请求国主管机关的决定。接受申请书的中央机关应将需要继续提供资料的要求转达转送机关,并应将关于审查申请书和作出决定的任何困难通知转送机关。法律援助申请人不居住在缔约国境内时,得通过领事途径提出其申请,但这并不妨碍其通过任何其他可以采取的方法向被请求国的主管机关提出其申请书。任何缔约国得宣告其接受申请书的中央机关可以接受通过其他途径或方法提出的申请书。依本章规定递送的一切文件应免除认证或任何类似的形式要求。依本章规定作出的法律援助申请书的转送、接受或决定,不得收取费用。法律援助的申请应予以迅速处理。法律援助依据该公约第1条核准后,在该受援人的诉讼程序中送达到任何其他缔约国的文件,无论以任何方式送达,不得收取费用。这也适用于取证委托书和社会调查报告,但给付专家和医院费用不在此限。依该公约第1条规定被核准在一个缔约国的诉讼程序中接受法律援助的人,该诉讼程序的裁判作出后,在任何其他缔约国请求承认或执行该裁决时,无须再经调查,应有权获得法律援助。

《中华人民共和国和比利时王国关于民事司法协助的协定》(节录)(1987年11月20日签署,1988年9月5日全国人大常委会批准通过)司法保护四:“缔约一方的国民在缔约另一方境内,可在与另一方国民间同等的条件下和范围内享受法律援助。申请司法救助,应由申请人住所地或者居所地的当局,在没有住所或者居所情形下由其本国外交或者领事机构出具证明书。”由于法律援助主要是对因经济贫困导致实现自己权利有困难的公民进行救助以实现其法律上权利的一项法律制度。因此,法律援助从公民权利的维护维度保障了公民之间实体权利的正义,维护了社会公平和秩序,维护了法治的公平。“人权对每个人都是平等的,这种平等不仅仅是形式上的平等,而更应该是实质上的平等。”①正因如此,法律援助制度的构建和完善成为人权保障必要的一环。但在当今全球范围内盛行的市场经济体制控制之下,理性人的假设以及财富分配的规律使在初次分配和二次分配过程中出现不公平、贫富差距的出现和拉大是不可避免的。“由此不难看出,建立法律援助事业是适应人类的权利要求而产生的,并以保障人权的实现为使命。”②

二、作为政府责任的法律援助

追溯欧洲启蒙思想家的国家理论,国家是社会契约的总和,政府权力是国家中的每一位公民让渡自己权利的一部分组成一个权力的集合体,交由政府来行使,政府行使权力的目的是保证每一个公民其他的权利能够免受侵扰以及在受到侵害之后能够得到政府的救助,恢复到原来的状态。根据马克思主义的国家观,

① 高小珺:《建立和完善法律人权的保障体系》,载《党政干部学刊》2003年第12期。
② 严军兴:《法律援助制度理论与实务》,法律出版社1999年版,第38页。

国家的所有权力属于人民，人民是国家的主人，国家是人民主权的代表，政府代表国家行使权力。既然人民是国家的主人，那当人民的权利受到侵害的时候，人民就有权利通过国家来救济。这无论从逻辑上还是理论顺位上都是合理的。具体到国家和国家具体的生活，国家和政府为公民有序的生活构建了法律制度，并通过法律制度对公民相互之间的权利义务进行分配和设定，且在利益主导下的权利义务发生失衡时通过法律制度进行补救。但上层建筑的构建要建立和依托于经济基础，而市场经济中市场的失灵导致出现失业、贫困和贫富差距等问题，在诸如此类的种种问题出现时，部分人的权利无法通过正常的途径和方式自己实现，需要借力，但市场经济中理性人的假设，除国家之外的人的救助并没有法理上的基础和依据，即便出现私人的救助，也不能从理论上解释和证成私人救助的权利义务关系。基于对国家产生的权利义务关系梳理和公民权利义务实现过程中程序和保障措施的缺位，国家对公民在无法通过自身能力实现应然权利时的救济成为逻辑上的理所应当。

"现代法律援助制度作为当今法治社会的一项人权保障制度，已经被许多国家的法律甚至宪法或宪法性文件确认。法律援助的国家责任也被严格规定在一系列国际文件中。"①"法律援助属于政府的责任，许多实行法律援助制度的国家已对此形成共识。规定由政府来作为法律援助各项工作的发起主体，才能最大限度地满足公民对法律援助的制度需求。"②目前我国有关法律援助制度效力最高的法律法规——国务院出台的行政法规《法律援助条例》，对法律援助的政府责任作出了明确规定。③ 而作为政府对于公民权利实现责任的法律通道，首先是法制建设以及在此基础之上的法治化，其次是对法治化的兜底和弥补制度——法律救助（包括法律援助）。

从运行过程的角度来讲，法律援助是由提供方向受援方提供的法律援助活动，提供援助的一方为援助方，接受援助的一方为受援方，援助的标的为法律业务活动或者法律信息。从法律制度的视角来看，法律援助具有一定的法律关系属性，是在双方主体之间形成的，提供法律援助的一方为援助主体，接受法律援助的一方为受援主体，二者是法律援助法律关系的双方主体，享有一定的权利和义务。该法律关系的客体或者标的同样是法律信息或者法律业务活动。该法律关系的

---

① 李学宽：《现代法律援助制度中的国家责任》，载《现代法学》2001年第10期。

② 林凤章：《论法律援助制度建立过程中的政府责任》，载《福建师范大学学报》（哲学社会科学版）2006年第5期。

③ 我国《法律援助条例》第3条第1款："法律援助是政府的责任，县级以上人民政府应当采取积极措施推动法律援助工作，为法律援助提供财政支持，保障法律援助事业与经济、社会协调发展。"

内容就是法律规定的在法律援助过程中双方之间的权利义务，但是由于法律援助制度发生发展的理念多含有公益性色彩，因此法律援助中双方主体间的权利与义务的紧密程度要次于因债权或者物权等法律制度对主体的要求；又由于法律援助一般是由一定的组织作为中间机构为当事人提供服务和管理，因此法律援助法律关系具有一定的三方性，法律援助机构相应地要承担管理和服务义务。

理论上界定了法律援助制度的双方主体：援助主体和受援主体。从实践来看，我国法律援助制度的援助主体从职业上界定主要有法官、检察官、警官、律师、法律工作者、相关政府部门工作人员；从援助主体性质上界定主要有政府职能部门下属的法律援助中心、社会律师事务所、基层法律服务所以及相关社会组织。长期以来，很多人把我国传统法律救助理论中的援助主体狭义地界定为律师，法律援助的概念也界定为"公民在规定的法律事务方面需要获得律师帮助但无力支付相关费用时，由律师按照国家规定承担该项帮助义务以向该公民提供的法律援助"。[①] 而受援主体，最初意义上也是狭义上的受援主体，指的是存在法律纠纷但因经济困难实现正常途径的法律活动有障碍的公民。这里有两个限制条件：其一，主体是公民；其二，主体因经济困难无法通过正常的法律活动实现自己的权益。但基于公民权的理念以及经济社会的发展，对于受援主体的界定不能仅局限在单纯经济困难的标准之上。

通过理论与实践的梳理，应当明确法律援助的主体包括主动性质的援助主体和受动性质的受援主体。从理论的发展和实践的演进来看，无论是援助主体还是受援主体，在最初意义上有扩大趋势。同样，法律援助的内涵也依附法律援助主体的扩大趋势而呈现扩大趋势，不再局限于以往的民事诉讼和刑事诉讼，而是扩展到了非诉讼法律服务和法律咨询服务等方面。

接下来则要深究法律援助的义务主体。把具体实施法律援助活动的法官、检察官、警官和律师等视为实施主体，因为无论从哪个角度来看，法官、检察官以及警官和律师对法律援助的受援对象既没有法定的义务也没有约定的义务，既然如此，那么法律援助中是否还有权利义务关系呢？权利义务关系的主体又是谁呢？探究这些问题对于我们清晰透彻地把握法律援助制度，厘清其作用机理大有裨益。

国家作为法律援助的主体并不是完全等同于法律援助的实施主体。究其原因，国家作为法律援助的主体是抽象的，并不是具体的，以国家名义作出的行为是通过一国的政府进行的。政府对公民的法律援助是通过政府的工作机构——法律援助中心来进行的。法律援助的专业、数量以及效率不是单纯依靠法律援助中

---

① 青峰：《中国律师制度论纲》，中国法制出版社 1997 年版，第 404 页。

心的力量就能实现的。因此,法律援助的任务就落到了其他国家机关和政府组织以及一部分社会主体身上,具有一部分公益事业的属性。

概言之,包含法律援助的法律救助制度是政府责任的应有之义和现实体现,同时法律援助制度为服务型政府充实了内容。

三、作为社会救助的法律援助

2014年2月21日中华人民共和国成立以来第一部社会救助领域的专门法律规范——《社会救助暂行办法》颁布,并于2014年5月1日起施行。在此之前,2008年国务院将《社会救助法(征求意见稿)》全文公布,向社会各界征求意见。但直到2014年才千呼万唤始出来,并且是以国务院行政法规的体例颁布,并没有以法律的形式出台。从征求意见到法规的最终颁布,从征求意见时的法律到最后出台的法规,社会救助法诞生的曲折历程可见一斑。

此前,国务院的《社会救助法(征求意见稿)》是在国务院民政部起草的《社会救助法(草案送审稿)》的基础上听取有关方面意见后形成的。在民政部送审稿基础上的征求意见稿中其实"将'法律援助'作为'专项救助'的一部分,与'医疗救助''司法救助'等一起纳入了该法的调整范畴"。① 但是在2014年2月出台的《社会救助暂行办法》中并没有包括法律援助以及司法救助。

法律援助在民政部送审稿基础上的草案中有所体现:"社会救助是指国家和社会对依靠自身努力难以满足其生存发展基本需求的公民给予物质帮助和服务。"②从这一概念来看,法律援助作为一种服务提供给需要的公民,从而包含在社会救助的制度体系当中是无异议的。1601年作为工业革命先驱的英国颁布了《伊丽莎白济贫法》,被视作现代社会救助制度的滥觞,而其1948年颁布的《国民救助法》则标志着现代意义上社会救助制度的最终确立。回溯社会救助制度的发端、发展以及逐步完善,我们看到,最初意义上同时也是狭义上社会救助的含义,是指由国家对于经济贫困者维持其基本生活而进行的济困制度。无论是基于贫困理论、社会分层理论、社会福利理论,还是服务型政府理论,其在制度构建上首先是使经济贫困者维持最低生活,使人能够获得像人那样生存的最低保障。

现当代社会专业化和社会化生产的全球化,人类面临的不确定风险呈现出前所未有的态势。面对不确定的多发的风险因素,传统家庭或者个人的抵御风险的能力在风险膨胀的社会显现出趋小的形势。人类所面临贫困的含义也非仅仅经

① 郭婕:《谈法律援助与社会救助的区别》,载《中国司法》2008年第5期。

② 《中华人民共和国社会救助法(草案送审稿)》。

济贫困导致的饥饿所能涵盖,因此,社会救助的内涵和外延随着经济社会的发展必然有所扩张。这种扩张在我国《社会救助暂行办法》制度设计体例中即显而易见,除了最低生活保障和特困人员供养之外,还包含了医疗救助、住房救助、教育救助等。虽然《社会救助暂行办法》并没有将法律援助纳入,但笔者认为,法律援助理应作为社会救助重要内容的一部分纳入社会救助的范畴。而这也是我国社会救助立法进一步完善和提升效力等级时发展的目标。

法律援助应当纳入社会救助的范畴,具体来看:

首先,从概念构成上看,社会救助为主谓结构,即由社会进行救助,分拆开来,社会主要包括的是国家,因为在民主社会,国家是人民的国家,国家权力属于人民;而按照西方社会契约思想,国家是由人民各自让渡自己一小部分权力来交给国家行使,由此,社会首当其冲的内涵即是指国家,政府则是国家的具体代表。而在市场经济条件下,公司这种拟制主体的出现和法律制度化以后,其具有严谨完善的治理结构,占据了十分丰富的资源,基于其自身对于国家和社会的责任,在其经济能力的基础之上,我们发展社会救助的主体到市场主体。在救助的主体塑造之后即是被救助主体。最初意义上的社会救助是对于那些因经济贫困而不能维持自己基本生活的人,所谓的救助也即是国家或者社会主体基于被救助者经济上的供给,使其能够维持其基本的生存。但随着社会的发展,人的生存质量的提高提升了贫困的水平,同时也更新了贫困的内容。社会救助的内容不再仅限于经济上供给对被救助者基本生活的维持,而更追求基本生活维持基础之上的更为有尊严的生存。更为有尊严的生存从法律的视角指的是被救助者权利的实现和在此基础上的受有利益。而法律援助,从学理上界定,同样是作为国家的责任,意指当公民因为经济困难的原因在通过正当的法律渠道实现自己的权利不能时,由国家给予经济上的帮助或者通过制度构建直接畅通公民实现自己正当权益的法律通道。在此,首指的仍是国家的责任或义务,而社会主体进行法律援助更多的是基于公益或者慈善。从我国学者对于社会救助的定义上看,他们对于社会救助的界定都没有采纳单一的经济因素的国家责任层面的供给,而是包含了住房、医疗、教育等实体方面在内的救助和法律救助等抽象角度的救助。也即我国学界对于广义社会救助包含法律援助是持肯定态度的。从社会救助与法律援助的产生原因——皆是由于经济资源的匮乏造成的弱势地位,无论是身体上的弱势还是社会地位上的弱势来看,社会救助与法律援助具有种属关系上的同源性。由于社会救助的范围、措施要广于法律援助,因此,把法律援助归于社会救助范畴是恰当的。

其次,从制度目标来看,我国有学者认为"社会救助具有社会照顾、社会规划(社会控制)、助人自助以及促进社会公正、社会融合等多重效果"。而西方学者在研究后提出,“社会救助实际上是兼有社会控制与社会照顾的双重目标。前者则是指通过给付与服务的提供以促使受助者或社会成员遵从社会的规范与意识形态,后者是指经由给付与服务的提供以满足受助对象的生活需求。这样的双重目标同等重要并相互联系”。① 不管是我国学者,还是西方学者,对于社会救助的制度目标定位,其实都是建立在国家对于被救助者给付与服务的基础之上的,国家对于符合救助条件的被救助者的金钱或者是服务的给付,使被救助者获得维持其生活的资源,实现其权利的渠道和手段,让人能够像人那样维持有尊严的生活,体现社会救助的基础价值目标。而社会救助的其他诸多制度目标皆是建立在此基础之上的目标效果。另外,从西方学者在对社会救助的制度目标进行表述的过程中,我们发现,作为社会目标实现途径的是“给付与服务的提供”,我们将给付当然地理解为经济上的金钱给付,而服务,我们则可以理解为法律服务。由此,从西方学者关于社会救助制度价值目标的考量上我们可以看出,其包含了我国提及的法律援助,法律援助作为一种法律服务,可以由政府购买法律服务之后给付给受援人,也可以由政府建立公益性质的法律服务之后向受援者提供。

另外,法律援助是当前全球诸多国家广泛实行的一种社会救助、救济和扶助的形式。其实质就是国家对那些无法维护自身权益的社会贫弱者或处于特殊案件中的当事人提供专业法律帮助的保障措施。② 法律援助的社会意义在于保护弱势群体的合法权益,防范和化解矛盾,实现诉讼权利平等。③ 法律援助与狭义上社会救助在救助对象和救助内容以及制度目标上是不一样的,法律援助的救助对象须满足的条件要高于狭义社会救助所须满足的条件,法律援助的救助内容也要高于狭义社会救助的水平,其是对于受援者实现其权利的救助,在实现了受援者的权利之后,受援者的生活水平可能会远远高于狭义社会救助的救助对象。至于制度目标的不同则取决于两种救助制度的构造、价值取向的不同。即便如此,我们所区分的是法律援助与狭义社会救助,④而社会救助的外延要包括医疗救助、教育救助、失业救助以及法律援助在内的多项救助项目。

从制度发端的最初意义到制度价值目标的实现,社会救助与法律援助皆具有

---

① 洪大用:《社会救助的目标与我国现阶段社会救助的评估》,载《甘肃社会科学》2007 年第 4 期。

② 参见吕正春:《我国法律援助的价值功能及其实现途径》,载《党政干部学刊》2005 年第 4 期。

③ 参见张振芝:《关于弱势群体法律援助的思考》,载《党政干部学刊》2006 年第 11 期。

④ 狭义社会救助仅指对于被救助者在经济贫困不能维持其基本生活时由国家或者社会主体提供的能够维持其基本生活的经济供给。但完整意义上或者说广义上的社会救助并不仅仅指为维持基本生活而支付的经济供给,当代社会,人权的完整含义应该是指人体面的生活,而对人的救助就应该是为达到体面生活的水平之下的某一状态或阶段而给予的经济上或者精神上的供给。

同源性和同宗性，把法律援助归属于社会救助这样一种社会福利制度是具有理论现实性的。

最后，从制度含义和经济社会发展的实际来看，我国1949年以来计划经济的实施，导致一系列的制度安排和设计皆是围绕经济体制而建构，而由于我国计划经济体制活力不足，导致市场经济发展滞缓。1993年，党的十四届三中全会召开，大会审议通过《中共中央关于建立社会主义市场经济体制若干问题的决定》，自此我国开启市场经济建设步伐，由计划经济向市场经济的平稳过渡和市场经济的平稳发展，一些社会问题由偶发和暂时性向常态化转变。最为普遍的是贫困的产生，市场经济的发展使市场在资源配置中起到基础性和决定性作用，市场失灵的出现使得我们必须进行相应的制度设计，对市场失灵引起的外部性和造成的损害进行补救。“因此，市场经济的发展就拉开了部分公民与另外一部分公民之间的经济上的差距。”①然而，私人主体之间的帮助和救助皆是自发性、暂时性的，在缺少制度维护情形下，无法持续，这也就导致我们的政策实现了一半的目标，而另一半目标的实现是打折的。因此，必须进行社会救助的制度设计，但这由于城乡二元社会结构的划分又增加了问题本身的复杂性。

1997年9月党的十五大提出依法治国战略任务。党的十八届四中全会第一次在全会上以专题的形式对依法治国方略进行了全面部署。国家法治化不断向前推进。西方法谚“无救济无权利”，如今我们奉行依法治国，必然以实现公民基本权利为首要和前提，如此，方能充分实现公民权利，社会氛围和谐稳定。而作为社会救助内容之一的法律援助在实现公民权利、维护社会公平正义方面起着不可忽视的作用。最为狭义上法律援助的含义为对因经济困难而无法自行实现自己权利的公民进行援助，使其能够在救助的基础上实现自己合法权益的法律制度。具体来看，我国法律援助肇始于20世纪末，从2003年首部法律援助法规出台，开始步入法制化发展轨道，到2009年援助人次已经超过70万，2012年司法部通过《办理法律援助案件程序规定》，全国法律援助人次很快超百万。② 法律援助制度的实施实现了无法自行实现自己权利的公民应然的权利，恢复了社会秩序，促进了社会和谐。随着社会的发展，法律援助的制度在不断地扩展，对于公民法律援助的范围呈现扩大的趋势，对我国司法制度和社会改革的贡献也在逐步深化。而

① 其实这也是我国当初的经济政策施行的结果，我们在由计划经济向社会主义市场经济发展之初，在政策扶持力度上就显现出对东部沿海地区的倾斜，政策上允许和鼓励一部分地区和人通过诚实劳动先富起来，然后再帮助另一部分人后富。

② 参见“数字回顾法援十年”，载法制网：http://www.legaldaily.com.cn/bm/content/2012-09/12/content_3836063.htm，2015年1月6日最后访问。

社会救助,涵盖的内容要远远广于法律援助,一定意义上可以说,社会救助对于市场经济发展过程中因制度疏漏而引起的种种问题起到了兜揽式的制度补偿和救济作用。

四、我国政府在法律援助中的特殊责任

法律援助作为我国社会主义司法制度的一项重要内容,对于维护我国社会主义公平正义,保障公民实现程序权利的程序正义,进而实现实体权利的实质正义具有重要意义。法律援助从制度背后的深层法理上凸显出了国家责任,国家责任的主要方面又在于政府责任。另外,法律援助的责任设定还体现了社会主体在法律援助中的责任。应当讲,无论是社会契约论下国家法律援助的责任,还是人民主权统摄下社会主义国家对于法律援助制度的国家责任,总体来说,国家都是主要责任主体。

我国政府同样负有义不容辞的责任,同时,由于我国经济社会发展的特殊路径,我国政府对于农村法律援助制度建设要承担起特殊的责任。

首先,基于人权保障的理念,我国政府对于农村居民负有法律援助的责任。随着全球经济的进步,物质文明带动了精神文明的前进。人权保障成为新时期人类所共同追求的目标。人权的法律化和人权概念下具体权利的展开使人权逐步形成内部有机组合的法律权利网。基于对我国居民负有人权保障的义务,我国政府负有在我国居民因经济困难或者其他情形下无法依靠自己的能力通过正当的法律援助程序实现自己的实体权利时进行援助的责任和义务,这是对我国居民人权保障的切实体现,同时也是我国公民实现自己权利对国家的要求。

其次,我国城乡二元经济体制造成的分化,带来了我国政府在农村法律援助上的特殊责任。中华人民共和国成立后,由于当时国际国内的复杂形势,为了使我国尽快实现经济的复苏和崛起,建立起能够自卫的国防工业,中华人民共和国成立初期,我们走了一条优先重工业、优先城市的发展路径。依循这条路径,我们经历了改革开放和开放后的迅猛发展,但承托经济发展之下的城乡划分的二元社会结构最终对我国经济社会发展带来了不可承受之重。城乡二元社会的划分开始掣肘法治社会语境下我国经济、社会、法治等各个方面的发展,制造了诸多的不平等。对于这种复杂外力作用下国家发展道路走向导致的社会问题,国家则负有特殊的、更重的责任。在市场经济充分竞争和正常的淘汰机制下,贫困和富裕现象的产生和人群的划分是正常的,也是遵循市场规律的。此时国家对于因经济困难而无法通过司法途径获取救济并实现自己权利的公民负有救济和援助的义务。但由于国家发展导致的人为的体制机制划分以及由此划分导致的人为的不平等

和贫困,则国家负有责任摆正或者还原制度和权利本原的状态。

最后,我国人口结构与经济发展的不对称性使我国政府应当承担起更重的责任。由于我国人口基数大,人口在既往一定时期内增长速度快,而我国经济发展成果积累赶不上人口增长对经济发展成果的需求,导致人口贫困或相对贫困。在当前老龄化速度加快,制度阻隔造成老人很难回到劳动力市场上,从而无法取得报酬。而社会发展带来的不确定性风险却没有减少的情势下,国家必然要承担起对公民在遭遇经济或者其他困难而无法通过司法或者准司法途径实现自己权利时的救济权利。

第三节　法律援助运行论

一、法律援助中的法律关系

将法律援助纳入"主体—权利—义务"的范畴,在最直接的援助主体与受援主体之间并不存在约定或者法定的权利义务关系,也即在法律援助活动中法律援助机构与受援对象之间并不存在约定的或者法定的权利义务关系。但是,法律援助机构确有责任向符合条件的受援对象提供法律服务,需要认清的是此职责虽为法定,但法律援助机构的职责义务从法理上讲非指向受援对象,而是对于国家的义务,如不行使职责就是渎职行为。因此,在法律援助活动中法律援助的真正权利义务主体乃国家与受援主体间的法律权利义务关系,此关系的法律基础已有陈述。

从内涵上说,法律援助是援助机构的专门人员或者社会组织、个人对于经济困难者或者其他社会弱者提供的法律服务,或者通过政府购买法律服务向经济困难者及其他弱势群体提供法律服务。在此概念中我们只是把握了法律援助主体——援助机构和受援对象的主体特征以及主体间关系。而对于具体法律援助的理论背景和实践运作却没有也不可能依靠概念自发阐释。因此,对于法律援助的内容我们需要把握如下几个关键环节。

法律援助的时间区间,也称为法律援助起始时间与终止时间。从法律援助概念轮廓的要求来看,当一个公民因经济因素或者其他原因无法借助自己的能力通过正常的法律途径实现自身的权益时,就拥有请求国家给予法律援助以保障自己权利的权利。至于能够要求法律援助的经济困难的具体标准则由国家法律援助机构会同民政部、财政部以及发改委等部门根据经济发展水平和消费水平协商制定,并随着经济发展的变化周期性地调整。对于法律援助的范围,应当说"在公民无法借助自身的力量通过正常的法律渠道维护自己的权益,也即因公民自身的经济贫困或者身体、心理等的特殊原因已经把公民自身的维权阻断时，任何类型的案件都应给予法律上的援助”。① 而公民于达到法律援助的条件时起，就具有了要求国家通过法律援助机构或者其他社会主体予以援助的权利。从此时起到援助所要求条件中任一条件不再具备时为止的一定时间期间内，皆享有要求法律援助的权利，此期间是动态的。

关于法律援助的范围，主要是指法律援助包含哪些活动。然而，法律援助包含了哪些活动则未有明确规定，最多也就是指明诉讼和非诉讼活动，因此，对于法律援助活动的范围作以陈述实为必要。从部门法的角度划分，法律援助的内容应包括民事法律纠纷、行政法律纠纷以及刑事法律纠纷三大类。民事法律纠纷下面又大致可细分债权法律纠纷、物权法律纠纷、人身权法律纠纷、侵权法律纠纷、知识产权法律纠纷等；行政法律纠纷项下有行政许可法律纠纷、行政处罚法律纠纷以及因抽象行政行为而引发的法律纠纷；刑事法律纠纷即是因犯罪活动而引起的法院定罪量刑问题。从传统私法的角度来看，民法属于司法范畴，行政法和刑法属于公法范畴，加上近来勃兴的社会法制范畴内的劳动与社会保障纠纷以及环境纠纷等都应纳入法律援助的范畴。②

从法律援助案件的诉讼属性来看，主要有诉讼案件和非诉讼案件两大类。有方案、有针对性地施以法律援助对于提高援助的效率并及时化解法律援助案件所连带的矛盾具有重要意义。把法律援助作为一项法律制度并纳入法律关系“主体—权利—义务”的典型模式中探讨，分析主体间权利义务共同指向的对象——法律关系的客体，理解法律援助理论构造，更好地运用法律援助制度为和谐社会化解矛盾。法律援助的客体为法律援助的主体与受体之间权利义务共同指向的对象，即法律援助行为，也可称为法律援助活动。从法律援助的运行实践来看，法律援助的客体，也即法律援助的活动主要有诉讼活动和非诉讼活动两大类。探究法律援助背后的深层次法理，就得出了法律援助中国家与公民（受援者）之间的权利义务关系。即国家有对受援人提供法律援助，使其获得实现权利的程序正义，进而实现实体正义。

---

① 当然，对于具有人身属性的案件，当事人必须到场，援助主体不能僭越法律的强制性规定。也即要明确法律援助并非权利维护下的包办一切。

② 其实从第三法域项下社会法制领域的纠纷可以看出，社会的发展和分工引起了法律专业的精细化。对于因环境问题以及知识产权问题引发法律纠纷的法律援助有时不仅仅是因为受援对象经济因素的贫乏、身体因素的缺陷，现代社会更凸显出对于专业知识的匮乏，而这也开始成为影响法律援助条件的一个重要因素。

二、法律援助的基本原则

(一)保护贫弱群体合法权益的原则

并非每个社会主体都能享受到法律援助,法律援助所针对的主体不是泛泛的社会大众,唯有那些全凭己力、竭尽全力也不能达到普通群体人均力量来实现自身合法权益的那部分人才有机会享有法律援助。这些人大多是经济极度贫困者、身心患有障碍者,这些人的合法权益受到侵犯后常常有口难言,自救无方。如果因为他们是弱者或底层小民而被忽视,那就是国家职责的缺失,是政府职责的过失。因此,对于社会中这些特定的微不足道的个体,国家需要有所作为。所以,法律援助的创立和相关机构的设置就是为了帮助他们维护自身的合法权益。对弱者的尊重是法律文明的体现,而对弱者的保护则是法律正义在社会中的彰显,对良好的社会秩序的形成具有重大意义。

(二)协调发展的原则

这个原则通常包含以下几个方面的内容:第一,法律援助制度属于我国上层建筑的重要组成部分,要与我国的经济发展阶段相适应。其中又内含两个方面:一是法律援助制度的发展要能够应对经济发展条件下社会纠纷对于法律援助制度的挑战,二是法律援助制度的发展要求经济的发展为其提供相应的经济支持和援助。第二,法律援助制度的设计要注重自身构建过程中的协调以及法律援助制度与其他司法制度之间的协调联系。第三,我国不同地域法律援助制度发展的协调,由于我国东西地区之间经济发展的不均衡导致东西之间的差距体现在方方面面,而统筹城乡发展、统筹东西部地区发展则要求我们在法律援助制度构建的过程中注重地区之间的协调,农村和城市的协调。第四,国内外法律援助制度之间的协调。

(三)效益原则

效益原则是指法律援助的实施,一方面,要保证质量,让法律援助的社会效果落到实处,真正发挥作用;另一方面,法律援助在当前经费供给并不充足的情形下,要使法律援助资金的效益最大化,让有效的法律援助资源发挥最大的作用。

三、法律援助的运行模式

西方从致力于发展法律援助至今已有500多年的历史,其发展大致经历了4个阶段:(1)19世纪以前以自发的慈善行为为主要模式的初创阶段。这个时期资本主义社会贫富差距悬殊,社会底层的弱者饱受压迫,无数的弱势群体的生存发展权利都被无情地忽视,该阶段以“慈善济世”理念为指导方针,冷漠自私的资本主义社会国家没有责任担负为弱者提供服务,相应的法律援助乃是由私人宗教组织、或由公共援助机构、或由行政机关向贫穷人提供。慈善阶段的法律援助经历了英国《1494年法》《1531年法》[①]的初创，法律援助作为一种国家制度正式产生。之后于1914年出现的《穷人程序法》进一步扩大了法律援助的对象范围；(2)始于20世纪前期的以诉诸法院的政治权利为基础提供法律援助的阶段，又称个人权利阶段。此阶段法律援助的国家责任开始苏醒，政府职责开始明确，在物质生产扩大的同时文明逐步建立，在资本主义生产发展的经济环境下，法制被建立，法治精神和理念正在被完善。申请法律援助也逐渐成为公民的一种政治权利，在大多资产阶级国家得到认可，而以“穷人”为帮扶对象的传统理念失去了存在的理论依据。(3)第二次世界大战之后，“福利国家”思想成为主流，开始指导法律援助的阶段。各个资本主义国家纷纷进行经济改革和社会体制的更新，国家开始承担更多的责任，政府对社会提供更多的服务，人权保障事业起步并得到普遍关注，国家对需要法律援助的群体施以全面、贴切、主动的法律帮助，相应的制度体系逐步被建立。(4)始于20世纪末的以“法律面前人人平等”思想为原则的法律援助即追求社会正义的阶段。该阶段以英国《1988年法律援助法》的颁布为标志，认为法律援助是建立在司法正义与保证任何人都有接近正义的权利的前提基础之上的。这一阶段，法治精神被贯彻在政府工作和社会大众的各个层面，人权意识在国际上被推行，理论上人们逐步意识到为穷人提供法律保障，并不是简单地表明解决个人争议，也并不意味着解决教育、住宅，以及福利等诸多问题，而是为了从根本上实现社会正义和公平。在这一阶段的发展进程中，国外学者从不同方面对法律援助制度建设做了大量的调查研究，调查的内容主要围绕法律援助与政府责任的关系、法律援助与人权保障、法律援助的供给模式、工作质量、成本效益、获得途径等多方面，并据此提出了法律援助制度建设的一些有益理论和观点。

在长期的发展过程中，国外法律援助形成了以下主要模式：

(1)带薪律师团(专职律师模式)

在这种模式中，法律援助是国家的一项福利政策，归属在国家的社会保障体系之中，因此，应由国家来承担起法律援助的主体责任。因专业化而节省成本这一因素常常是专职律师模式被学习的优势之一。[②]

---

① 1494年亨利七世关于“根据正义原则律师应该为穷困人服务”的法案，要求当时的律师公会为所关押待审判的穷人提供免费的法律代理。随后亨利八世在1531年对这一贫民法律援助程序进一步予以确认。这两个法案可以说是英国法律援助的开端，也是世界法律援助事业的开端。

② D. E wart, S. Linden, Background Paper on the Implications of the Salaried Defender Concept for the Delivery of Legal Aid Services in Ontario Ministry of the Attorney eneral, Maryland, Dozier&Hamelburg LLC Press, 1978, p. 19.

此模式的代表即是由政府出资的专职或公职律师负责处理所有业务的福利型法律援助制度,如美国的公共辩护人计划(Public Defender Programs)。此模式中经费主要由国家担负。社会民主的深化、社会福利体系的完善是这种福利型法律援助制度形成的前提条件。它的基本思想在于,作为国家对公民的基本责任,获得法律援助应该是每一位公民应当享有的司法保障的权利,这正是与传统法律援助理论的不同之处。这种模式的最显著特征是法律援助对象范围广、私人社团影响低、社会化程度高。在此之下,个体当事人的援助都是由政府资助提供专门领域的援助律师为其服务,而自己几乎没有选择律师的权利。所以对于当事人来说律师免受干扰而保持独立性就尤为重要。

在英国,法律援助服务由法律服务机构经管理机构的委托授权提供,由独立的委员会管理实施。由委员会和执行董事会予以管理,委员会的职责是向政府提出可达到援助目的的可行性建议,制定具体政策,为政府法律援助工作出点子、做计划,其具体的法律援助工作则是交由以法律中心、公民咨询局和独立咨询中心为主的非营利机构和各律师事务所负责完成的,但它自身并不直接向当事人提供法律援助服务。此外,一些符合法定条件、具备一定资质的非营利性的民间机构也可以依情况提供法律援助。

(2)朱迪凯尔(司法保障模式)

该模式以英国学者理查德·扬(Richard Young)和戴维·沃尔(David Wall)为代表,以私人社团型法律援助制度理论为基础,又被称为"绿表计划"。在这种模式下,当事人可自行选择援助律师,充分突出当事人的自治权。这种模式起源于慈善团体、社会组织等对穷人的司法救济。美国早期也是这种类型,①这种模式的实施机构是设置在法律援助机构之下,法律援助的具体工作则是由私人律师负责处理。

这种模式的代表国家是加拿大,它首先设置省级法律援助管理机构及其下属的管理委员会,管理委员会的主要职责为:制定申请人经济条件的审核标准以及对所辖区域的法律援助、经费预算方案的制定,人员雇佣、私人律师指派等法律援助服务。国家参与度不高,社会的法律参与积极活跃,所以需要有强大的社会力量可以投入法律援助工作。这种机制最为基础的理论思想便是人道主义理念和社会慈善性法律救济,国家在其中所起的并不是有始有终的作用,也不是从上到下事无巨细地全面参与。因此,要使这种机制成功顺利运行,除了完善的制度和法治环境之外,高度发达的社会团体要发挥不可或缺的作用。

---

① 李智慧、王杏飞:《法律援助的模式选择》,载《当代法学》2002年第8期。

这种司法保障模式的优点在于,援助申请人拥有选择律师的权利,能选择所信任或有能力的律师,但这同时也存在某些缺陷,例如,有些私人律师为了贪图小利或心存懒惰而可能会故意拖延工作时间或在有限的收费范围内缩减工作量,法律援助的案件不能及时有效地被完成,这些都会使法律援助的质量大打折扣。另外,由于法律援助所收取的费用比有偿法律服务低,在物质动力上法律援助比不上一般非法律援助的,因此,法律援助不能使一些律师获得本应得到的报酬,这也导致一些资深律师不愿参与法律援助。所以,为了扬长避短,高效利用该模式的优势,充分发掘该种模式的潜力,很多国家开始尝试加上签订合同的做法。即在合同中,约定支付一定的对价,是提供法律援助的律师可以依情况选择签订合同而获得一定的物质报酬。

(3)混合模式

混合模式是将专职律师模式与司法保障模式相结合各取所长而塑造成的,是一种范围广、层次多、领域宽的综合法律援助模式。以美国学者罗格·汉森(Roger Hanson)等为代表,以全职参与模式理论为根基,提出司法保障模式与专职律师模式等多种模式并存,综合提供法律援助的理论。之后,由美国法律服务公司(U. S. Legal Service Corporation)进行的"提供制度研究"(Delivery Systems Study),经过5年对各种提供体制提供民事法律援助服务的潜力作经验性调查研究后,指出:"没有任何一个单一的最好的提供法律服务的模式。"①美国州法院国家中心(National Center for State Courts)出版的《贫困辩护人:把工作做了,且做得好》(*Indigent Defender: Get the Job Done and Done Well*)就提出:"任何模式在处理速度、成果和结果上是相同的。"②他们发现,在大多数情况下混合模式是更理想的,因此,必须运用多样的援助方式以解决特定的援助问题,并认为,美国当前的法律援助结构和运作趋向于一种混合的服务提供模式,集各家所长,避各家所短,这样可以达到克服各个模式的缺陷目的,使法律援助更高效地为受援群体提供帮助。

在这种模式下,法律援助机构兼管组织管理工作和为当事人提供具体的法律援助服务工作。我国香港特别行政区为混合模式之典型,其法律援助署的专职律师既是组织管理者又是援助服务的提供者。专职律师模式与司法保障模式的结合体就是混合模式,各国的混合模式在内容上并不完全一致,而是各有侧重,有的

---

① U. S. Legal Service Corporation. *The Delivery Systems Study: A Policy Report to the Congress and the President of the United States*. Washing, D. C., Counsel Press, 1980, p. 63.

② Roger Hanson, *Indigent Defender: Get the Job Done and Done Well*, National Center for State Courts, 1992, p. 51.

以司法保障为主,有的则侧重专职律师,兼辅之以其他服务方式。混合模式不仅能够发挥专职律师的效用,还能够充分发挥社会私人律师的积极作用,因而被称为最有效的法律援助模式、最节省资源和资金的法律援助模式。

从各国司法实践来看,各国普遍都设立了各自适用的法律援助管理机关,法律援助工作的开展则是在管理机关的组织监督下实施。下面将从法律援助的申请、审查、受理、律师指派和案件办理以及案件的质量评估等方面,对上述法律援助的几种模式进行解析,以期对法律援助能有一个细致和微观的掌握。

四、法律援助的程序

(一)法律援助的申请

在带薪律师团或者专职律师模式之下,由法官审核申请人条件,审核通过后再交由律师协会推荐或者指派律师向符合条件的当事人提供法律服务。加拿大作为朱迪凯尔模式的代表,申请人需向法律援助的服务机构提出申请,该机构具体负责申请人的申请、审核,对于符合条件的则安排提供法律援助。美国和我国台湾地区采混合模式。“两种模式(以英国和加拿大安大略省为代表所采的朱迪凯尔模式和以美国、日本为代表所采的带薪律师团模式)各有其缺陷和局限性,一种模式的缺点恰恰是另外一种模式的优点”。也因此,混合模式兼具了二者的优点,为大多数国家所青睐。混合模式下的法律援助申请制度就具备了朱迪凯尔模式和带薪律师模式双轨道的特点。这也是混合模式为什么能够被广为接受和适用的原因。

合同模式是指法律援助机构通过招标或者外包的方式把一定地域范围内一定期间的案件全部交由特定的私人律师或者律师事务所来处理。符合条件的法律援助的申请人向法律援助机构申请,法律援助机构收到申请并审核之后,对于符合条件的受援人即指定业已通过合同项目获取援助案件处理权限的律师事务所或者私人律师。

(二)法律援助的审查与受理

“法律援助审查,即法律援助机构在接受公民请求援助申请后,进行经济困难标准和案情条件审核调查,对申请人是否满足法律援助条件作出判断的行为和过程。”法律援助的审查结果是法律援助程序中的重要一环。

在不同的模式之下,法律援助的受理审查主体并不相同:在带薪律师团或者专职律师模式之下由法官审查申请人是否符合受援条件;在朱迪凯尔模式之下由法律援助管理机构负责申请人资格的审查和受理,之后把案件交付法律援助服务机构;混合模式由于融合了带薪律师团和朱迪凯尔模式,此混合模式之下的审查法官和法律援助服务机构皆可进行;而在合同模式之下,法律援助的审查由法律援助机构进行,然后再把符合条件的案件交由签订合同的私人律师或者律师事务所。

(三)法律援助律师的指派

律师的指派意味着援助申请满足了法律援助的条件,并符合了法律援助相关法律法规所要求的形式要件,通过了法律援助受理机构的审查,在案件即将被正式处理之前进行的案件和人员之间的衔接工作。

其实,并不是任何一种模式下的案件处理都需要进行律师的指派,但任何一个法律援助案件都会得到专业援助人员或者专兼职律师(事务所)的处理。具体来看,在带薪律师团或者专职律师模式之下,法律援助工作交由国家设立的法律援助机构的专门人员或者其聘请的法律专业人才提供法律援助服务,此时并不需要再行指派律师。其所谓的指派也仅仅指的是在国家成立的法律援助机构当中的专门人员之间的分工与配合问题。

而在朱迪凯尔模式之下,指派律师便较为常见。由于此模式下国家设立的法律援助管理机构仅仅在资金以及援助范围和具体的标准设定上进行总体的管理和设计,并不提供具体的法律援助事务,因而在此情形下国家层面的管理机构与具体负责援助工作的社会层面的法律援助实施机构之间主要存在规范、指导的关系。而在法律援助实施机构和具体的业务承办人之间则存在大量的委派或者指派的关系。

混合模式之下,法律援助并非仅由某一个具体的机构承担,而是双轨道基础上的并行不悖。法律援助既可以由国家设立的法律援助机构通过自己聘请的专业人员提供,也可以通过指派私人律师具体承办相关事务。

"而合同模式中,法律援助本身就由既已通过招标等方式建立法律援助合同的私人律师或者律师事务所处理,因此在私人律师或者律师事务所承接到法律援助案件之后也并不存在律师的指派问题,而只是在律师事务所的内部分工。"①

(四)法律援助案件的办理

它的含义是,法律援助案件的承办主体在接收需援助案件之后依据法律规定的时效期间和法律程序,依据不同的法律制度,明确主体权利义务、化解社会纠纷的过程。法律援助通过法律的渠道和程序实现公民的权利,但并没有限制实现的是公民的什么权利。从大的方面来说,不管是私法领域的民商事纠纷、知识产权

---

① 我们在此讲的指派意即由官方性质的法律援助机构向社会性质的法律援助案件的承办单位或者个人指示和要求。无论是国家设立的法律援助机构还是社会性质的律师事务所,在受理法律援助案件之后在其内部进行的有关处理案件的分工,并不是我们此处所指的指派。

纠纷、婚姻继承纠纷、人身侵权纠纷、物权纠纷等,还是公法领域的刑事犯罪、因具体行政行为和抽象行政行为引起的纠纷等,如果当事人因为经济贫困而无法实现自己的权利,其皆可以申请法律援助。缘此,法律援助案件的办理要适用的法律近乎整个实体法律和程序法律体系。

(五)法律援助质量评估

法律援助案件质量评估,是指法律援助行政管理机关和法律援助业务的具体实施主体定期对一定时期内所受理和承办的法律援助案件进行统计、总结、评估、查漏、整改和提升的活动。质量评估的主要方式是对过往一定期间已经结案的法律援助案件的处理结果进行汇总分析,从结果中总结存在的问题和不足,并找出进一步改善和完善的措施、方法。不言而喻,法律援助就是通过法律援助的组织机构建设,来维护法律援助受援群体通过法律手段实现自己权利的方式,以实现公民实质正义和机会平等。法律援助案件的处理结果直接关系受援人实体权利的实现与否及其实现程度,更进一步体现社会公平正义的实现程度,并且法律援助案件质量的高低优差直接关系到以后的发展前景。

"法律援助案件的质量评估工作是切实保障法律援助办案质量非常重要的一环,是实现当事人与社会对法律援助需要的举措、是办案机构公正办案的需要、同时也是有效应对解决法律援助案件质量问题的迫切需要。"①对于如何建立高质量的法律援助案件长效机制,"一方面要从承办主体入手,要切实保证承办人员的专业资格和整体素质,提高专业化法律援助服务水平;另一方面应强化外部监督,建立长久有效的监督指导机制"。②

五、法律援助的保障

(一)法律援助的人力资源保障

法律援助制度是一项"法律扶贫、扶弱、扶残,从而实现法律面前人人平等和完善社会保障的重要法律措施"。③ 既然法律援助制度为一项法律制度和法律措施,其运行必然不是架构在永动机上的自运动,必须要建立相应的组织机构和人员配备,方能实现其援助的目标和实现公平的社会价值。

法律援助从语法结构上讲,是一个主谓结构,其内涵可解释为"法律进行援助",也可解释为句式的省略,从"法律(内容)的援助"省略为一个名词"法律援

① 乐山市法律援助中心:《关于法律援助案件质量评估工作的几点思考》,载《中国司法》2011年第2期。

② 王元芳:《提高法律援助案件质量对策研究》,载《中国司法》2010年第6期。

③ 严军兴:《法律援助制度理论与实务》,法律出版社1999年版,第1页。

助”。解析法律援助的语言文本,我们可以看出,其实无论是法律援助还是“援助法律”,其主语都是省略的。因此,完整内涵的法律援助制度应为“(由)谁向谁提供法律相关的援助”。[①]“援助责任的归属是该制度建立与实施中的根本性、全局性的重大问题”。在当前世界范围内,把法律援助视为国家责任已达成共识,“法律援助是国家责任也已为国际法所普遍确认,国际社会上早已把法律援助视为国家责任予以认定”。[②]虽然明确了法律援助的国家主体责任,但于此之余,我们仍竭力发展法律援助的多元主体,与国家主体相对称,我们称为民间主体。至于如何协调国家主体和民间主体在法律援助上的关系。“如果在国家尚未确立其法律援助义务的情况下,为了有效地整合社会资源,促进法律援助的长远发展,民间法律援助组织可以暂时予以回避”,而在国家确立了其法律援助的主体义务之后,“民间法律援助组织应将工作重点转向发挥专长,补充政府法律援助的不足,以更加有效地整合社会资源”。[③]

法律援助的人力资源,从法律援助法律关系的视角来说,是法律援助法律关系中为受援者提供法律援助的各援助主体的总和。在这种法律关系中,根据法律的规定,法律援助的援助主体和受援主体之间存在法律援助的权利义务关系。“具体表现在,法律援助机构是代表国家实施援助行为,它既是援助申请的接受者,又是援助申请的审查者,还是实施援助的组织者,在法律援助关系中,始终处于主导的地位。”[④]法律援助的援助主体一般主要是指国家依法设立的法律援助机构,“在西方国家有的法律援助机构是由国家政府部门直接设立的,如澳大利亚的‘联邦法律援助委员会’、芬兰的‘国家法律援助局’、南非的‘法律援助委员会’等;有的则是由民间组织、社会团体设立的,如美国的‘法律援助协会’等”。[⑤]这是法律援助实施的组织机构保障,而根据每个国家具体不同的人事体例和编制的不同,其人员配额也各有差异。

---

① 对于“(由)谁向谁提供法律方面的援助”这句话的理解:一方面这句话完整地表达了双方主体,一方为援助的主体,另一方为受援助的主体;另一方面,法律方面的援助可以是减免费用基础上的直接向受援对象提供法律咨询、服务,或者代为诉讼等,还可以是提供经济上的帮助,让受援人自己选择纠纷解决的方式,并支付其所选择纠纷解决方式的经济成本。

② 许多国际公约中都对法律援助的国家责任进行了规定,比如,《儿童权利公约》第37条、《公民权利和政治权利公约》第14条。朱良好:《法律援助责任主体论略》,载《福建师范大学学报》(哲学社会科学版)2014年第1期。

③ 林莉红、黄启辉:《民间法律援助与政府法律援助之关系研究》,载《环球法律评论》2005年第6期。

④ 严军兴:《法律援助制度理论与实务》,法律出版社1999年版,第64页。

⑤ 张中:《弱势群体的法律救助——法律援助服务及其质量问题研究》,中国人民公安大学出版社2008年版,第72页。

从人力资源开发视角看法律援助的人力资源保障,可以发现这是法律援助制度中能够发挥最大活力的人的因素的总和。在社会化大生产的情境下,人始终是最根本的生产力因素。人的素质的高低始终在很大程度上影响着各种法律和社会制度的运行和效果,人的因素,或者更为确切地说法律职业群体中人员的素质会直接或间接地影响着一个国家的司法文明和司法进程。司法领域中,就法律援助制度而言,人力资源的素质和质量同样起着潜移默化的影响。

如果说在法律关系视角之下,对法律援助的人力资源保障的内容更侧重于组织机构下的人员编制和安排,那么人力资源开发视角下更为侧重的则是从具体的个人层面对整体组织机构和结构的贡献。其视角是从具体的个人出发的。法律援助的人力资源开发强调的是要发挥每一个人的最大优势,优化人员结构配置,发挥个人组合基础上的群体优势。简言之,即在现有社会律师、专职律师、社会组织法律援助队伍、乡镇法律服务所工作人员等几部分人员构成的基础上,发挥单个个体与群体的优势。

法律援助的人力资源保障根据法律援助的不同模式具有不同的内部结构,总体而言,主要是在国家主体基础上发展民间主体的力量,同时鼓励自愿者加入到法律援助事业中贡献力量。

(二)法律援助的经费保障

在马克思的经济基础决定上层建筑理论之下,我们可以有另外一个层面的现实解答:上层建筑各项制度的良好运行是离不开经济支撑的,离开了经济上的支撑,各项经济法律制度和社会事业便存在很大的荒废可能性。法律制度作为社会上层建筑中重要的一部分,同样也符合这一命题。作为国家社会建设中的一项软件建设,司法制度也要占据国民生产总值中的一定份额,作为司法经费,纳入每年国民经济与社会发展总体预算当中,也即司法经费的预算。完整意义上的司法经费,指的是构成一国司法制度的所有法律制度的运营所需要的各种经费支出的总和。狭义上的司法经费,专指法院和检察院在司法审判和侦查、提起公诉、监督检查和执行等一系列与司法有关的过程中所需经费的总和。司法作为公民权利保护的最后一道程序,不管从理论上讲还是实践当中,司法在公民权利的保障、维护社会公平正义、促进国家文明发展方面的作用可谓是巨大的。因此,我们的思维习惯性地步入法律援助经费的狭义范畴,其实在市场发展到精细化的时期,由于传统司法的经济成本和时间成本过大,因此,作为与其相互匹配的其他司法制度相应而生(从法律的经济学分析中可以得出这点结论),如我们司法实践中倡导的调解结案、法律救助和法律援助等,而这些具体法律制度作为我国法律制度的内容,其运作和发挥作用必然也要占据一部分国民预算,而这部分预算当然要纳入司法经费的范畴。法律援助制度作为我国司法制度中重要的一块领地，对于公民权利的保障、社会公平正义的实现发挥着重要的作用。

“所谓法律援助经费，它也有广义、狭义两种理解，狭义的法律援助经费专指实施援助行为所需要的经费，即通常所说的完成法律援助的业务经费，主要有诉讼费、资料搜集费、交通费、人员补贴费等；广义上的法律援助则涵括了执行法律援助制度所需的一切经费，不仅含有法律援助业务经费，还有人头费、办公费等。”①法律援助经费制度几乎能深刻地影响到每位公民的基本权利。关于其所需资金的来源，世界各国的法律援助制度大致存有两种基本模式。梳理一下，我们可以直观地看出法律援助资金的来源大概有：

第一，政府财政投入。由于理论上政府负有法律援助的义务已为国际社会所普遍接受，无论是基于福利社会的国家责任，还是基于实现公民权利的国家义务观，在公民需要时由国家进行法律援助是国家的责任。而国家承担责任的直接形式就是为因经济困难无法通过自己实现自己权益的公民提供经济上的资助使其获得法律救济的条件，进而实现自己的权利，实现人人平等。间接方面就是对公民在诉讼或者其他司法程序中的费用进行减、免等措施，使受援人间接得到国家的帮助。政府投入在法律援助经费中应该占据相当高的比重，起到主体的作用，但基于国家经济发展的现实条件和可能性以及福利国家的形成，完全由国家承担起法律援助的经济责任则是不可行的。

第二，法律援助基金收益。“为了体现法律援助作为一项公益事业的社会意义，一些国家和地区设立了法律援助专项基金，并以其收益作为援助资金的一项重要来源”。② 这是在法律援助公益性的基础之上建立法律援助基金，基金中的资金来源并不具有恒定性，多数来自受援人的捐助以及基金自身的投资收益所得，基金在进行投资时往往受到了国家的财政税收的优惠待遇。

第三，集资捐赠。当今社会的风险因素纷繁复杂，任何人在当今所面临的风险都是我们在以往任何一个时代所不曾面对的。当今社会的风险不仅范围广，而且风险的致贫、致害强度很大，作为人权保障的法律援助为我们财富和权利的保护提供了一个保护措施。当今，我们每一个人都可能成为权利侵害的对象，每一个人也都有可能成为法律援助的潜在对象。法律援助的社会性事业属性由此显现，援助资金也在此思路下获得了民间的资助和捐赠，包括个人的捐赠和社会团体机构的捐赠。而在我国，由于社会主义的性质，国家对法律职业工作人员（公证

① 张宝群：《法律援助经费在法律援助制度中的地位与作用》，载《法制与社会》2008 年第 6 期。

② 严军兴：《法律援助制度理论与实务》，法律出版社 1999 年版，第 193～194 页。

员、律师与基层法律服务工作者)设定了提供法律服务的义务,因此,"律师事务所、公证处和基层法律服务机构,除依法要求本单位所属人员积极自觉投身于法律援助工作之外,有责任从律师事务所和公证处的年收入中拿出一部分上缴国家,用以解决法律援助经费短缺的问题"。[①] 而我国法律援助资金的捐赠更具有一种集资或者说义务性的强制色彩。

第四,律师信托账户利息收入。所谓律师的信托利息,就是律师在承办客户案件的同时也接受当事人委托管理部分客户资金以备用,这些资金在律师受委托管理期间所产生的利息。在加拿大和新西兰,法律援助资金的一个来源就是律师的信托利息。

"在美国几乎每一个州都有 IOLTA 项目"[②]。2003 年美国联邦最高法院裁定信托账户的做法不违宪,这种做法开始越用越广泛。如果律师受委托代管的客户的资金数额较大,则应为当事人开设专门的利息账户以保障当事人利益。但是如果律师受委托管理的资金数额很小以至于产生的利息几乎可以忽略不计,或者虽然数额不太小,但受托管的时间很多以至于积累出来的利息微乎其微,因此,按照法律将这些零散资金集中形成一个律师信托账户,这样微乎其微的利息被集中起来就能聚少成多,汇集成可提取利用的少量资金,经过法庭许可,在扣除银行费用后,这些资金可以被收集而得到很好的利用,如可以被各州或各省律师协会有关机构收集起来建立律师"信托基金",这些"信托基金"按照法律可以用于特定的法律援助项目、进行普法宣传和法学教育。

第五,法律保险。即由当事人事先按实际需要购买特定的法律保险,该险种会详细列明所承担保险的发生情形,在保险期内一旦发生所保险的法律纠纷,保险公司则将为保险待遇领受人支付律师费用,这种方式是欧洲一些国家常用的降低法律风险的方法。法律保险制度在 19 世纪由法国首创,1885 年法国成立了名为"司法户主基金"的社会组织,旨在保障该组织成员因为经济原因

---

① 严军兴:《法律援助制度理论与实务》,法律出版社 1999 年版,第 182 页。

② 在这些项目下,当律师持有属于当事人委托其保管的结算支票、聘请费用等时,应开立律师信托账户。如果持有的信托金额过大或持有期限过长,则该账户孳生的利息应归当事人所有;如果持有的金额不大或者持有期限较短,律师就将此款项汇入共享的、带有利息的 IOLTA 账户中。这些账户中的利息逐渐积累后由银行交给一个慈善性的 IOLTA 基金会,该基金会以资助的形式将资金分配给民事法律服务项目或其他项目。在 1998 年,IOLTA 项目用于民事法律援助项目的资助约为 1.15 亿美元,成为州资金的主要来源。近年来由于存款利率的下调,使基金会的收入大幅度地减少,从而对法律援助服务造成很大的冲击。此外,对于律师将所托管的款项转入金融市场收取利息是否有违其受托责任,人们也看法不一,不少州的法院认为律师信托账户收入应该属于客户所有,将这笔收入拿走违反了律师的信托义务和美国宪法,已经停止了这种做法。

而无法通过诉讼的方式实现自己的权利。1897 年一种新成立的类似组织医疗纠纷基金完全取代了之前的司法互助基金。有人认为医疗保险纠纷制度乃是该制度的前身，而现今诉讼保险制度历经社会的考验被一次次改进革新后，已经相当发达，运作非常有效。该制度规定公民在参与民事法律活动中（不涉及刑事和家庭案件），可以根据法律的规定和保险公司提供的险种购买保险。但是一般来说，这种法律保险没有强制性，由公民自愿选择购买。比如，在丹麦从事法律援助案件的律师会依照法定程序告知保险公司支付其相应律师费用，保险公司经审查确认后以法律规定的数额和程序给付其一定的费用，因此支付的律师费用通常都会有一个最高标准（约为 75,000 克朗），不足部分再由政府法律援助机构补充支付。刑事案件中的被告人经审理获无罪判决，律师费则由政府支付，倘若被告人被法官判定有罪，若被告人实在是经济能力极为有限，连律师费都付不起的话，那么只好由政府支付，因此，法律保险对于刑事案件和家庭案件是不适用的。但在欧洲一些国家，法律保险的作用是为了缓解法律援助的压力，透过法律保险制度可以析离出一些案件，交由法律保险解决，法律援助就不必在这些案件中消耗大量的资金，在某种程度上法律保险也间接地为法律援助有效节约了资金，缓解了资金压力。

第六，其他行业协会的捐助。除了法律协会，其他一些特定的行业协会——如工会、消费者协会考虑到在必要时可能需要获取有效的法律帮助而捐助一定资金。在韩国、日本、荷兰等国的某些行业协会常常采用这种方法对某类案件或某些法律援助机构提供经费捐助。①

第七，其他途径。法律援助资金的筹集，除了上述几种模式之外，最为常见也比较典型的一种模式就是司法保险模式。在这种模式之下，当事人在未涉及法律纠纷之时即开始绸缪将来诉讼纠纷之事，等到将来诉讼真的发生时，所产生的诉讼费用全部由保险公司支付的一种模式。但由于我国的保险事业多涉及财保及人保，诉讼保险并不发达，并且申请法律援助的人多数是因为经济贫困才申请，本

---

① 例如，韩国的某些法律援助机构为了多方筹集法律援助资金，会与农业协会、渔业协会、畜牧业协会以及朝兴银行、烟草公司等签订协议，由这些协会为法律援助机构提供部分资金，作为对其成员农民、渔民、都市平民等进行无偿法律援助的基本费用。据统计，截至2000 年12 月，韩国法律援助机构接受来自这些协会的捐助共计 148.6 亿韩元。在日本，法律援助机构提供的法律援助案件范围，是根据一些行业团体的要求和资助而逐步增加的。比如，在 1967 年，由于交通事故频发，运输省开始补贴一些资金给法律援助机构，对这类案件提供法律援助。又如，在 1974 年，日本船舶振兴会开始补贴一些资金给法律援助机构，由法律援助机构对这类案件提供法律援助。在荷兰，法律保险的特别种类就包括由工会、国家汽车俱乐部和国家消费者组织等出资作为法律援助机构对其成员提供免费法律援助的经费。

身缺乏对未来风险的应对和把控,平时缴纳诉讼保险就更不太现实。因此,此种模式在我国并不具有太大的空间。此外,从国外的经验来看,在加拿大,有些省还通过出售刊物或其他材料来筹集法律援助资金,把免除诉讼费用的方式作为间接投入。"关于这种方式,各国规定各不相同,芬兰则有《免费诉讼法》来对此做出比较详细的规定,而其他国家则采用其他不同的方法。"①英美国家法律服务过程中建立了"附条件酬金"制度,主要在人身伤害、医疗纠纷等案件中适用。对于法律服务提供者能够得到酬金,则取决于其能够在法院的诉讼中胜诉。

受益者分摊或赞助的资金筹集模式。这种模式是法律援助事业发展的常青树。这种筹资模式指的是在一起法律援助案件结束后,权利得到实现、获得帮助的当事人从其得到的受益中拿出一部分投入到法律援助基金中,为法律援助基金注入活力,使其能够保持发展。这种模式兼具可行性和长久性,是一种很好的法律援助的资金筹集模式。此外,还有各种灵活的资金筹集模式,其实并没有一定的法律依据,只是在不产生外部性的情况下增加法律援助经费的资金池。

(三)法律援助的管理

法律援助的管理其实并没有一个特指的含义。目前,学界和实务界已经有法律援助管理的概念,并且在3个领域予以运用:首先是机构的管理,其次是经费的管理,最后是援助案件质量的控制和管理。由此可见,法律援助的管理涵盖了法律援助的整个过程。在法律援助的每一个过程都有管理的需要,目前,法律援助的管理所包含的3个方面也都有其自身的含义和内容,具体来看:

第一种意义上,法律援助的管理体制,这指的是法律援助的组织机构设置及其职权和职责的划分及其相互间的关系。法律援助作为一项法律制度,其运行必须遵循一定的程序,实现规范化和法治化的运行。根据法律援助产生的经济发展条件和文化背景的差异,各个国家和地区所采取的法律援助的模式也有差异,因此,各个国家和地区所规划的法律援助管理体制各不相同。这是受到国家的行政机构设置、法制环境运作影响的。设置独立的法律援助委员会作为法律援助的管理机关的典型代表是加拿大、新西兰、澳大利亚以及美国的一些地区;作为英国法律援助制度的创举,由法律协会或者律师协会进行管理的代表国家是英国。

在第二种意义上,使用管理指的是对法律援助经费方面进行的管理。"法律援助经费的管理的目的是通过合理地分配和使用经费,保障法律援助经费专款专用,做到低成本、高效益,充分发挥法律援助经费的社会效用。"②法律援助资金主

① 张超:《法律援助经费来源问题探讨》,载《法制与社会》2009年第6期。

② 杨永昌:《中国法律援助发展问题研究》,陕西人民出版社2004年版,第196页。

要用于法律援助机构、人员、业务等各个方面，作为司法经费的一部分，它的预算决算和使用情况必须严格遵循法律规定的基本原则。“由于法律援助经费来源渠道不同，其管理模式也不相同，主要有财政模式和基金模式两种。”①

第三种意义上，管理，指的是援助主体对法律援助案件的管理。相比律师执业过程中所承办案件的代理费往往很高，而法律援助案件仅仅是象征性地给付一定的酬劳，加之没有其他的奖励和激励措施，因此，律师往往缺乏像处理非法律援助案件一样的物质动力，导致援助案件在诉讼程序进行上和诉讼权利实现上皆呈现出不彻底的不良现象。以我国为例，法律援助案件的处理“缺乏案件评估的基本依据，案件质量评估工作的目标和方向不明确；案件质量评估结果的专业性和权威性不强；甚至一些区县级法律援助机构缺乏开展案件质量评估的经费和人力保障”②，这就导致法律援助有一个鲜亮的开始，却没有一个充实的结尾。如果沿此路径走下去，法律援助制度只会成为打着实现公平正义旗帜而无端浪费人力、财力的空架子，无法实现当初设立时的愿景。因此，构建起法律援助过程中的案件质量评估是必须而且必要的。在实证调研的基础上，我们认为，要切实提高法律援助的服务水平，我们首先应当在审查指派法律援助案件阶段把好律师选任关，不管是我国法律援助机构的专职法律援助服务人员还是我们建立的合同制模式下的指派律师，都要确定被选中参与法律援助事务的律师是符合专业要求的律师；其次，可以通过培训和再教育和学习等方法和手段，提高法律援助律师在法律援助案件和事务处理过程中的道德素质和专业化水平；最后，应当而且必须建立有效的案件处理评估和监督机制，对法律援助事务中的律师和法律援助服务人员的职业行为进行监督和评估，保障法律服务案件得到公允正当、恰当的处理，保障当事人的合法权益，实现社会公平。③

法律援助的管理大致有上述3个方面的用法和内涵，但我们通常意义上所指的法律援助的管理主要还是从法律援助主体角度的组织机构设置和人员配备，也即法律援助管理体制。从法律援助主体的性质来看，法律援助的主体有两大类，一类是国家主体，另一类是民间主体。由于国家的主体责任属性，国家应当发挥其强大的作用，而正式设置广泛覆盖的法律援助机构体系。因此，我国法律援助的主体不是单纯地依靠国家而成立，也不像其他国家有社会力量全面参与，而是由国家正式设立的主体并辅之以民间设置的法律援助主体的大综合。

---

① 杨永昌：《中国法律援助发展问题研究》，陕西人民出版社2004年版，第199页。

② 参见贾午光、贺春云：《法律援助案件质量评估报告》，载《中国司法》2010年第6期。

③ 参见戴其武、沈树萍：《提高法律援助案件服务质量之浅见》，载《中国司法》2006年第9期。

第二章　我国法律援助的理论与实践

第一节　我国法律援助的产生和发展

自初始建立至今已有较长年月的我国法律援助制度在发展历史上总体可划分为3个阶段：

一、探索建立阶段

1994年我国开始法律援助的试点工作，在司法部时任部长肖扬的推动下，于1996年司法部成立了法律援助中心。由于当时法律援助制度在我国依然属于新兴事物，学界和实务界对其都很陌生，因而对于建立何种模式的法律援助、怎样开展法律援助等一系列工作都处于探索状态。

1995年2月16日时任司法部部长肖扬在全国司法厅（局）长会议上提出要求，要积极探索法律援助制度在我国适应国情、生根发芽的制度措施，发挥其制度作用，为我国的经济困难群体积极提供无偿的法律援助。1995年11月19日广州市法律援助中心成立，不到100天就办理了75件刑事、民事法律援助案件，赢得了社会的好评。肖扬部长对此充分肯定，提出可以将广州的做法向全国介绍。1996年3月司法部国家法律援助中心筹备组成立，此前，一些社会组织已自发尝试开展了形式各样的法律援助活动。武汉大学和北京大学相继成立了针对不同弱势群体的法律援助中心，在理论和实务上都积累了大量的法律援助经验，为以后民间团体法律援助工作的开展提供了借鉴。这些成为我国法律援助早期的重要力量。

二、快速发展阶段

1996年年底至2003年是我国法律援助制度快速发展的阶段。尤其是广州市法律援助中心,在经过1年多的运作之后,积累了较丰富的经验,经过考察比较,司法部决定推广广州模式。从1996年12月28日司法部法律援助中心正式成立,到2001年8月22日法律援助中心在西藏自治区落户生根,省级法律援助机构建设基本完成,是法律援助事业建设和国家法治的一项大进步。从整体上看,我国法律援助机构建设已初具规模,相关工作就地开展,进入了快速发展的阶段。

与此同时,法律援助在工作制度化道路上越走越远,越来越规范化。1996年3月修改的《刑事诉讼法》第34条对刑事法律援助制度的基本原则和框架作出了大致的规定;1996年《律师法》第6章专章对法律援助作出了细致的规定;1997年至2001年,司法部多次与最高人民法院、最高人民检察院、公安部联合签发各种通知,适时改进法律援助工作;1999年4月3日青岛市首开先例,在我国第一次出台了法律援助地方性法规,此后法律援助地方性法规便如雨后春笋,纷纷出台。2001年3月全国人大颁布了国民经济和社会发展第十个五年计划纲要,法律援助体系得到国家领导的高度重视而首次被写进了纲要,这是国家最高权力机关第一次将法律援助列进国民经济和社会发展计划,法律援助因此被提升到国家计划发展的层面,这对我国法律援助的发展有着极强的引导规范作用,法律援助的作用在社会上将大放光彩,彰显得更为全面。在人员配置上,我国法律援助制度自创立至2003年6月,全国专职法律援助人员总共有8899名,承办法律援助案件80多万件。

三、法制化、规范化阶段

从2003年7月至今,属于法制化、规范化阶段。从1994年开始试点,到1996年司法部法律援助中心的落成,再到2003年7月《法律援助条例》的颁布,可以说,经历了近十年的经验积累和摸索,我国法律援助制度的发展已经跃上了一个新台阶,法律援助制度开始在新的起点上预备起飞。国家在法律援助事业上将承担更多的主动的职责,并引导我国的法律援助事业迈向正轨化,使其飞跃一个新的高度,这在我国法律援助的法制化、规范化的道路上具有重要作用。

2004年3月第十届全国人大第二次会议上通过的《政府工作报告》有2处提到了法律援助,说明政府开始在工作中重视法律援助的开展,法律援助工作已经提上了政府的日常行政工作日程和工作计划之中,援助工作的实施状况成为考察政府工作、评估政府行政能力的一项重要指标。鉴于目前我国法律援助处在初建阶段,即使有《律师法》《刑事诉讼法》和有关法规对法律援助的主体、形式、对象、范围、资金来源等作了规定,但是都很笼统,不具体,实践中操作起来困难。经过五年的实践,各地在实施法律援助中,总结以往的经验和教训,初步摸索出相当好的经验。笔者认为,为了规范法律援助,从目前开始,国家机关有必要尽快制定出台《中华人民共和国法律援助法》,有法可依,使各项工作中规中矩。

我国法律援助工作自试点以来为大量因经济困难而无法实现自己权利的公民提供了大量有效地法律援助,有效地维护了当事人的合法权益,更大程度上保障了社会公平、正义。不仅化解了我国社会的诸多矛盾纠纷,营造了和谐社会的氛围;同时也为我国人权保障在国际上的良好形象做出了突出贡献,我国的人权保障和法律援助工作将与国际发达国家接轨并齐头并进,成为他国学习效法的榜样,凸显出我国政府在治国理政方面高超的行政能力。《法律援助条例》的颁布实施则是我国法律援助道路上的一块重要里程碑,推进了法律援助事业的规范化、正轨化,是法律援助事业进入新纪元的显著标志。

我国《法律援助条例》颁布实施后,在法律法规正式明确的指导下,各项工作归属明确,我国的法律援助事业取得了较多的成果,在这一时期,随着法律援助事业在社会上的广泛开展和一步步深化,各级政府认识到法律援助事业是政府的基本职责所在,是政府为实现司法公正和保障基本人权应当积极履行的基本社会职能,政府责任得以原则性确立。截至 2005 年年底,我国在设区的市、县(区)共设立了 3129 个政府法律援助机构,专职法律援助人员已达到 11,377 万人;律师等专业人员在法律援助工作中尽最大化地发挥作用,使案件得到高效解决①。各地共设立法律援助工作站 21,941 个,以区县法律援助中心——乡镇法律援助工作站——村(社区)法律援助工作点为核心的三级网络正在逐步形成;有独立经费的法律援助工作站为 2509 个,占工作站总数的 11.4%②;各级政府也加大了法律援助财政拨款,2005 年全国法律援助财政拨款额为 31,220.94 万元,包含中央补助地方法律援助办案专款 5000 万元,其中业务经费 11,947.87 万元与 2004 年相比,增幅为 31.99%③;法律援助机构经过较长一段时间的工作和总结,并与公检法机关以及相关政府部门之间的工作衔接机制有条不紊地健全并日趋完善,逐渐形成了内部运行统一的法律援助服务体系。在工作程序规范化建设方面,一些地区的法律援助工作经过自我摸索、对外学习和上级指导之后,开始探索出一条适合自

---

① 参见贾午光、郑自文:《关于法律援助体制改革的几点思考》,载《中国司法》2006 年第 5 期。

② 参见丛卉:《法律援助向基层延伸取得新进展,各地普遍建立法律援助工作站》,载《中国法律援助》2006 年第 8 期。

③ 参见丛卉:《各级政府对法律援助财政支持力度不断加大,法律援助经费保障水平逐步提高》,载《中国法律援助》2006 年第 8 期。

身实际的法律援助运行方案,并细致地予以规范化,在机构建设、人员安排、工作程序、日常工作等多个方面都有细致、详尽的规定,法律援助各项工作的开展都有计划、有步骤地进行。

几十年来,我国法律援助形成了以《法律援助条例》为基础制度,以行政区划对应的中央、省、市、县四级机构为架构,以政府责任为核心的基础理论来源,以政府财政预算为主的经费保障,以政府为主导、社会力量为补充的法律援助实施,全面、多层次、多角度、宽领域的完整体系。中国法律援助体系的框架已初具规模。

第二节 我国法律援助的基本制度内容

一、法律援助的范围、对象和条件

法律援助必须有明确的援助范围和援助对象,并且结合我国的实际国情事先清楚拟定。一般来说,民事法律援助、行政法律援助、刑事法律援助以及非诉讼法律援助乃是我国法律援助的主要内容。①

当前我国法律援助的申请标准仍为经济困难的单一标准,由法律援助中心负责审核援助申请人的经济状况,当然其中也存在一些特殊情形。②

二、我国法律援助的管理和服务模式

我国的《法律援助条例》在颁布前,进行试点期间,经过各地的探索与实践,几种典型模式横贯而出,比如,北京模式、广州模式、郑州模式、上海浦东模式、武汉模式,经过比较研究与调整,逐渐演变为广州和北京两种模式。我国法律援助管理机构依

---

① 民事诉讼中的法律援助包括:(1)请求给付赡养费、抚养费、扶养费的;(2)请求支付劳动报酬的;(3)主张因见义勇为行为产生的民事权益的。行政诉讼中的法律援助包括:(1)请求国家赔偿;(2)请求给予社会保险待遇或者最低生活保障待遇;(3)请求发给抚恤金、救济金。《法律援助条例》第11、12条规定了刑事法律援助的主要范围,包括:(1)犯罪嫌疑人在被侦查机关第一次询问后或者采取强制措施之日起,因经济困难没有聘请律师的;(2)公诉案件中被害人及其法定代理人或者近亲属,自案件移送审查起诉之日起,因经济困难没有委托诉讼代理人的;(3)自诉案件的自诉人及其法定代理人,自案件被人民法院受理之日起,因经济困难没有委托诉讼代理人的;(4)公诉人出庭公诉的案件,被告人因经济困难或者其他原因没有委托辩护人的,人民法院为被告人制定辩护的;(5)被告人是盲、聋、哑或者未成年人而没有委托辩护人的,或者被告人可能被判处死刑而没有委托辩护人的,人民法院为被告人指定辩护的。根据《刑事诉讼法》和《法律援助条例》的规定,我国法律援助的对象包括我国的公民和刑事诉讼中没有委托辩护人的外国人。法人并不在法律援助的范围之内。

② 比如,被告人是聋、哑、盲、未成年人而没有委托辩护人的;被告人可能被判处死刑而没有委托辩护人的,人民法院为其指定辩护的。法律援助机构也应为这些没有提出法律援助申请的主体提供法律援助。

《法律援助条例》之规定,以类似行政机关的级别也划分为中央和省、市、县(区)四级,把司法部法律援助中心设置在中央,地方各级则分别设立法律援助管理机构。

通过与其他国家的法律援助服务模式相比较,可以轻易发现我国的法律援助服务模式所呈现出的显而易见的多元化特征。(1)工作人员在法律援助中心管理内部事务的同时办理法律援助案件,他们领取工资,按照机构的指派办理具体案件,与美国的公设辩护人类似。(2)法律援助中心并非一力承担所有待援案件,也会指派社会律师、基层法律服务工作者办理案件,并支付相应的办案补贴,与西方的合同项目有些类似。(3)在刑事法律援助中,我国《刑事诉讼法》第34条确立了指定辩护人制度,法院为特定被告人指定辩护律师,类似于西方国家的关键案件模式或要案模式。(4)根据我国《法律援助条例》第8条的规定,某些社会团体参与法律援助工作是国家所鼓励、所支持的。所以,一些社会团体、法学院校的组织在法律援助机构的管理下可以向特定的群体提供法律援助。

三、我国法律援助经费资源状况

法律援助经费来源主要包括政府财政专项拨款、社会捐助等,可以确认的是"法律援助是政府的责任",这种经费都是以政府的财政拨款为主,社会捐助只能作为辅助方式。①

表2-1 我国法律援助经费资源状况

年份	法律援助经费收入(万元)	法律援助财政拨款(万元)	法律援助经费支出(万元)
2009	75,760.37	74,875.03	70,500.78
2010	102,289.7	95,823	83,382
2011	127,728.03	126,196.07	104,926.44
2012	140,318.64	138,963.11	119,535.74
2013	162,868.87	160,738.59	136,816.69

① 2006年全国的法律援助经费收入共37,029.78万元,与2005年的28,052.3万元相比增加了8977.48万元,增幅32%。财政拨款为33,479.09万元,与2005年的26,220.94万元相比增加了7258.15万元,增幅为27.7%,占法律援助总经费的90.4%。法律援助业务经费拨款16,107.66万元,与2005年(11,947.87万元)相比增加34%。业务经费拨款占整个财政拨款全额的48.1%,比2005年增长2.5%。业务经费拨款占财政拨款的比例省级为64%、市级48.2%、县级43.1%,呈递减趋势。行业奉献收入大幅增加,社会捐助收入减少。2006年行业奉献290.29万元,比2005年增长51%;社会捐助434.07万元,比2005年(837.14万元)减少了48.1%。行业奉献和社会捐助作为法律援助经费来源的重要补充,仅占法律援助经费收入全部的2%,社会资金筹措潜力有待开发。

四、我国法律援助的人力资源、业务开展状况

我国法律援助人力资源状况，是指参与到法律援助工作中，能为法律援助所用，在法律援助中需要重点建设的实施主体的状况。我国的法律援助总体上还是比较有进步，机构建设、人员发展、经费渠道上都有很多扩张和增强。[①] 一个横向涉及多个部门、纵向深入到基层乡镇、村的法律援助网络初步形成。研究生以上高学历人才以及执业律师数有所减少，学历达研究生以上人员为308人，与2006年相比减少了20%，高学历人才的流失应当引起关注；现有法律职业资格或法律专业人员共5006人，稍有减少。而法律专业人员和本科学历的有所增加，法律专业人员8032人，比2005年增长8%；本科学历人员6314人，占人员总数的55%，比2005年增加1.5%。法律援助机构人员实有12,038人，增长了5.8%，但是相对较繁重的工作量来说，人员还是比较少。全国法律援助志愿者人数增加迅速，达到73,134人，比2005年增加71%。2006年全国共办理318,514件法律援助案件，与2005年的253,665件相比增长25%。其中民事案件204,945件、刑事案件110,961件、行政案件2608件，比例为64:35:1。法律援助机构工作人员办理案件106,142件，社会律师办理案件124,282件，社会律师仍然承担了法律援助案件的主要部分，办案量占案件总量的72.3%。

第三节 我国现行法律援助基本模式的形成

一、我国法律援助模式探索

我国法律援助事业总体上起步较晚，直到1994年才开始一些试点工作，到1996年建立司法部法律援助中心，2003年通过颁布《法律援助条例》。经历了20年的探索和发展，我国法律援助也逐渐形成了一些相对具有各自特征的模式，试作探讨。

（一）广州模式

1995年广州市法律援助中心成立，后由广州市司法局领导并牵头负责开展法律援助工作，取得了不菲的成就。2009年颁布施行《广州市司法局法律援助实施

---

① 根据司法部法律援助中心的统计，2006年全国法律援助机构共有3149个，与前一年相比，增加了20个。其中行政性质的机构有1672个，参照公务员管理的有351个，这两类机构占总数的64.2%，比2005年增加3%。全额拨款事业单位1399个，占总数的44.4%。法律援助工作站依托司法所的共有40,237个，在工、青、妇社会团体和监狱、劳教所、军队等设置了11,528个工作站，工作站共51,765个，比2005年的32,322个增长了60.2%。

办法》,规范化、法制化的援助工作开始运作。《广州市司法局法律援助实施办法》对广州市法律援助主管机关有了明确细致的规定,并大篇幅规定了应当发展的社会主体、援助标准和范围、援助律师的行为规范、案件办理和资料的管理、法律援助制度的监督机制等。通过对该实施办法的分析,应当可以确定,《广州市司法局法律援助实施办法》借鉴参考了《法律援助条例》的基本体例,并落实到当地具体环境中,形成了较完整的法律援助组织和职责制度,并建立了较完整的监督机制。

法律援助中心在实践当中设立了《法律援助律师登记名簿》,上面详细记载了可以承办法律援助案件的律师的基本信息、案件类型和案件信息、案件数量等法律援助案件信息,这种对案件和办案律师的总结管理相当有效。法律援助中心对承办的案件汇集分析,统一接受管理分配、统一配备人员,计划性强,集合组织管理与实施双重职能于一身,突出地显现了广州市法律援助过程中的政府责任。

(二)北京模式

北京的法律援助具有不同于广州的运行模式,北京并没有在司法行政部门之下设立法律援助的管理机关,更没有行政或者事业性质的单位成立,而仅仅在律师协会下面成立了一个名为“北京市法律援助基金”的机构,但其职能主要是筹措法律援助的经费,却不负责法律援助的申请受理、审查、批准等活动,法律援助案件的具体开展则是通过律师事务所开展,法律援助的申请人可以向任一家社会律师事务所提出申请,由律师事务所受理、审查和批准并提供具体的法律援助服务。而北京市法律援助基金只负责在年终对律师事务所办结法律援助案件的审查,看是否属于法律援助的范围,对于范围内的给予补贴。

(三)武汉模式

武汉市法律援助的起步较早,跟随我国法律援助的试点工作在 1994 年就开始了法律援助的工作。1995 年通过了《武汉市律师法律援助办法》,经过 1 年多的探索就形成了具有地方特色的新模式。一是当地法律援助工作开展分两级组织进行:位于上级的是市律协设立的法律援助委员会,其对全市的法律援助进行统一的组织协调,负责法律援助案件经费的审批和法律援助案件办理的监督;二是各个律师事务所,律师事务所负责具体法律援助案件的审查和法律援助案件的办理。

(四)上海浦东模式

上海市法律援助的特点在于义务性和社会公益性明显。具体来看,上海市浦东新区司法局设立了法律援助中心,专司法律援助工作。该中心配备了专职的工作人员,但并不负责法律援助的具体事务的实施,却由专职律师到法律援助中心轮流值日坐班,同时,该中心还开通了法律援助热线电话,便利当事人对法律援助案件的电话咨询,接待法律援助案件申请的当事人,但具体法律援助案件的承办也由律师事务所进行。尤其需要注意的是,律师事务所办理法律援助案件是他们的义务,因而不会受到资金支持,而且律师每年都有法律援助案件承办的数量要求,而费用由律师事务所承担,律师办理法律援助案件的数量以及质量是律师职业道德的考核内容。

(五)郑州模式

郑州模式主要以律师事务所为依托开展工作,突出了律师事务所和律师的责任和自主性,其实并没有突出政府的责任。律师事务所应当依照《郑州市律师事务所法律援助规定》建立法律援助基金账户并且提取10%的业务经费作为法律援助基金。司法局对法律援助并没有提供资金补贴,也没有统一的组织和监督,只是从原则上进行规定,下达法律援助任务。

二、我国法律援助现行基本模式及其特点

多年的发展塑造了我国法律援助事业以下五方面特色的基本运行模式:

(一)四级法律援助机构分列设置模式

四级法律援助机构设置,是指从中央到地方按区域管辖分层设置的四级法律援助机构,组织管理所辖地区的法律援助业务。这四级机构分别为:(1)中央一级设置司法部法律援助中心和中国法律援助基金会。中国法律援助基金会是专门为法律援助工作的开展筹集管理资金的机构。(2)省级机构设置——省(直辖市)法律援助中心。其基本职责包含两个方面:第一,业务上接受司法部法律援助中心的指导监督,依任务或提出的原则要求进行业务工作,对所辖地(直辖市)的法律援助工作予以指导、协调、管理并负责监督,并及时上传下达,做好中间传递工作。第二,该中心也可组织实施为受援群体提供法律援助服务的具体业务,如接受申请、指派律师等工作可以立足当地实际开展,可根据本地具体情况自行决定是否建立地方法律援助基金会。(3)地市级机构设置——地市法律援助中心。(4)县级机构设置——区(县)法律援助中心,由其深入基层,进入农村、社区,融入群众,了解详情,具体组织、实施当地的各项法律援助工作,负责向本辖区内的公民提供所需要的多种援助工作。

(二)法律援助实施主体多元化模式

创始初期,国家推行的政策是尽可能地发挥各方人员的法律援助作用,鼓励社会公众在专门组织和管理下共同参与法律援助事业,力图推进法律援助的社会化参与,期待一种政府法律援助实施主体模式,另一种众多工作者等为服务主体的全面参与、多元化的其他社会团体、私人组织律师、法学院学生、法律工作者、其他社会志愿者为主体的民间法律援助服务模式形成。

各国的实施主体模式在机构及其人员配置方面略有差异，但从各国的实际情况来看，目前在法律援助中普遍采用混合模式的情况比较多。

根据我国《法律援助条例》所传递的精神、所涵纳的原则内容，政府应当积极主动发挥作用，要在法律援助等各方面有所作为，各级司法行政部门都要监督指导法律援助的各项活动，对本辖区的工作全面规划。国家倡导鼓励各种社会组织利用自身资源、发挥自身优势来为经济困窘的社会群体提供一定的法律援助，法律援助工作不仅是政府的职责，也需要众多社会力量的加入，使有能力的个人及社会团体在其中各显所长，为法律援助和法治社会贡献力量。对那些做出有力贡献的组织和个人，受到一定的公示鼓励，有关部门应当予以表彰鼓励。[①] 政府应当鼓励和支持法学院校发挥利用自身资源组建法律援助组织，鼓励和支持各级工会、妇联、残联等社会团体为行业特殊困难人员提供法律援助。我国在法律援助模式上采用的是行政直接管理下的混合型法律援助服务模式。

"我国的这种法律援助人力资源配备模式，不是偶然武断的随意选择，也不是照搬外国的模式，而是我国法律援助制度的创立者们通过大量实践活动，借鉴国外的先进经验，并进行理性思考后的必然选择。"[②](1)我国优秀的传统文化和法律价值观很大程度上潜移默化地影响着对法律援助模式的选择。中华民族以礼仪之邦著称，传统文化中的团结仁爱、礼仪互助的精神一直被历代相传，生生不息。"一方有难，八方支援"深入中华民族血液之中，代代相传的优秀传统思想在法律援助制度创立中，极大地鼓励了民间团体和社会公众进行自主自发自立的法律援助实践摸索，收获了丰富的经验成果，这为法律援助制度的成形提供了宝贵的实践经验。几千年儒家文化的熏陶和封建专制统治影响深远，政府本位的法律价值取向由此造就。自秦汉时期高度集权的中央政府以来，这种权利的组织形式被历代沿用，政府权力集中而扩大，政府的职能几乎无所不包，其中也包括扶危济困，潜移默化之中行政权力被理所当然地认为是高于司法权力的，因此导致了上令下从、政府本位的法律文化价值取向的形成。我国法律援助制度的创立过程中受此思想文化的影响，由政府主动倡导和推动，占据主导地位，政府的能动性是第一性，因此，我国政府直接管理下的混合型法律援助模式的选择不是天外来客、舶来品，而是深受传统文化影响下的历史选择，是与民族传统文化和法律价值取向相一致。(2)我国社会主义制度推动了法律援助模式选择。中华人民共和国成立前，我国在国家制度上选择了社会主义制度，社会主义强调人民是国家的主人，政

---

① 《法律援助条例》第3～9条。

② 杨永昌：《中国法律援助发展问题研究》，陕西人民出版社2004年版，第165～170页。

府应当履行自己行政管理者的职责，需对法律援助进行直接管理，为社会弱者和经济困难者提供法律帮助，这正是社会主义国家的“法律面前人人平等”的优越性的体现。同样，社会主义国家倡导的人民主人翁精神使国家内的组织或公民有义务为法律援助事业提供力所能及的支持。(3)我国基本国情对法律援助模式选择的影响。由于我国社会主义法治建设起步晚，国家还处于社会主义初级阶段，再加上长久以来封建思想的束缚，民主法治自由的思想还没有普遍深刻进入各个阶层，广大公民的法治意识甚是淡薄，有些贫穷落后地区的居民要受良好的教育都成问题，单纯依靠政府的法律援助往往改变不了大众内心深处对法律的认识。更何况我国处于社会主义初级阶段，经济发展水平不高，中央财政吃紧，各地政府对法律援助的认识很不透彻，地区贫富差异显著，可以投入法律援助的资金极为有限，因此，单单依赖政府力量很难有效地进行法律援助。要解决这个问题，不仅需要在一定范围内加大资金投入，还要提供多形式、多渠道、新方法的资金来源。采用混合法律援助模式，不仅可以增加受理待援案件的数量，此外，还能通过社会组织、私人律师的参与使得受援人真切感受到法律的公正与威严，从而逐步形成法治意识和公平正义的思想理念。从这个角度来看，混合法律援助模式有助于扩大法制教育，提升整个民族的法治意识。(4)外国法律援助模式对我国法律援助模式选择的影响。随着社会经济各方面事业的发展和各国经济社会形势的变迁，世界各国都在不断创新法律援助模式以适应新情况、新形势。但大体上还是以司法保障模式或专职律师模式为主、其他模式为辅的混合型法律援助模式。在我国这样一个地域广阔、城乡差别较大、历史文化悠久的国家，依赖任何单一的法律援助模式都难以满足实际的巨大需求。何况我国已经加入世界贸易组织(World Trade Organization，WTO)，法律援助制度的构建也要与世界接轨。混合型法律援助模式的选择，符合我国的现实国情，也与世界法律援助制度总体发展趋势相一致。

(三)以经济困难为标准的受援对象范围模式

法律援助的对象条件是有充分理由证明自己的合法权益受到侵害却没钱请律师的自然人。其宗旨在于维护生活条件困窘的公民能够获得必要的法律帮助，其实质审查条件为经济困难且有法律援助需求。

我国法律援助供应方式大致经历了3个发展阶段，即从最初的减免、缓收费用发展到一定阶段的免费、减费再到无偿法律服务。这个循序渐进的改革过程深刻地反映出我国社会经济事业的发展和各地政府对法律援助事业的认识变化，随着经济的发展进步，经费问题得到进一步解决，随着法律援助事业壮大，其影响力也越来越强大。历经多年实践后，政府明确提出“无偿法律服务”，清晰地表明了我国政府根据当前我国社会经济发展状况、法治建设环境、法律援助人文基础、社会参与度、财政管理水平、法律援助性质、受援人利益等因素,确定了法律援助即无偿法律服务的基本内涵,就断绝了法律援助机构因经费不足而意图利用减、缓收费等方式从事有偿法律服务的行为,因为这会违背法律援助的基本原则和根本初衷。法律援助的发展不是一朝一夕就能取得相关经验成果的,历经的这些阶段和发展都充分体现出法律援助这一人权保障制度的性质。

(四)政府主导的财政专项经费与社会捐助基金管理共存的经费保障模式

建立专门的法律援助机构需要有地有房,配备必要的法律援助工作人员和办公设施需要聘人开销,从事具体的法律援助服务会源源不断地消耗法律援助资金,而在法律援助具体案件中的各项操作运行,专业人员的培养,法律援助的学习跟进,都需要资金的投入。要想达到法律援助的制度化、人员的职业化、机构的法人化、设施的现代化、对象的扩大化,追根溯源,这些建设均需要必要的经费保障,否则一切免谈。

国外法律援助经费的保障模式有以下主要来源渠道:(1)政府拨款。从国际范围来看,经费来源主要是政府拨款。例如,在美国,联邦的法律服务公司为大多数民事法律援助案件出资,有名的公设辩护人在援助时所耗资金基本都是从各州政府所出;加拿大联邦和省的出资占法律援助资金总额的80% ~100%;澳大利亚50%的法律援助资金来自联邦政府,25%来自州政府。在财政紧张的时候,政府试图通过新的途径筹集资金。比如,在美国,一些地区通过征收经常性民事行为税来筹措资金,另有一些地方政府通过征收特定服务税来获取资金,此外,有的区域还将缴获的贩毒款、各种罚款、缴纳的保释金充作经费来源。(2)律师信托基金利息收入。该收入是一个经常性的经费来源(美国指IOLTA——律师信托账户利息)。在美国,依据大多数高等法院的规则,几乎每一个州都设立IOLTA项目。此账户中的利息随着时间积累达到一定额度后,经法庭许可由银行转交给慈善基金会,该基金会再将这些资金按规定分配给法律援助机构。但近年来利率下调,造成了拖欠法律援助资金的不良情况,有些州法院认为这种筹集手段有违信托的义务,已叫停了这种做法。(3)律师界的出资。这种方式主要表现为以下几种渠道:一是律师协会的所有会员,按照要求都必须缴纳一定的法律援助费;二是从律师信托账户利息积累而收取的资金作为法律援助资金;三是按照自愿或强制的义务服务收费缴费,[①]这是美国等国家常用的方式;四是法律援助的规章制度规定,对于承办法律援助案件的律师在案件收费中预先扣除一定资金以填补法律援助

① 美国的一些州规定律师每人每年必须从事一定法律援助工作,有的律师协会还将此作为会员资格审核的标准。

经费不足。(4)法律援助申请人的缴费和负担费用。一些地方还采用留置或者实行月付方式来保证他们的付款,另一些国家和地区要求申请人缴纳申请费、使用费等费用。(5)其他筹资方式。在美国,一些州将民事诉讼申请人缴纳的立案费用开辟成法律援助的经费获取渠道。另外,还有员工集体法律保险的雇主预付方式,加拿大哥伦比亚省则通过销售期刊等材料的方式,还有一些国家还通过削减法庭的各项开支的方式,用节约下来的资金增加法律援助资金量。

当前,由于法律援助需求越来越大,为了使有限的资金能高效地提供法律援助服务,有关政府推行了一系列的改革实验。比如,措施之一就是废止传统上由需求驱使开支无限制扩大的过度开放式财政制度,而转变为将法律援助总预算封顶的有节制式的财政制度。由此,需要厘清对法律援助各种需求的优先顺序。一般情况都是刑事法律援助较民事、家事和贫困救济事项优先。措施之二是提高资格标准,加高门槛,缩小服务范围,降低律师收费,以达到减少开支、节约成本的目的。还有一些国家趋向于采用变通的纠纷解决机制和调解等非诉讼方式,将其中某些条件运用在法律援助之中,使制度与制度之间相互接力,相辅相成,如英国在1997年修订《1988年法律援助法》时为顾及大局、结合实际、适应形势的需要就专门增加规定了"调解"一章。

目前,我国的筹资模式是以政府财政专项经费拨款为主、以社会捐助基金为补充的经费保障模式。其资金来源为:(1)政府财政拨款。依据《法律援助条例》规定,①政府的财政拨款分为:同级财政直接拨款、间接拨款,上级政府财政对贫困地区的财政补贴。(2)社会捐助。分为法律服务组织的捐助,基金形式接受的捐助,国内外法人、组织或公民个人指定用于法律援助的资助以及社会慈善性捐助,经有关部门同意后可取得一部分用于法律援助事业。(3)其他渠道。主要是国际组织以项目合作形式的资助、基金会资金的合法增值等。但需要注明的是,在我国的法律援助经费构成中,政府财政拨款占了绝大部分,社会捐助以及其他渠道获得的经费相当有限。

(五)以诉讼法律援助代理为主的法律援助服务模式

我国《法律援助条例》第2条规定,符合本条例的公民,可以依照本条例获得法律咨询、代理、刑事辩护等无偿法律服务。"但是截至当前,律师及其他法律援助工作者提供的法律援助主要集中于诉讼事务上",②因为诉讼是解决争端、平衡

---

① 《法律援助条例》第3条第1款:法律援助是政府的责任,县级以上人民政府应当采取措施推动法律援助工作,为法律援助提供财政支持,保障法律援助事业与经济、社会协调发展。

② 杨永昌:《中国法律援助发展问题研究》,陕西人民出版社2004年版,第233页。

权利义务的终极手段。以 2007 年全国各省(自治区、直辖市)办结诉讼法律援助案件占全国各省(自治区、直辖市)办结法律援助案件的数额比例为例(见表 2-2),全国办结诉讼法律援助案件数占全国办结法律援助案件总数的 73.4%,有的省份甚至高达 90% 以上。诉讼法律援助在我国法律援助业务办理中占较大比重,反映了我国法律援助资源的有限性,也反映出我国法律援助业务办理的单一性。相比其他法律援助业务(咨询、代理、调解、仲裁等),诉讼法律援助业务更受到了法律援助部门的重视,使我国许多学者认为法律援助主要从事的是民事、行政诉讼代理、刑事辩护等,范围局限于诉讼法律援助,这与国际上积极探索非诉讼法律援助的普遍趋势存在很多认识上的差异。

表 2-2 2007 年全国各省办结诉讼法律援助案件比例①

区域	刑事案件(件)	民事案件(件)	行政案件(件)	办结诉讼案件(件)	办结案件(件)	比例(%)
北京	3411	4869	0	8280	9368	86.5
天津	489	929	15	1433	2202	65.1
河北	2495	5216	79	7890	9880	79.9
山西	2106	5529	158	7793	10,172	76.6
内蒙古	757	4098	39	4894	7997	61.2
辽宁	2535	4697	54	7286	15,258	47.8
吉林	1927	2913	36	4876	5442	89.6
黑龙江	1888	3445	61	5394	5725	94.2
上海	3640	1478	2	5120	5649	90.6
江苏	182	8059	26	8259	10,879	75.9
浙江	7165	7894	24	15,083	20,404	73.9
安徽	2704	4996	115	7815	9296	84.1
福建	3280	4751	61	8092	11,180	72.4
江西	2382	5260	138	7781	11,128	69.9
山东	4596	8305	190	13,091	15,017	87.2
河南	5237	11,068	446	16,751	21,739	77.1

① 参见司法部法律援助中心:《2007 年度法律援助业发展数据统计分析报告》,第 85 页。

续表

区域	刑事案件（件）	民事案件（件）	行政案件（件）	办结诉讼案件（件）	办结案件（件）	比例（%）
湖北	3545	5641	146	9332	11,234	83.1
湖南	4913	5414	139	10,466	14,721	71.1
广东	10,749	6916	67	17,732	21,793	81.4
广西	3097	2259	46	5402	9720	55.6
海南	488	945	25	1458	2131	68.4
重庆	2946	13,502	95	16,543	25,904	63.9
四川	5798	11,853	127	17,778	22,438	79.2
贵州	4299	4708	65	9072	13,572	66.8
云南	7296	6606	115	13,990	22,321	62.7
西藏	302	140	0	442	668	66.2
陕西	1773	4279	52	6105	7057	86.3
甘肃	1247	2522	38	3807	4702	81.0
青海	431	1327	2	1760	3450	51.0
宁夏	926	2322	9	3257	5087	64.0
新疆	1943	2414	21	4288	5775	76.0
新疆兵团	228	467	1	696	1303	52.4
合计	94,749	154,914	2403	252,066	343,434	73.4

三、我国现行法律援助模式评价

目前，我国采用的法律援助模式总体上是适合我国国情的，具体来说，其具有以下优点：(1)有利于提高办案质量。在法律援助案件的办理过程中，法律援助部门的主导性较强，可以主动管理、掌控和监督专职律师的办案活动和进程，在监督之下，法律援助工作可以有条不紊地展开，因此，可以提高专职律师办案水平。同时，专职律师和社会律师共同参与办理援助案件的多元化人力资源配备模式的采用，可以大力发挥社会律师的专业优势，对那些专业性强的法律援助案件，可以通过指派社会律师处理以保障援助的质量。(2)有利于节约成本。国外研究资料显示，专职律师的办案水平有保障，办案效率高、费用低，常常成为法律援助指派对象的首席选择。因此，在国外一些法律援助经费充裕的地方，考虑到专职律师的优势，大多会采取专职律师模式，但是经费相对匮乏的区域一般运用私人律师模式。在国内同样的实践却表明办理同等质量的法律援助案件，社会律师的办案成本相对要高,因此,为降低法律援助成本需要社会律师和专职律师结合使用,互补裨益。

四、我国法律援助在发展中存在的问题

(一)法律援助的概念内涵在理论与实践中还未达成统一的认识

对于界定法律援助概念的分歧的表现,首先是在法律援助责任主体的认定上未达成统一认识。有观点认为是政府的责任;有观点认为法律援助是律师的个人责任和义务,如韩国《法律援助法》规定;也有观点认为二者兼而有之,如德国法律援助的规定。我们认为司法保障权是公民的一项基本权利,是社会实现公平正义的必要条件。而将法律援助视为政府的责任,完全符合法律援助作为社会保障或是社会救助的基本要求。之所以在一些资本主义国家的立法中严苛地将法律援助规定为律师必须谨守的义务,是因为法律援助曾是一些律师机构由于正义和人道主义而开展,延续了律师行业至今的一些职业道德。但是,随着社会保障以及人权保障事业的发展,法律援助不仅仅转化为一项国家事业,也逐渐转化为政府应当承担的责任。我国《法律援助条例》规定,法律援助是在政府的职责范围之内。① 此外,我国《法律援助条例》第 6 条、第 27 条、第 28 条同时明确了律师在法律援助工作中的义务,并规定了律师不履行相关义务应负的责任,又没有规定其他部门的责任和义务,使得我国的法律援助政府责任变得很模糊,同时由于没有规定相关部门在法律援助中的具体责任,也造成了法律援助与司法救济无法有效衔接。其次,对于法律援助概念的界定分歧还存在于法律援助的内容上,一种观点认为法律援助与司法救济相互独立;②另一种观点则认为法律援助范围应当包括司法救助,如我国学者陶髦、张耕的观点。

(二)法律援助供求矛盾比较突出

虽然良好成效已经取得,但法律援助依然无法较好地满足群众对法律援助的需求。究其主要原因:第一,法律援助需求增长快。我国社会正处于转型时期,这个时期社会矛盾容易产生和积聚,且需要通过法律途径予以化解。随着经验的积累和人力物力投入增多,法律援助的质量效果越来越佳,更多的贫困者和弱势群体开始选择相信法律援助。所以,对它的社会需求源源不断地激增,这种突然增加的幅度已经超越了法律援助的发展速度,使法律援助在某些地区并不能满足对它的需求。第二,法律援助资源比较匮乏。我国法律援助制度建立时间短,缺乏

① 县级以上人民政府应当采取积极有效的措施推动法律援助工作的开展,为法律援助提供财政支持,保障法律援助事业与经济、社会协调发展。

② 如司法部关于法律援助的定义——认为法律援助的提供应是减免法律服务的费用。

经验,经费紧张、法律专业人员缺乏的情况大量存在,不合宜的资源配置,更激化了法律援助的供求矛盾。尤其是在经济欠发达的中西部地区以及贫困人口聚集的农村,当地政府财政力量微弱,几乎没有能力对法律援助进行有效投入,并且当地的法律专业人员少之又少,法律援助资源显得十分匮乏。

(三)法律援助地区发展不平衡

由于历史和现实的经济原因,我国东部与西部、城市与农村、沿海与内地之间社会发展水平差异较大,能够维系法律援助发展的环境不同,法律援助制度在不同地区也表现出高低不同的发展态势。有的经济发达地区已经进入规范化高效发展阶段,而有些偏远落后地区的机构建设、人力资源队伍建设等基础工作尚未起步;有的地方即将进入政府购买律师服务阶段,有的地方尤其是县级政府在财政预算中依旧忽略法律援助,等等。这种在法律援助上的发展差距只是现实经济、法治、理念差距的一个缩影,这种区际的发展差异性在当前中国法律援助事业的发展中广泛存在。

在法律援助机构建设方面,往往是越需要法律援助的基层以及经济困难的地区,建立法律援助机构愈加困难(见表2-3)。比如,以2005年为例,截至2005年年底,我国在设区的市、县(区)共设立3129所政府法律援助机构,法律援助机构设置工作大体完成,另外还设立法律援助工作站21,941个,但是省与省之间差距还是很大的(见表2-3),辽宁、山西、河北、河南、广东、江苏、贵州、内蒙古、浙江、四川等省份设立的法律援助工作站数目都已愈1000个,而陕西、甘肃、新疆、西藏等地法律援助工作站数量稀少,设立工作比较滞后。

表2-3 全国设立法律援助工作站情况(数据截至2005年年底)①

地区	已建立法律援助工作站(个)	有独立经费工作站(个)	有独立经费工作站所占比例(%)
北京	302	302	100
天津	3	1	1.0
河北	1000	2	0.2
山西	1049	192	18.3
内蒙古	1710	236	13.8
辽宁	1094	205	18.7

① 参见丛卉:《法律援助向基层延伸取得新进展,各地普遍建立法律援助工作站》,载《中国法律援助》2006年第8期。

续表

省份	已建立法律援助工作站(个)	有独立经费工作站(个)	有独立经费工作站所占比例(%)
吉林	388	0	0
黑龙江	889	0	0
上海	197	8	34.5
江苏	1290	300	28.2
浙江	1475	0	0.4
安徽	310	0	0
福建	458	40	8.7
江西	604	1	0.2
山东	830	0	0.2
河南	1880	87	0
湖北	931	703	4.6
湖南	802	2	75.5
广东	1330	1	0.2
广西	338	111	0.1
海南	214	0	31.0
重庆	835	0	0
四川	1300	148	0
贵州	1099	8	10.9
云南	949	11	0.7
西藏	0	0	1.2
陕西	5	5	0
甘肃	34	3	100
青海	148	0	8.8
宁夏	238	0	0
新疆	0	0	0
新疆兵团	87	11	12.6
合计	21,941	2509	2.3

在法律援助经费保障方面,2005 年的全国法律援助财政拨款额为 26,220.94 万元,其中业务经费 11,947.87 万元,比 2004 年增长了 31.99%。但是,经费保障各地区之间的差距仍然很大(见表 2-4)。除西藏外,全国省级法律援助经费均已纳入财政预算,地市级法律援助经费纳入财政预算的占 84.1%;区县级为 64.5%。在省与省之间,上海、浙江、重庆等地各级机构的援助经费均已纳入预算方案,福建、广东、江苏、河南等地的援助经费也略有保障,但陕西、甘肃、天津、黑龙江、云南等地区法律援助经费纳入财政预算的比例较低。我国法律援助事业的整体显得不平衡。

表 2-4 全国法律援助经费纳入财政预算情况(数据截至 2005 年)①

	机构数(家)	纳入财政预算机构数(家)	比例(%)
省级	33	32	97.0
地级市	364	308	84.1
区县级	2717	1752	64.5
全国	3114	2092	67.2

截至 2005 年,北京地区法律援助机构共 33 家,其中财政拨款的法律援助机构有 20 家,省级法律援助机构共 2 家,其中财政拨款的法律援助机构 2 家,县级法律援助机构共 31 家,其中财政拨款的法律援助机构共 18 家。

表 2-5 全国设立法律援助工作站情况(数据截至 2005 年年底)②

地区	已建立法律援助工作站(个)	有独立经费工作站(个)	有独立经费工作站所占比例(%)
北京	302	302	100
天津	3	1	1.0
河北	1000	2	0.2
山西	1049	192	18.3
内蒙古	1710	236	13.8
辽宁	1094	205	18.7

① 参见丛卉:《各级政府对法律援助财政支持力度不断加大,法律援助经费保障水平逐步提高》,载《中国法律援助》2006 年第 8 期。

② 参见丛卉:《法律援助向基层延伸取得新进展,各地普遍建立法律援助工作站》,载《中国法律援助》2006 年第 8 期。

续表

地区	已建立法律援助工作站(个)	有独立经费工作站(个)	有独立经费工作站所占比例(%)
吉林	388	0	0
黑龙江	889	0	0
上海	197	08	34.5
江苏	1290	300	28.2
浙江	1475	0	0.4
安徽	310	0	0
福建	458	40	8.7
江西	604	1	0.2
山东	830	0	0.2
河南	1880	87	0
湖北	931	703	4.6
湖南	802	2	75.5
广东	1330	1	0.2
广西	338	111	0.1
海南	214	0	31.0
重庆	835	0	0
四川	1300	148	0
贵州	1099	8	10.9
云南	949	11	0.7
西藏	0	0	1.2
陕西	5	5	0
甘肃	34	3	100
青海	148	0	8.8
宁夏	238	0	0
新疆	0	0	0
新疆兵团	87	11	12.6
合计	21,941	2509	2.3

(四)法律援助机构性质不明确,队伍不稳定

2003年年底,全国成立的1774家法律援助机构中,机构性质为行政编制的1385家,事业编制的1210家,还有179家为差额补助性质的事业单位。2006年全国法律援助机构数达3149个,其中依照公务员管理的事业单位351个,行政编制性质的机构1672个,这两类机构共占总数的64.2%,全额拨款的事业单位(含依照公务员管理的机构)1399个,占44.4%。2007年全国法律援助机构总数达3259个,比2006年增加110个(见表2-6)。而到2008年年底,全国法律援助机构总数为3268个,比2007年增加9个,参照公务员管理的事业单位为575个,分别比2007年增加了82个、101个,行政性质机构为1669个,这两类机构共占机构总数的68.7%,比2007年上升了5.5个百分点。

事业单位和行政机关在工资福利、人员管理、养老保险、经费统筹、职务晋升等诸多方面还存在较大差距,事业单位将面临改革而有失去财政保障的可能,然而法律援助机构本身并无经济收入,可见这些因素都在影响着法律援助队伍的稳定。

表2-6　2007年全国法律援助机构建设情况①

	行政或参公管理机构所占比例(%)	纳入财政预算机构数所占比例(%)	有专职律师机构所占比例(%)	有专门接待场所机构数所占比例(%)	平均办公用房面积(m^2)	设备基本配置机构所占比例(%)
省级	75.8	97.0	72.7	78.8	275	90.9
地市级	66.4	92.8	83.7	80.9	103	59.8
区县级	62.7	82.4	61.5	73.3	47	38.0
全国	63.2	83.7	64.1	74.2	55	40.9

(五)法律援助管理机制不够科学

缺乏正确的理论指导和有效的目标驱动以及完善的绩效考核体系,因而会导致在发展上存在随意性、盲目性。我国的法律援助工作即是如此,应援、尽援以及援助工作的社会效果与维护社会正义和司法公正的美好目的并不完全一致。扩大法律援助的覆盖面,②使任何达到标准的案件当事人都可以获得无偿优质的法律服务,这毫无疑问是法律援助事业所竭力追求的目的,但是实践中一些地方为

① 参见司法部法律援助中心:《2007中国法律援助年鉴——2007年全国法律援助统计分析》,中国民主法制出版社2008年版,第155页。

② 司法部关于法律援助事业"十一五"时期发展规划提出,要逐步扩大法律援助覆盖面,保证符合规定的困难公民都能获得必要的法律援助。

扩大法律援助覆盖范围所行的简单做法却似乎有失偏颇。比如,要求法律援助机构为政府部门担任法律咨询顾问;有的地方为表现突出的医护人员颁发“爱心法律援助卡”;某地2004年开展所谓的司法心理咨询服务;聘低保助理员为法律援助联络员,接受号召参与当地“积极参与社会救助大格局”,并制作所谓的法律援助社会救助机构网络图;甚至于某地高调实行法律援助进小学、进中学,以及法律援助机构的工作人员担任法制副校长等。以上这些探索其实已经背离了法律援助固有的价值取向,而更具盲目性和随意性,甚至是为了配合当地政策动向而带有很强的表演性特征。有的地方深入社区宣传法律援助并发放所谓的法律援助爱心卡、联系卡,有的地方向贫弱群体发放所谓《司法保障证》,持证者如需司法救助、法律援助,可享受“一证通”服务等优惠,严格地说这都已经与法律援助的科学发展背道而驰,违反了我国《法律援助条例》的基本精神。

第三章　我国二元社会结构下的法律援助城乡分野

在世界各国，法律援助所呈现出来的运行状态是单一化的，也即全国有统一的法律援助法规、统一的法律援助适用标准、统一的法律援助模式等。在经济水平发达、收入差距分化在较小范围且没有明显城乡差距的社会，法律援助的统一设置是理所当然的。然而，我们国家城乡差距、东西部差距较大，致使法律援助在我国的具体运作呈现出中国特色。也即在统一法律规制下，我国城市的法律援助要相较于农村的法律援助更为发达，且在具体的援助模式选择、经费来源以及人员配备上两者存在差别。尤其在我国农村社会成为我国社会形态的典型一元后，在和谐社会的大背景下就更突出了我国农村社会法律纠纷解决的重要性以及矛盾解决方式的典型性特征。农村社会在我国改革发展中具有举足轻重的地位，因此，依据农村社会所显现出的特征构建中国特色的农村法律援助制度，意义重大。

在我国，当今呈现出城市和农村两种典型社会形态并存的格局，作为我国社会主义现代化建设中尤为重要的组成部分，农村和城市的发展皆举足轻重。但基于社会发展的一般规律和政策的导向，城市的发展在各方面较之农村更为发达，在城市发展过程中出现及适用的制度在很大程度上具有典型意义，因此，这些制度对于农村相应的法律制度具有一定的借鉴意义。

第一节　我国城乡二元社会结构的基本内涵

一、我国城乡二元化结构产生的背景

第二次世界大战之后，城乡二元经济结构理论成为西方发展经济学着力研究的新热点，同时它是发展经济学重要的奠基性理论之一。[①] 在西方学者中，阿瑟·刘易斯(W. A. Lewis)于1954年在《劳动无限供给条件下的经济发展》中最先提出了城乡二元经济结构理论。

我国的城乡二元结构诞生于特殊的历史条件与国际环境，中华人民共和国建立初期，国家经济基础薄弱，党的工作重心开始由农村向城市转移。一方面，是为了复兴城市的经济，解决城市人口的就业问题。但为了更好地管理发展迅猛的城市，则对流入城市的农民进行一定程度的限制。另一方面，在人民迫切希望中华人民共和国迅速富强的祈愿下，西方资本主义国家却对中国采取敌视的态度，在当时要和他们进行学习交流几乎是不可能的，于是学习当时社会主义的苏联，实施片面突出发展重工业的赶超型发展战略。人员流动管理需要规范化、效率化；重工业所需的技术和装备需要巨大的原始积累来支撑，而当时中国百废待兴、资金匮乏，中国社会发展面临紧迫而艰巨的现实问题。

二、我国城乡二元化结构的体现

我国城乡二元结构的产生，其实是中华人民共和国成立初期农业对重工业有限发展支持，农村对城市支持的产物。同时，为了保证国家安全和在国际社会的影响力，我国大力发展工业，而将农业置之一旁。为了保护工业的正常发展，国家出台了二元户籍管理制度，并配套以医疗制度、粮食供应制度等多种措施。至此，由于以重工业优先的赶超型发展战略的宏观指导和城乡分治政策的深刻推行，城乡二元结构终于形成，以下将从两个方面着重论述：

一是户籍制度。中华人民共和国成立后不久，为保证当时城市稳定优质发展，需要严格控制农民进城，于是彻底划出了城乡界限。可以说，城乡二元化户籍制度是计划经济时代的必然产物。公民户口被人为分成农业户口与非农业户口两种形式，除通过考大学等特殊方式外严苛限定了农村人口的活动范围，农民要脱离农村户口简直是不可能的事，这种情况导致了中国城乡二元制经济体制社会

---

① 参见高帆：《中国城乡二元经济结构转化的影响因素分解》，载《经济理论与经济管理》2012年第9期。

的固化,并在接下的几十年中都发挥着不可忽略的影响力。在这种特殊的历史情形下,1958 年 1 月,我国《户口登记条例》出台,以法律的形式规定了城乡差别户口登记与人口自由迁徙的限制,标志着我国对二元户籍管理制度的法律确认。城乡二元社会结构的定型确立是在 1977 年国务院批转公安部《关于处理户口迁徙的规定》首次提出严格控制"农转非"之后。

二是社会保障制度。与城乡经济发展二元结构相伴的是社会保障制度也出现了城乡二元的体例。城市建立起了以社会保险为主要内容的社会保障体系,而农村则依然延续之前的以家庭保障为主、社会保障为辅的保障模式,并没有城市那样比较完善的社会保险法律制度。

中华人民共和国成立以后,我国开始在城镇建立以国有企业职工为主体,涵盖国家机关和事业单位在内的社会保险制度,包括职业病保险、女性职工保护条例、退休退职制度、公费医疗与劳保医疗、工伤保险等在内的社会保险制度,由单位和国家承担费用,个人不缴费。而社会福利和社会优抚等方面法律制度逐步建成,我国的社会保障事业因此日趋完善。与城市略有不同,农村社会保障制度的内容主要包括社会救助、社会福利和优抚安置。相比城乡社会保障制度,我们发现城乡社会保障制度存在如下方面差别:首先,国家社会保障责任城乡不均衡。国家更多地承担了城市人口的社会保障责任,农村人口的社会保障责任更多地由农村家庭和社区承担。其次,城乡社会保障模式不同。相比较农村而言,城市在发展过程中形成了制度化的保障模式,城市较农村建立起了较为完善的社会管理制度和社会保障体系。而农村社会保障制度的保障范围、保障水平、保障对象、营运机制等因集体提留(指先留足生产发展基金,余下的是集体保障基金)的不稳定性而患有不确定性。"这种保障模式坚固了农村社区集体保障功能,有利于增强农民抵御风险的能力,然而是付出了牺牲农业生产效率为代价的"。[①] 最后,农村与城市社会保障水平差距大。不管是社会保障的项目类别,还是社会保障项目的资金供给,城市社会保障体系较之农村社会保障体系都优厚很多。

当然,统筹城乡发展、实现城乡一体化,并不是仅仅靠改革户籍制度、社会保障制度便能实现的,它涉及社会供给、教育、就业等方方面面,需要国家和社会的共同努力,任重而道远。但我们相信:路远而志坚的前方一定是社会和谐、欣欣向荣的美好未来。

---

① 耿忠平:《社会保障学导引》,同济大学出版社 2003 年版,第 266 页。

三、城乡二元化结构社会发展阶段

我国城乡二元社会结构的形成及发展经历了关注城市发展的形成时期——城乡关注度此消彼长的改革时期——城乡统筹发展的转型时期三个时期。

(一)关注城市发展的形成时期

中华人民共和国成立初期,百废待兴、百业待举。中国共产党在长久的战争与革命中深刻认识到积贫积弱的中国要改变落后的局面,亟须发展经济。当时可供参考的国际经济发展范例是苏联,所以以重工业发展为重心的工业化路子在中国大地上铺开。与此同时,包括户籍制度、就业制度、粮油供应制度和社会保障制度在内的诸多社会制度建立起来。渐渐地,城乡二元的社会结构被制度化地固定下来。"体制内"和"体制外"也由此而来。[①] 在当时中国贫困的现实下,发展经济需要极大地整合社会有限资源,计划经济在这一点上发挥了巨大作用,当时的中国粮票、布票、米面油票等一应俱全,人民生活的衣食住行无票不成。城乡户籍管理分化了、城乡生活标准分化了、城乡人民收入分化了……城乡二元结构逐步形成并固定下来。

这一时期的城乡二元结构可以说是应时而生,它关注于城市经济发展,在整合社会资源、发展国家经济中起到了重要作用,而这一时期忽视农村发展为后来的社会发展埋下了隐患。

(二)城乡关注度此消彼长的改革时期

改革开放初期,我国农村开始实行家庭联产承包责任制,大幅提高农民的生产积极性,极大地提高了农业生产率,农业经济增长较快,同时大量农村剩余劳动力转向其他非农产业部门,如农村剩余劳动力转向乡镇企业就业,引发大规模的"民工潮",流动人口管理及社会秩序稳定对城市发展提出新的要求。这一阶段社会各方面的改革成果显著,从东到西、从城到乡、从上到下,人民群众普遍受益。

1984 年通过《中共中央关于经济体制改革的决定》,由此我国除了大力发展国内企业,同时加大对外开放,城市工业的快速成长促使城市经济得到迅猛发展。与此同时,农村发展受阻,农产品大幅减产,农村经济发展的停止徘徊导致农村人均收入下降,城乡收入重新拉开,城乡二元化结构重新强化。紧接着,工业超高速的发展引发严重通货膨胀,经济秩序陷入混乱,于是财政资金开始向城市倾斜。之后从 1989 年到 1991 年,开始了为期 3 年的经济整顿,虽然这个时期的农民经济

---

① 参见付铁钰:《试谈社会二元结构的解构》,载《理论观察》2009 年第 2 期。

收入有较大幅度的提升,但在全行各业都突飞猛进、实现跨越式的发展的情况下,相对来说,农民的经济收入涨幅还是比较慢的,相比于其他时期这甚至是最慢的一个时期了。所以城乡二元结构强度非但没有被渐渐软化,反而更加固化。

这一时期,国家在城乡二元结构的两端奔波,城乡关注度的此消彼长引发城乡经济发展上的不平衡,城乡二元化结构模式的弊端也不断凸显,政府逐渐认识到要发展经济,农村与城市不可偏废其一,必须城乡统筹、共同发展。

(三)城乡统筹发展的转型时期

进入21世纪,中国的工业化有了新发展,改革进入攻坚阶段,城乡二元的残余影响尚存,中国社会两极分化日益严重,在经济发展时忽视环境等问题此时更加恶化,弱势群体的权利与机会的不平等使各种特权阶层不断出现,从而成为影响社会公平秩序的一大因素。20世纪90年代后期以后,上述的问题有增无减,各种群体的诉求并没有完全实现,矛盾激化和冲突、既得利益的碰撞使中国社会固有矛盾显得日益复杂,甚至导致社会动荡和犯罪率的上升。

党的十四大接下来一阶段循序渐进地改革。从计划经济到市场经济转轨过程中,国家对农村与城市从宏观上进行了全方位的诸多改变。在城市方面,教育、国企、住房、医疗等各项改革相继向纵深发展,如1999年关于推进西部大开发的10条意见、2003年振兴东北老工业基地等。对于农村,国家决定废止长久以来的农业税。2008年10月从战略上将"统筹城乡发展,推进城乡一体化建设"作为城乡结构演变的方向。

近年来,各地有关户籍改革的创新实践层出不穷。广东、安徽等地纷纷开始为农民打开大门,使农民有机会参与到更广泛的社会建设,在机会和权利上享受到平等;山东等12省市力排众议、率先废除农村户口在各种需要上的不平等,认定农村户口和非农村户口一律平等对待。统筹城乡一体化发展已是当前中国城乡二元结构演变的真正要义和正确方向。

第二节　我国城乡二元社会结构对法律援助的影响

一、不同的社会文化对法律需求的影响

马克思主义经典地论述了世界的发展是在生产力和生产关系以及经济基础与上层建筑的双重矛盾中,由经济发展的引擎驱动的。根据马克思主义基本原理,政治、文化、宗教、法律、艺术等皆属于上层建筑的范畴,上层建筑的构建和发展是由经济基础来支撑的。上层建筑一定情况下会正向激励经济的发展,但是也会抑制经济的发展。

从广义上来说，文化是精神财富的总和。狭义上则指社会的意识形态并与之相适应的组织架构。在阶级社会中，它具有阶级性，随着民族的产生和发展，文化具有民族性。经济发展具有历史阶段性，上层建筑也必然存在历史阶段性，是历史阶段的产物，每一个经济发展的历史阶段，都会有内容和形式与经济发展相适应的文化产生。意识形态领域中的文化对于相应的经济基础和与之同样作为上层建筑的法律又产生重大影响。而我国学者则在3个层次上审视文化的含义：广义上的文化观同《辞海》中所给定的广义概念，认为文化是物质财富和精神财富的总和。中观层面认为文化仅仅包含精神层面的制度结晶和内容，包括社会意识形态以及与社会意识形态相适应的制度和组织机构，这同《辞海》所给定的狭义概念相同；而狭义上则仅仅指的是社会的意识形态。文化是一个抽象的概念和制度体系，然而，文化对我们的影响却无时无刻不存在。

文化作为上层建筑中的一个重要部分，对经济基础有很深远的影响，对法律的影响更为巨大。从广义的文化观来看，文化是人类社会历史实践中创造、积累、发展和总结的物质文化和精神财富的整体，而法律则是其发展到某一阶段的历史产物，从这个角度上说，法律被包含在文化之中。因此可以说，文化底蕴在很大程度上决定法律态势，可以说法律就是一种特殊的文化。[①] 当法律成为一种文化时，也就不难理解我们所极力倡导的法治信仰。当法律与法治深入人心，开始为每一个公民所崇尚与敬畏的时候，真正的法治社会已然到来。根据法治观念在公民心中的深入程度以及法律知识的普及程度不同，呈现出法律“布道事业”的成功与否，以及法律适用范围的大小，更凸显出法律意识形态下人们对于法律的心理、态度等，归结到一个问题：文化或者说不同的法律文化背景下人们对于法律适用的情感，或者说对于法律的需求是什么。在此，我们采《辞海》中狭义上文化的概念，以我国为例，展开分析不同文化背景下人们对于法律适用的情感以及对于法律在社会生活中的需求分析。

以我国为样本进行文化或者法律文化对于法律制度和法律适用的需求分析，需要给定样本作为比较对象。在此，基于我国长期以来形成的城乡二元的社会制度和生态系统，在文化观念、制度建设、经济发展等诸多层面皆不相同，具备了样本比较的条件，因此选定我国城乡社会作为样本进行比较，分析不同文化背景下人们的法律文化、法律心理以及对于法律适用和法律制度需求的不同。

首先，我国自20世纪开始进行社会主义市场经济体制改革，发展法制经济，到现在已累积了一些发展成果。农村社会的开放程度也在不断加大，农村社会与外

---

① 参见徐升：《浅析传统文化对法律的影响》，载《九江学院学报》（哲学社会科学版）2010年第4期。

界的联系也开始增多,接受的信息不管从量上还是质上皆有很大改变。随着国家普法活动的进行,农村居民的法律知识和法治观念也在不断提高,初级和简单的法治思维有了一定的萌芽和发展。与之相对应的是农村生存环境的相对狭小和封闭,农村居民对于欢乐祥和生活的自足,加上农村社会经济关系的单调,地理位置以及与外界联系方式的制约,受外来影响因素相对较小,因此社会经济关系比较简单,纠纷相对较少,且很容易解决。并且长期以来,由于知识尤其法律知识的内化作用不够,虽有知识和法律观念,但欠缺适用的途径和渠道,很难把现有案件放到法律程序当中去适用,加上司法成本相对较高,因此,多数法律纠纷被内部消化。农村的熟人社会和长者威望,使很多"法律纠纷"多采取"调解"的方式解决。从《秋菊打官司》和《状告山杠爷》的故事当中,我们可以看到,农村居民对于正式法律制度的依赖在大多数情况下仅仅是因为他们心中的自然法正义和国家法律制度所遵循的自然正义达成了高度的共鸣和契合。如果我们把这解释为农村居民对于国家正式法统适用的渴求,进而认为农村居民法律意识已经具备迈入法制现代化的群众基础,则是有失偏颇的。其实在国家制定法大行其道的社会,我们不应该形成思维的定式,我们应该反思制定法的适用目的是什么。如果明确了我们的目的是构建和谐社会,我们就不会因为制定法在农村社会无法适用或者很少适用而感到困惑、惶恐和迷茫。法律作为一种社会秩序调节器,并不是所有的社会秩序的调整都必经此路。还有道德、内心的确信等。我们认为,市场经济是法治经济,法治经济应该是高效的,如果我们能够以最小的投入取得我们所企及的效果,那么"不管白猫黑猫,只要抓住老鼠就是好猫"的论断在我们看来,同样是正确的。

我们要尊重农村社会法制环境的现实状况,但随着市场经济的进一步发展,社会分工的细化使市场经济的触角开始伸向中国大地的每一个角落,农村的居民其实开始面对和承受从未面对过的风险和考验:农村社会的纠纷开始呈现出上升、甚至膨胀的趋势,案件复杂程度也开始呈现前所未有的态势。此时,对于经济贫困的、无法实现自己权利的公民,我们应该建立起正式法律制度主导的法律救济和法律援助,以实现过程中的平等,最后实现全面平等的目标。

与我国乡村生态相比呈现出另外一种景象的则是我国的城镇社会。作为我国计划经济的产物,在很长的一个时期,我国形成了城乡二元的社会结构。计划经济时期,我国的经济和工业主要集中在城市,而乡村主要是农业。经过几十年的发展,虽然我国实现和完成了由计划经济到市场经济的改革,但发展积累之下的城市无论是在基础设施,还是在思想文化、法律制度、社会体制等软件和硬件方面较之农村社会更为先进和发达。其中有一个问题需要提及的是,在城乡二元社会结构下农村和城市人员的流动，主要指农村向城市的流动，计划经济时期城乡二元社会结构的封闭性很强，由农村向城市的流动主要是借助于毕业分配这样一条路径。再考究另外一个问题，也即城镇化的问题：作为全国或者一个地区之内经济、政治和文化的集合中心或者单一中心，必然要集中一个地区内的各种优势资源，如经济资源、财政资源、文化资源和人力资源等。也就是说，城镇化的建设过程是一个优势资源集中的过程，这个过程包含了人力资源的集中和转移。这样来看，一方面是农村社会向城镇的人口流通机制的建立，另一方面是城镇化建设过程中的优势资源集中，这两个方面实现对接。这就解释了原因：为什么城镇社会对于解决纠纷的法律需求要高于乡村社会。

一个城镇或许有其原著居民，但长期的发展，优势资源的集中吸引了很多其他地区的乡镇和农村居民的聚集，最终形成一个相对比较固定但又兼具流动性的社会群体。由于城镇的工业相比农业发达，服务业处于工业的升级阶段，导致城镇并不像乡村能很大程度上实现自给自足，而是从乡村输入生活和生产的基础性产品。这就使城镇的交易关系要几何倍数的多于乡村社会，自然而然地，法律纠纷也一直维持在一个很高的水平。由于工业化的发展，导致城镇的工业伤害和侵权事故也在很大程度上高于乡村。但由于城镇社会的公民多不是本土的居民，相互之间并没有像乡村社会维系和谐的道德基础和情感基础，因此发生纠纷时的第一选择往往是司法途径，而这在乡村社会是并不常见的，乡村社会的纠纷进入到诉讼程序和阶段中的往往是通过乡村邻里的调解不能解决的问题。长时期的这种模式就形成了城镇居民对于法律的态度和心理，而农村居民基于传统“和”的思想，在法律纠纷进入诉讼阶段之后才会呈现一定的抵触心理。然而，由于在市场经济环境中，资源的配置是由市场进行的，市场的失灵以及市场的逐利性导致贫富差距的出现，虽然我国已经建立起了社会救助制度和建立了相应的社会福利措施，但是当城镇的贫困居民无法通过法律渠道实现自己权利的时候，我们仍要对其进行相应的法律救助。但基于乡村和城镇不同的法律文化背景，对农村居民和乡镇居民的救助措施和方法会显现出不同的特征。

基于我国城乡二元社会结构的划分，长期积淀造成了不同的文化品格和特征，这造成了不同社会生态环境和文化背景下对于法律情感和需求的差异。这种差异虽然随着市场经济发展和统一市场的形成在逐渐趋小，但是由于这种影响受环境和文化因素的影响，要想实现统一，则需要很长的时间让其发生潜移默化的变化。这种差距对我们的启示是，在我们进行法律制度的设计和适用的过程中，我们要甄别这种差异中对法律制度的不同要求，从理论理念上，到措施和方法上，具体问题具体分析，以期达成法律救助的实效。

以我国城乡二元社会结构的划分为样本进行细致入里的分析，得出不同文化背景下人们对于法律的不同情感和需求，得出基于不同文化背景下人们对法律适用和法律制度的需求不同，从而在我国法律援助事业上要采取具体问题具体分析的结论。这仅仅对我国城乡二元社会结构进行了探讨，其实无论是城镇公民还是乡村公民，其教育背景和生存环境多数具有同源和同质性，因此这种差别虽然存在，但相比我国与美国在不同文化背景下对于法律制度和法律适用的需求分析来讲，我们的这种差异或许显得微不足道。但这种建立于我国实践的分析总是有益于我国法律制度适用现实的，也是有益于我国社会发展的。

二、不同的社会文化对纠纷解决机制的影响

党的十八大之后，我国改革进入攻坚期和深水区，各种利益团体和组织的关系网交织得更为复杂，因此各种社会矛盾多发多变。倘若要构建完美的社会主义和谐社会，加速实现中华民族的伟大复兴和期待已久的中国梦，我们就必须通过有效和长效的体制机制化解矛盾。如此，方能实现人民群众安居乐业、国富民安的和谐氛围。但由于长期以来，我国的纠纷解决方式主要是通过单一化的法院诉讼程序解决，尽管这种方式能够有效地化解矛盾和纠纷，但诉讼在解决社会矛盾方面的所有优势与不断积累的社会矛盾之间实在无法找到“双赢”的平衡点。① 面对有限的司法资源和相对扩张速度大于司法资源持续供给速度的纠纷数量的增长和难度的提升，寻求诉讼外的纠纷解决方式成了我们在司法实践和法学理论中都真切面对和寻求解决的棘手问题。“面对当前我国纠纷和矛盾激化的现实，必须在充分认识到纠纷的不可避免性和适度纠纷的积极作用的基础上，致力于构建公平、合理的纠纷解决机制，努力使所有的社会纠纷和矛盾都有正式的解决途径，并贯彻司法最终原则，同时重视协调、调解方法。”②此时，一个纠纷解决的总体思路最终被引申出来：多元化的纠纷解决方式。在庞大的社会体系中各种利益相互交织，各种社会矛盾化解方法以其特定的功能和运作方式与其他方式相互交织又相互协调地共同存在、相互联系，并且形成了互补相辅、能满足社会主体各种多样需求的程序体系和动态的调整系统。③ 在这个系统内，既有诉讼的解决方式，也有非诉讼的纠纷解决方式，也即我们所倡导的多元化的纠纷解决方式，多元化的纠纷解决方式对于新时期经济发展所带来的新式和多样的法律纠纷给出了较合理

---

① 参见刘永红：《多元化纠纷解决机制与构建和谐社会》，载《山东社会科学》2010 年第 4 期。

② 杨伟东：《关于我国纠纷解决机制的思考》，载《行政法学研究》2006 年第 3 期。

③ 参见范愉：《以多元化纠纷解决机制保证社会的可持续发展》，载《国家法官学院学报》2005 年第 2 期。

的解决方案，及时化解社会矛盾，平息社会纠纷，为我国发展经济提供了一个宽松的环境。

根据经济基础与上层建筑之间的决定和反作用关系，我国目前发展的是在20世纪开始由计划经济过渡而来的中国特色社会主义市场经济，经济基础之上应当是与之相适应的上层建筑，但因为经济基础与上层建筑之间的发展并不同步，所以上层建筑中的某些内容比经济基础的发展要稍落后一些，这种滞后有时会成为经济进一步发展的障碍，因此我们在极力倡导的体制改革，其实就是在这样一个大背景下开始的，而且上层建筑对于经济发展的反作用已经开始显现，最为直观和明显的事例就是我国公民对于国外食品和产品的信任导致我们对于国外产品和食品的消费很高，但却直接阻碍和抑制了我国国内相关产业的发展（发生于2014年年末和2015年年初的奶牛养殖产业）。这种文化观念层面的畸形抑制了我国乳制品产业和企业的发展。在我国地域范围内，这就是上层建筑对于市场经济影响的典型例证。但是，如果我们形成了正确的消费观，褪去了盲从和盲信，在经济人理性的基础上能够保持一些文化的理性，则会促进我国经济的发展。同样呈现此路径的还有我国政治体制和社会管理体制隔绝下的城乡二元划分，我国的市场经济才发展20余年，与市场经济相匹配的上层建筑俨然没有全面形成和完善。城市在相对比较完善的市场经济基础之上形成相对较为完善的上层建筑，而市场经济触及的农村社会经济基础上的上层建筑还很多保留有计划的色彩。发展程度不同的经济基础所支撑和形成的文化、道德、法治皆是不同的，但着眼于我国城乡二元的社会机构，探讨一下城乡二元社会不同的文化背景对于纠纷解决机制的影响又是十分必要的。

首先，观察农村文化对于农村法律纠纷解决方式的影响。“中国乡村社会是乡土性质的，是‘礼治秩序’，在这样一个社会里，‘规矩不是法律，而是习出来的礼俗’，维系这种规范的是传统和习惯，不是国家权力做后盾的法律。”①二元社会结构下的农村其实是最接传统文化地气的。原本在整个中国大地深入人心的礼法文化，在城镇发展之后更多地接触了舶来文化产品，因此传统文化的根基和影响得到了消融，而只有相对较为闭塞的中国乡村社会才保有较为完整的传统文化。而中华传统文化中一直在做着“无讼”和“息讼”的努力。这就导致了国家制定法在我国农村的适用并不顺畅，而更多的农村地区多是以道德、有威望的人以及习惯解决纠纷和问题，我们称为民间法、习惯法或者软法。质言之，基于我国传统法

---

① 李靖：《农村纠纷解决途径与机制——关于当代中国农村法治问题的研究》，载《河北学刊》2011年第5期。

律文化中对于诉讼的厌恶和逃避，我国乡土社会对于纠纷解决的寻求途径首先并不是国家制定法，而是民间法或者软法。因此，我国农村社会的纠纷并非不去寻求解决，而只是在解决方式上寻求一种非诉讼的方式。因此，非诉讼的法律纠纷解决方式就有了实在的需求，因而非诉讼的替代习惯纠纷解决方式就显得额外重要，这应该成为我国司法改革中的一项重要内容。当然，对于我国乡土社会把纠纷解决方式投向非诉讼，我们可以视为一种文化心理的作用，但现在我们可以有另外一种视角：基于农村经济的不发达和司法诉讼成本相对较高的矛盾，乡土社会的公民不去寻求司法的救济或许还有经济条件这样一个未知因素。

民间纠纷的解决状况是评价一个社会和谐稳定的基本因素之一，实现民间纠纷妥善解决直接关联到社会主义新农村的建设进程。① 于当前社会转型时期，在我国农村努力构建多元纠纷解决机制，在历史和现实上是有益的，对于解决纷繁复杂的农村纠纷类型也是确有必要的。目前，重构我国农村多元纠纷解决机制的总体思路为：大力推进非正式控制的发展，同时加速完善正式控制。②

20 世纪于美国发展起来的替代性纠纷解决机制，一直提倡尊重当事人的自主选择和建立多元化纠纷解决机制的理念，而以中国为典型代表的调解传统，则渗透着中华文化理念的精华。把这两种典型模式的纠纷解决机制进行比较，得出我们应当充分珍视这两种优质文化之间的彼此借鉴与相互交融，共同致力于促成能够孕育构建多元化纠纷解决机制和新型的法治文化。③

考量一下经济发展较为卓著的城镇社会对于法律纠纷解决方式的态度，则呈现出截然不同的另一面。由于市场经济同时也是法治经济，本身经济发展和社会管理过程中的法制化程度较农村社会高，长时期形成法治的习惯和心理，加上城镇的开放程度较高，外来文化和制度的冲击相对比较大，此时就为法律纠纷适用国家制定法打下了文化基础。另外，经济基础决定上层建筑，城镇的经济发展为全国先进文化和法律的发展打下了基础，法律的内容要反映经济发展的成果，法律的制定过程要大致趋同于经济发展的阶段。经济发展过程中的问题要反映到法律规范当中，经济利益主导下的纷繁复杂的权利义务纠纷为法律的制定和更新提供了现实的素材。经济的发展产生了很多社会问题，并使很多社会问题显性化

---

① 参见孙晃：《法社会学视野下的乡村民间纠纷解决机制——来自田野的调查与思考》，载《南京财经大学学报》2006 年第 6 期。

② 参见李俊：《社会转型时期我国农村多元纠纷解决机制的重构路径》，载《河北法学》2013 年第 12 期。

③ 参见孙育玮：《替代性纠纷解决机制（ADR）的借鉴与融合——以纽约和上海为例的相关法文化法社会学思考》，载《学习与探索》2009 年第 1 期。

和尖锐起来，作为社会秩序规范的法律规范首当其冲要对其进行规范和规制。因此，城镇经济社会的发展为法律的产生提供了条件。如此，一方面是具备法律适用心理的城镇居民群体的形成，另一方面是体现经济发展水平和人民意志的法律规范的制定和修改，法治便很容易在城镇社会建立和发挥作用。

综合来看，基于我国城乡二元的社会经济结构产生了我国城乡二元的社会结构，不同经济结构基础和不同社会结构基础之上的文化心理产生对权利义务纠纷不同的诉求和不同的纠纷解决方式的态度。农村社会沿袭传统的息讼、无讼心理，对于法律纠纷的处理更愿意在更小的范围内解决，更愿意通过非诉讼的方式解决（如调解），希望在法律纠纷得到解决之后不会因为纠纷的产生而给自己带来外部性问题，因此非诉讼的纠纷解决方式成为农村居民解决纠纷的愿景。而这正为我国多元化的纠纷解决方式提供了鲜活的素材和坚实的基础。相比农村社会而言，我国城镇社会经济发展水平较高，文化开放程度更高，居民文化心理更为理性和成熟，居民间基于血缘所建立的社会化关系比较松垮，没有农村紧密。因此，对于纠纷的解决更倾向于依据国家的制定法处理纠纷，而这构成了我国诉讼解决纠纷的主要内容。分析我国城乡二元社会结构下，不同的文化心理对于纠纷解决方式需求也不同，这对我国新型多元化纠纷解决方式的构建提供了理论进路。

基于我国城乡二元社会结构下城乡不同的文化心理对于纠纷解决方式的不同，在我国法律援助制度构建过程中我们要实事求是，具体问题具体分析，针对农村法律援助要契合农村居民的法律心理，更多地提供非诉讼的法律援助措施；而对于城镇居民长期以来形成的诉讼纠纷解决方式，我们在对其进行法律援助的时候要结合案件具体情形，分析案件诉讼途径的可能性和必要性，为其提供法律援助。但基于我国现实社会司法改革的目标和价值取向，我们要发挥诉讼解决法律纠纷的主要作用，把多元化的纠纷解决方式纳入法律援助制度的构建过程中，发挥非诉讼纠纷解决方式的积极作用，在司法资源相对有限的前提下，扩大非诉讼法律纠纷解决方式的运用。

三、不同的社会文化对法律援助实施的影响

在马克思经典作家所论述的上层建筑中，作为渗透力最强也最为深远的是文化对一个国家法律制度的影响和作用，可谓是深入制度脊髓的。因为文化精神和品格的形成需要经过漫长的时间，最后结晶为一个国家一定时期内的文化制度。而居于文化类概念下的法律文化则是文化中独具品格的一枝。“法律文化是法制现代化过程中必不可少的因素，中国的传统法律文化源远流长，对现代法治建设

产生了很大的影响,是中国现代法制建设的理论逻辑基础。"①"法律制度的基础是法律文化,法律制度也对法律文化有相应的巩固和引导作用。"②法律文化对于法律制度形成、构建、内容和结构的影响是根本性的和彻底的。而包括法律文化在内的一定社会的意识形态以及与之相适应的制度和组织机构的广义文化对于法律制度形成和发展、甚至消灭的影响又是全面的。

从概念的种属上来看,法律援助制度是社会救助制度之下位概念。而文化观念对法律制度的影响不仅是总体的,而且是具体有层次的、渐进的。文化观念对法律制度的影响不仅体现在制度理念上,同时还体现于具体的制度架构上。两个方面具体来看:首先,文化观念对于社会救助的影响,传统社会救助法的研究是以社会救助权为中心,以社会救助权的配置、运行、监督和权利救济为框架开展,这种研究思路和研究框架其实是传统"权利本位"的沿袭。这是一种不正常的研究视角。而如今我们把社会救助的重心放到对于社会救助权理论的研究中,把社会救助权作为社会救助理论体系的基石,各种社会救助的政策措施都必须旨在公民社会救助权的实现上。这种由权力本位向权利本位的转变将对我国农村法律援助产生深远的积极影响。社会经济的发展改变了社会救助的理念,进而影响到社会救助的制度架构和法律援助的理念定位。其次,文化观念的变更对于法律援助理念变化的影响体现在法律援助由最初的"社会慈善阶段"到"国家福利阶段",再到"国家责任阶段"。这一理念的变迁体现了法律文化对我国法律制度的宏观规划和总体指导。

详细地说,其实文化对于法律制度结构和内容的影响是具体的、微观的。在法律援助制度中,对于受援人进行的援助有诉讼的援助方式、也有非诉讼的法律援助方式。基于我国城乡二元社会结构中不同的法律心理和法律文化取向,对于农村法律援助制度的构建要采取适合乡土社会宏观环境的非诉讼的纠纷解决方式,达到文化经济、文化与社会发展的契合。而对于我国城市社会的法律援助制度构建工作,则要发展能够彰显城市文化心理内容的法律援助方式,这种法律援助方式需要普遍化和强化,使法律援助制度的构建与城市地域范围内文化相契合。

概言之,法律文化对于法律援助的影响体现在宏观和微观两个方面。宏观方面的影响表现为社会文化对于社会救助和法律援助这两个具有包含关系的法律制度的文化理念的影响;而文化对于法律制度的微观具体影响则体现在法律援助

---

① 范英华:《试论中国传统法律文化与现代法制建设》,载《社会与法》2014年第9期。

② 齐蕴博、王琳、耿平:《法律文化与法律制度构建之思考》,载《河北大学成人教育学院学报》2008年第1期。

制度在我国城乡二元社会机构下援助方式的影响，根据城乡不同的文化心理和法律情感，分别采取适合城乡的法律援助措施和制度设计。

第三节 我国法律援助的现实城乡分野

一、现实中法律援助城乡发展极不均衡

我国城乡法律援助的差别巨大。一方面，现行《法律援助条例》所规定的法律援助受案范围远远不能有力地满足农村公民对法律援助的需求，现实中农民所遇到的情况纷繁复杂，各种财产、人身纠纷层出不穷，相比之下，受案范围的覆盖面确实有点狭窄；另一方面，农村公民的法律援助需求不同于城镇居民的法律援助需求。农村和城市的生存环境远不相同，村民的法治理念不同于城市居民，经济发展水平也差距悬殊，这就必然导致两者法律纠纷的不同。前面的资料分析与调查研究显示，当前农村公民的社会权利、财产权利、人身权利经常遭到不法侵害。农民在人身损害赔偿、公民身份权、婚姻家庭纠纷、土地权益纠纷、农副产品购销、相邻权纠纷等方面都非常需要法律帮助。但是目前我国法律援助大多是农资侵权和农民工侵权这两类案件，其他方面的法律援助明显不足。①

当前，我国的城乡二元化格局还是没有得到显著改善，城乡居民人均纯收入差异非常大，甚至有进一步扩大趋势。比如，1997 年我国城乡居民人均纯收入比为 2.47∶1，到 2002 年，该比值上升到 3.11∶1，率先打破 3∶1，之后几年又一路高升，到 2007 年已扩大到了 3.33∶1。该比值到 2008 年有所降低但仍然高达 3.31∶1，2009 年城乡居民人均纯收入比又一次扩大到 3.33∶1，2012 年城乡居民人均纯收入比为 3.10∶1，到 2013 年上升为 3.32∶1。② 在受援人数量方面，2007 年全国共办理法律援助案件 420,104 件，受援人数共 524,547 人，农民作为法律援助的受援人数占总人数的 29.9%，为 157,038 人。③ 2013 年，我国各类受援人数总数为 1,279,202 人次，其中农民接受援助 453,522 人次，农民受援率也只有 35%。④ 城乡法律援助存在巨大差异，需求巨大的农村地区法律援助发展缓慢。

---

① 参见刘洪德：《农民法律援助机制建设中存在的问题及治理对策分析》，载《农村经济》2007 年第 5 期。

② 1997～2013 年数据源于《中国统计年鉴 2014》。2008 年数据源于《2008 年国民经济发展统计公报》。2009 年数据源于 2010 年 1 月 21 日国家统计局局长马建堂在国务院新闻办新闻发布会相关内容，载财经网：http//www.caijing.com.cn/2010-01-21/110362713.html，2015 年 7 月 18 日最后访问。

③ 资料来源参见司法部法律援助中心：《2007 年法律援助业发展数据统计分析报告》（内部资料）。

④ 司法部法律援助工作司：《2013 年全国法律援助工作统计分析》，载《中国司法》2014 年第 7 期。

二、农村法律援助机构建设滞后

法律援助作为为弱势群体和困难群众提供法律帮助的尊重弱者的制度、作为力图恢复社会正义、追求公平的一项制度广受欢迎。但经济欠发达地区的法律援助事业进展得很坎坷，仍旧受到人力、财力、机构等诸多因素的制约，甚至一度裹足不前，法律援助资源在一定程度上暂不能全然满足广大农民对法律援助的各种需求。虽然目前有些地方在残联、妇联等社会团体中基本建立了一些工作处，在中心镇也设置了一些直属工作站和乡镇工作站，但其中具有法律服务执业资格的人员其实很少，大多数人只能做一些较简单的辅助工作，专业人员严重不足，极度缺乏。但每年有近一半的诉讼、非诉讼案件均由法律援助中心的工作人员处理，工作任务艰巨，而办案的人力资源供应不足，工作站作用发挥又深受上述因素的制约，难以较好地贴近农村实际情况。当前，运行在我国农村的法律援助资源和工作模式依然无法高效满足农村困难群众的需求。

截至2008年，我国业务经费纳入财政预算机构数为2874个，设备或主要设备配置齐全机构数1474个，有专门接待场所的有2874个，可见法律援助机关规范化水平有所提升，但是不可忽视的是，省、地市、县区各级之间的机构规范化建设程度依旧存在不小的差距，尤其是在办公设备配置和办公用房面积两方面，甚至还有7.5%的机构不具备基础的办公条件（见表3－1）。而同样的差距也体现在2010年及2012年的统计数据中（见表3－2、表3－3）。

表3－1　全国各地法律援助机构建设情况（截至2008年年底）①

	纳入财政预算机构数所占比例（%）	独立办案经费纳入同级财政机构所占比例（%）	有专门接待场所机构所占比例（%）	平均办公用房面积（%）	设备基本配置机构数所占比例（%）	有专职律师机构数所占比例（%）
省级机构	94.4	69.4	86.1	257	86.1	72.2
地市机构	92.4	64.8	86.7	128	65.6	79.9
县区机构	87.7	53	82.6	57	45.6	61
全国	88.3	54.5	83.1	67	48.3	63.3

① 参见丛卉：《2008年全国法律援助工作统计分析》，载《中国法律援助》2009年第3期。

表 3－2　全国各地法律援助机构建设情况（截至 2010 年年底）①

	纳入财政预算机构数所占比例（%）	独立办案经费纳入同级财政机构所占比例（%）	有专门接待场所机构所占比例（%）	平均办公用房面积（m^2）	设备基本配置机构数所占比例（%）	有专职律师机构所占比例（%）
省级机构	100	81.5	100	355	92.6	77.8
地市机构	92.6	62.1	94.1	146	79	83.5
县区机构	89.1	55.3	82.3	55.2	45.6	65.1
全国	89.6	56.1	83.7	76	58	67.1

表 3－3　全国各地法律援助机构建设情况（截至 2011 年年底）②

	纳入财政预算机构数所占比例（%）	独立办案经费纳入同级财政机构所占比例（%）	有专门接待场所机构所占比例（%）	平均办公用房面积（m^2）	设备基本配置机构数所占比例（%）	有专职律师机构所占比例（%）
省级机构	100	81.3	100	355	90.6	90.6
地市机构	91.3	65.1	86.3	160	80.4	80.7
县区机构	90.4	55.4	82.2	71	60.4	65.2
全国	90.6	56.7	83.4	84	62.9	67.2

在法律援助机构规范化建设方面，东部、中部、西部也存在一定差异。首先东部地区在办公设备配备与办公场所用房建设方面领先；中部地区在业务统计、财政拨付、办案经费、经费纳入财政预算、专门接待场所建设等方面要优于西部和东部地区；通过下面的资料可见，西部地区机构建设水平相对较低，不少于 70% 的地区的基本办公条件都不具备（见表 3－4）。

① 参见丛卉：《2009 年全国法律援助工作统计分析》，载《中国法律援助》2010 年第 2 期。
② 参见丛卉：《2010 年全国法律援助工作统计分析》，载《中国法律援助》2011 年第 4 期。

表3－4 全国各地法律援助机构建设情况(截至2009年年底)①

	纳入财政预算机构数所占比例(%)	独立办案经费纳入同级财政机构所占比例(%)	有专门接待场所机构所占比例(%)	平均办公用房面积(m^2)	配置基本设备机构所占比例(%)	有专职律师机构所占比例(%)
东部地区	91.7	54.2	90.3	96	62.5	69.5
中部地区	95.9	68	92.3	65	54.8	75.4
西部地区	79.8	44	70	46	31	48.4
全国	88.3	54.5	83.1	67	48.3	63.3

关于法律援助财政拨款,中央补助地方法律援助办案专款达到6050万元,占经费总额的9.0%;同级财政拨款额数达55,759.08万元,占总额的83.4%;省级法律援助专项5138.5万元,占到了总额的7.7%。具体的省、地市、县区机构平均财政拨款额详细情况见表3－5。

表3－5 2008年省、地市、县区机构平均同级财政拨款额情况②

	平均同级财政拨款总额(万元)	平均业务经费拨款总额(万元)	人均人员经费拨款总额(元)	人均基本公用经费拨款(元)
省级	186.80	107.82	42,418	30,492
地市级	40.91	18.53	28,176	9659
区县级	12.8	4.85	16,194	3954

关于法律援助人力资源配备:截至2007年年底,全国已建机构达到3259个,有法律援助专职律师的机构达到2088个,其中省级有24个,占同级机构数的72.7%;地市级占同级机构数的83.7%,为302个;县区级占同级机构数的64.1%,为1762个。截至2013年年底,法律专业人员有11,343人,占总人数的78%;具有法律职业资格或者律师资格的人员有6414人,占总人数的44.1%;法律援助机构注册律师4813人,占总人数的33.1%;具有本科以上学历的人员有11,515人,占总人数的79.1%(见表3－6)。

① 参见丛卉:《2009年全国法律援助工作统计分析》,载《中国法律援助》2009年第3期。
② 同上。

表3－6 人员配备情况(截至2013年年底)

年份	法律专业人员		具有法律职业资格或者律师资格人员		法律援助机构注册律师		本科以上学历人员	
	数量	比例(%)	数量	比例(%)	数量	比例(%)	数量	比例(%)
2009	10,337	79	5866	44.8	4185	32	8894	68
2010	9793	79.7	6017	49	4508	36.7	9091	74
2011	10,019	76.8	6067	46.5	4690	36	9265	71
2012	11,042	77.1	6265	43.7	4810	33.6	10,674	74.5
2013	11,343	78	6414	44.1	4813	33.1	11,515	79.1

三、农村法律援助人力资源极度匮乏

农村法律援助人力资源严重匮乏，需求量大而援助力量小，供需矛盾突出。首先，我国的农村处于贫困的人口众多，《2004年中国农村贫困监测公报》显示：截至2004年年末，我国农村暂时温饱仍不稳定的农村低收入人口为4977万人，处于绝对贫困人口为2610万人，共计约7000多万。因为经济条件极有限而不能凭借自身力量去维护合法权益的农村公民，被大众认为是“打不起官司”的人。其次，农民的法律意识淡薄，但对法律援助的需求旺盛。中国农村在当前经济转型和社会变革时期，长期积累的不稳定因素势必会在此阶段迸发。例如，农村社会的乱收费、乱罚款、乱摊派，土地争执、民事借贷纠，农村婚姻家庭纠纷，村霸、黑恶势力的蔓延扩张，农村社会的司法不公等方面的问题，都需要法律及时、有效、公正地处理。对此，农村法律援助在实践中具有极其重要的现实意义。伴随新农村建设的进一步推进，需要援助的案件将逐年增加，但其中参与法律援助的专职法律援助律师严重匮乏。集中在城市的社会律师虽多，但因为缺乏有效的激励机制，一些律师不愿接受指派去从事农村法律援助，就算接受承办，也不会投入太多的时间和精力去办理，援助效果因此不佳。可见，农村法律援助人力资源的不足与援助需求增加之间的矛盾依然激烈(见表3－7)。

表3-7 全国有专职律师法律援助机构数情况(截至2007年年底)①

级别	有专职律师的机构数(家)	已建机构数(家)	比例(%)
省级	24	33	72.7
地市级	302	361	83.7
县区级	1762	2865	61.5
全国	2088	3259	64.1

四、法律援助受案范围不能满足农村公民的需要

从我国有关法律援助的法律法规中可以看出,我国行政、民事法律援助的范围较窄,对于农村法律援助的开展很不利。② 针对上述法律援助范围规定的不足,省、自治区、直辖市人民政府根据我国《法律援助条例》第10条第2款规定可以经授权在限定的范围以外作出补充规定,但如此就使各地再经补充之后,造成法律援助范围上的较大差异。当前广大的农村地区法治建设落后,严重侵权违法犯罪等行为频现,维护弱势农民的合法权益迫在眉睫,但还有事项没有纳入法律援助受案范围,法律援助受案范围规定过于狭窄。

五、法律援助服务方式不能满足农村公民多样化需求

很多人都认为,农村地区历史传统传递下来的“礼治”多于“法治”,这种理念深刻地影响着农村矛盾纠纷解决方式。虽然中国农村社会是否还是所谓的“熟人社会”目前还存在较多争议,③但是长期塑造的行为方式和基本认识让广大农村地

① 参见司法部法律援助中心:《2007年法律援助业发展数据统计分析报告》(内部资料)。

② 参见《法律援助条例》第2章。我国法律援助受案范围具体包括:1.对于下列事项的民事或行政案件,公民可以申请法律援助:(1)请求国家赔偿;(2)请求给予社会保险待遇或者最低生活保障待遇;(3)请求发给抚恤金;救济金;(4)请求给付赡养费、抚养费、扶养费;(5)请求支付劳动报酬;(6)主张因见义勇为产生的民事权益。另外,本条例补充规定,省、自治区、直辖市人民政府可以对前款规定以外的(民事、行政)法律援助事项作出补充规定。2.对于下列事项的刑事案件的申请范围:(1)犯罪嫌疑人在被侦察机关第一次讯问后或者采取强制措施之日起,因经济困难没有聘请律师;(2)公诉案件中的被害人及其法定代理人或者近亲属,自案件移送审查起诉之日起,因经济困难没有委托诉讼代理人;(3)自诉案件的自诉人及其法定代理人,自案件被人民法院受理之日起,因经济困难没有委托诉讼代理人。另外,对于公诉人出庭公诉的案件,被告人因经济困难或者其他原因没有委托辩护人的,人民法院为被告人指定辩护时,法律援助机构应当提供法律援助。被告人是残疾人比如盲、聋、哑或者未成年人而没有委托辩护人,或者被告人可能被判处死刑而没有委托辩护人,人民法院为被告人指定辩护时,法律援助机构应当提供法律援助,无须对被告人进行经济状况的审查。

③ 参见李可艳、赵庆鸣:《新时期农民诉讼意识的调查》,载《社科论坛》2009年第3期。

区形成了一种纠纷解决机制的范式:矛盾一旦发生,通常情况是请有声望的长者前来调解纠纷,相互让步,缓和矛盾,维持和睦。传统中的农民在纠纷解决中更注重互相忍让退步而非寻求公平正义、是非明辨,他们认为诉讼的对抗性对农村邻里的日常人际关系与商业合作关系有着巨大破坏,民间调解一直被以为是传统农民私人之间纠纷化解的一种最重要的方式。陕西省农村法律援助调研资料显示,农村居民对于纠纷的解决途径也更多选择非诉讼方式。①

将全国办理非诉讼法律援助案件数和基层法律工作者承办的非诉讼法律援助案件数相对比(见表3-8、表3-9),我们可以分析出非诉讼法律援助在农村法律援助中所占比重的大小。在全国非诉讼法律援助业务的完成比重不是很高的前提下,基层法律工作者(主要集中在乡镇)接办的非诉讼法律援助业务所占比重却是较大的,有些地方已经达到60%,全国法律援助基层工作者接办的非诉讼法律援助案件数量占到接办的非诉讼法律援助案件总数额的48.9%。因而可以得出结论,相对于城镇,当前我国非诉讼法律援助案件的承办主要集中在面积广大的农村地区,并且中国农村法律援助需求方式更加倾向于选择非诉讼方式。

表3-8 2007年全国各省办结非诉讼法律援助案件数及比例②

地区	民事非诉讼案件(件)	行政非诉讼案件(件)	非诉讼案件合计(件)	办结案件(件)	比例(%)
北京	1287	1	1288	9568	13.5
天津	768	1	769	2202	34.9
河北	1978	12	1990	9880	20.1
山西	2357	22	2379	10,172	23.4
内蒙古	2094	9	3130	7997	28.8
辽宁	7920	52	7972	15,258	52.2
吉林	524	32	566	5442	10.4
黑龙江	207	24	221	5725	5.8

① 2006年,陕西全省农民遇到的法律纠纷总数13.1万件。其中通过基层调解组织调解的9.8万件,占76%;通过政府有关部门处理的1.1万件,占8.3%;通过诉讼解决的1.28万件,约占9.9%;申请法律援助的0.97万件,约占8%。2006年全省办理法律援助诉讼案件5483件,其中:涉及农村1360件,约占申请数的9.2%,通过非诉讼形式解决矛盾纠纷的约占90.8%。非诉讼方式解决涉农纠纷在陕西省占很大的比例。参见陕西省法律援助中心:《陕西省农村法律援助调研报告》(调研资料)。

② 参见司法部法律援助中心:《2007年度法律援助业发展数据统计分析报告》(内部资料),第91页。

续表

地区	民事非诉讼案件(件)	行政非诉讼案件(件)	非诉讼案件合计(件)	办结案件(件)	比例(%)
上海	525	1	529	5649	9.4
江苏	2604	16	2620	10,879	24.1
浙江	5319	2	5221	20,404	26.1
安徽	1460	21	1481	9296	15.9
福建	2082	5	2088	11,180	27.6
江西	3297	50	3347	11,128	20.1
山东	1915	11	1926	15,017	12.8
河南	4925	63	4988	21,739	22.9
湖北	1880	22	1920	11,234	16.0
湖南	4199	56	4255	14,712	28.0
广东	4021	30	4061	21,792	44.4
广西	4254	64	4318	9770	37.3
云南	8313	18	8331	22,321	33.8
西藏	225	1	226	668	12.7
陕西	968	2	970	7055	19.0
甘肃	862	33	895	4702	49.0
青海	1690	0	1690	2450	36.0
宁夏	1829	1	1820	5087	24.0
新疆	1172	215	1387	5775	46.0
新疆兵团	609	0	607	1303	46.6
全国合计	90,417	951	91,368	343,434	26.6

表3－9 2007年全国各省基层法律工作者办理非诉讼法律援助案件数及比例①

地区	基层法律工作服务者办理非诉讼案件(件)	非诉讼案件总数(件)	比例(%)
北京	862	1421	60.7
天津	64	891	7.2
河北	289	1082	26.7
山西	1129	2667	42.7
内蒙古	1355	4908	30.7
辽宁	5151	8922	58.9
吉林	272	903	30.1
黑龙江	4902	6607	74.2
上海	322	746	43.2
江苏	1671	4006	41.7
浙江	1762	5802	29.2
安徽	969	1722	56.3
福建	2315	2846	60.2
江西	2180	2979	54.8
山东	591	2447	21.6
河南	3084	5659	57.1
湖北	497	2303	58.5
湖南	2873	5033	63.1
广东	2745	4696	54.7
广西	3437	5448	20.4
海南	294	720	36.4
重庆	1829	8995	20.4
四川	2235	6149	50.5
西藏	0	210	0
陕西	490	971	50.5
甘肃	926	1661	55.7
青海	1006	1762	57.1
宁夏	1286	1820	70.3
新疆	1008	1901	52.0
新疆兵团	552	660	83.6
全国合计	54,022	110,418	48.9

① 参见司法部法律援助中心:《2007年度法律援助业发展数据统计分析报告》(内部资料),第160页。

表 3－10　法律援助的方式(截至 2013 年年底)

年份	案件总数(件)	民事案件(件)		行政案件(件)	
		诉讼结案	非诉结案	诉讼结案	非诉结案
2009	641,065	234,091	205,153	2166	855
2010	727,401	269,298	257,050	2405	1477
2011	844,624	290,985	333,069	2333	1509
2012	1,022,015	327,695	419,040	2442	2299
2013	955,841	355,210	431,407	2081	2517

六、农村法律援助经费保障不足

根据《法律援助条例》第 1 条和第 3 条,政府财政拨款显而易见是法律援助经费的主要来源,而社会捐助等奉献只能作为次要的经费来源。东部和中西部发展尚存差距,各地方政府财政拨款经费也相差悬殊,在一些贫困地区根本没有接受过划拨的法律援助经费,办案人员承办法律援助机构指派的案件几乎得不到任何的物质补偿,可见农村法律援助经费短缺之严重。法律援助经费短缺主要反映在以下三个方面:

表现一:法律援助经费来源渠道单一。单纯依靠两级财政支持的法律援助经费作为开支来源,使法律援助机构最多只能满足日常开支,却不能对外拓展事业。特别是区县法律援助经费没有全部纳入同级财政预算,而农村法律援助需求却日益高涨,待援案件日渐复杂,所以,提高援助"门槛"这一手段成了农村法律援助机构不得不试用的办法,否则,办案经费的缺口只会越来越大。例如,截至 2008 年,陕西省仍有 15% 的贫困农业县级的法律援助费用完全依靠上级财政转移拨款,而在本级财政中处于零预算。由此可见法律援助经费城乡分配是不均衡的。

表现二:法律援助经费管理透明度低。一方面,法律援助专项资金管理账户不能完全独立,专款专用难。另一方面,援助经费专项资金的管理使用不规范,法律援助业务支出占资金使用的比例过低。眼下,我国主要由省、县两级财政通过专项资金的转移支付来保障法律援助组织机构的经费。由于组织简单单一,对各个机构的财务开支都没有严谨的计划,各种资金过度使用造成了经费的浪费。另外,上级机关对资金流向监管不力,会计制度并没形成系统,办公人员不自觉,都是经费管理透明度低直接导致的不良现象,伴随的是资金的无用耗费。

陕西省法律援助专项资金管理调查研究表明:全省有 50% 的地市法律援助资

金未能实现专户管理、专户使用，法律援助机构对资金账户的独立管理使用还未得到实现，有30%的县(区)法律援助资金达到账户独立、专户管理的目的。依照咸阳市2008年法律援助专项资金的管理使用情况(见表3-11)，在14个法律援助机构中，能够实现法律援助资金专户管理，法律援助机构也可以独立使用的只有4个，其他10个法律援助机构没有独立设置资金账户(包括市法律援助中心)，法律援助机构也不能对资金独立使用(见表4-6)。榆林市现有法律援助机构13个，只有8个单位能够实现专户管理和独立使用，有5个单位的资金账户没有专户管理，法律援助机构也不能独立地使用。

表3-11 陕西省咸阳地区14个法律援助机构专项资金使用情况调查①

法律援助单位	资金来源(万元)		开支情况(万元)			账户是否独立
	本级财政	中央财政	办案经费	培训经费	宣传经费	
咸阳市援助中心	10.0	10.0	12.0	2.0	3.0	否
咸阳渭城区援助中心	2.0	5.0	5.0	1.0	1.0	否
咸阳秦都区援助中心	2.7	5.0	2.7	1.0	1.2	否
咸阳兴平市援助中心	4.0	5.0	2.0	1.0	1.0	是
咸阳三原县援助中心	2.0	5.0	3.0	1.0	1.0	否
咸阳泾阳县援助中心	2.0	5.0	1.0	1.0	0.5	否
咸阳市乾县援助中心	3.0	5.0	2.0	1.0	0.5	否
咸阳礼泉县援助中心	2.0	5.0	2.0	1.0	0.5	是
咸阳武功县援助中心	2.0	5.0	1.0	1.0	0.5	否
咸阳永寿县援助中心	2.0	5.0	1.0	1.0	0.5	否
咸阳长武县援助中心	0.5	5.0	1.0	1.0	0.5	否
咸阳市彬县援助中心	8.0	5.0	2.0	1.0	0.5	否
咸阳旬邑县援助中心	2.0	5.0	3.0	1.0	2.0	是
咸阳淳化县援助中心	2.0	5.0	2.0	1.0	1.0	是
合计	44.2	75.0	39.7	15.0	16.7	4/14个独立

① 参见陕西省咸阳市法律援助中心:《关于咸阳市法律援助专项资金使用情况的报告》，咸法援字〔2009〕01号。

法律援助资金如不能实现专户管理,法律援助机构如未能独立使用资金,在实践中必然会造成两方面后果:(1)由于账户经费运作陈旧复杂,一旦办案补贴不能按时发到法律援助办案人员手中,就会影响办案人员的工作积极性,对工作的开展产生影响;(2)由于账户不能专户管理、独立设置,本级财政拨付的专项经费、上级转移支付的资金全都存放在司法行政机构账户,而法律援助机构不知晓资金的使用情况和实际的使用对象,这就造成了法律援助机构对该资金的监督缺失。同时,使该资金被挪作他用的情况也屡禁不止,专项资金专款专用的基本原则在实际中未能很好地贯彻实施,财政专款专用意识还没有形成,财政资金在逐级下拨中被暗中层层剥皮。根据陕西省法律援助中心的调查可以看出,2008 年全省法律援助专项经费共有 1300 万元(其中省级财政 350 万元,市县级共计 600 万元,中央补贴 350 万元),其中 50% 的资金能够用在法律援助事业之上,其余的大部分资金被挪作他用,法律援助专款专用未能贯彻落实。

另外,据《中央补助地方法律援助办案专款管理暂行办法》、司法部《关于规范有效使用中央补助地方法律援助办案专款的通知》传达的基本精神,中央补助给地方的法律援助办案经费必须专款专用,不得被用于法律援助机构和司法行政部门的公用经费和人员经费。专项资金应主要用于案件办理、法律援助社会功能的发挥上。但在实践中,用于法律援助办案经费的专项资金比例太低。根据陕西省法律援助专项资金管理情况调查资料可以发现,2008 年陕西省商洛市县两级法律援助机构共收到 72.58 万元的专项资金,使用和支出情况为:人员经费(工资)29.49万元,占支出的 41%;基本办公经费 15.71 万元,占总支出的 22%;办案补贴支出 19.54 万元,占总支出 28%;宣传、培训和其他支出 7.84 万元,占经费支出的 11%。直接用于法律援助业务办案补贴的比例偏低,仅有 28%。相对来说,2008 年榆林市法律援助的经费支出还较为合理。榆林市 2008 年全年法律援助各项支出 129.9 万元:其中培训费 17.5 万元,占经费支出的 13.5%;宣传费 17.68 万元,占经费支出的 13.6%;办案支出 14.7 万元,办案补贴 51.34 万元,占经费支出的 66%;办公经费 20.57 万元,占经费支出的 15.8%;其他支出 8.2 万元,占经费支出的 6.3%。在实践中,往往因为专项资金各项开支的范围模糊,资金使用效率十分低下,并且给权力寻租留下可乘之机。实践中大部分的法律援助经费被日常办公支出和人员工资填满,层层扒皮的现象依然没有改观,一些主管部门也假借各种名义对法律援助资金进行不当利用,如上级部门可以打着规范管理的幌子,声称统一采购配套物资,但实际上却是一些质次价高的物资。诸如此类不当的使用方法使法律援助经费常常陷入低效率的使用中。

表现三:法律援助个案所需成本逐年提高。随着个案数量的显著增多,案件也愈加复杂化，个案的法律援助所需要的经费随之抬升。特别是随着农民法律意识的提升，诉讼已成为农村日渐常用的重要方式之一。由于开支加剧攀升，投入无显著增长，农村法律援助在经费上存在的供需矛盾则凸显出来。经费不足使得许多基层法律援助机构只能以提高案件审核门槛的方式实现个案办案补贴的节约，缩小开支。但是，这使大量急需援助的群体因得不到应有的援助而丧失对现存农村法律援助体系的信心，最终会影响广大农村法律援助的群众基础，同时，这也使许多承办律师的工作开展困难，打击了律师的援助热情，从而影响办案质量。

根据我国相关法律的规定，[①]政府的财政拨款应当是我国法律援助的主要经济供应。然而，我国人口基数大，农村人口又占其中的绝大多数，农村行政诉讼和民事纠纷因此数量庞大，这就造成了巨大的经济开支。与此同时，法律援助的社会力量和民间资金渠道暂未得到深入开发，所以未能有效弥补财政经费短缺的现状。

---

① 《法律援助条例》第3条第1款规定："法律援助是政府的责任，县级以上人民政府应当采取积极措施推动法律援助工作，为法律援助提供财政支持，保障法律援助事业与经济、社会协调发展。"第7条规定："国家鼓励社会对法律援助活动提供捐助。"

第四章　农村法律援助与社会法治建设及城乡统筹

第一节　农村法律援助与社会法治建设

一、法治社会的基本要求

人类一直向前发展，从一个阶段发展到另一个阶段，每一个阶段都会从各个方面超越前一个阶段。在这个阶段我们打下向下一个阶段过渡的基础，当量的积累超过度的界限时，开始产生质变，社会又走进另一个阶段。但每个阶段我们都会面临每个阶段所特有的物质和精神，与之相伴随，每个阶段我们也都会有困惑，如什么样的社会才是我们所追求的理想社会？什么样的社会治理模式既是高效的又是公正的？人类社会发展的终极目标是什么？这些最一般意义上的问题会涉及人类学、社会学、法学和哲学，但却是我们实际生活中每一个小细节所闪现出来的真问。

人类发展的每一个阶段都需要社会秩序存在和发挥作用，秩序的价值在于固定既有的利益分配，防止他人对自己权利和利益的侵害，当然这种防止的作用在任何社会主体之间是相互存在的，并不是单向性的。原始社会的秩序是部落或者氏族的习惯以及氏族长者的命令，根据长期形成的习惯和长者的命令，人与人之间的食物分配得到保障，在此前提下，劳动者获得报酬——食物，在劳动获得食物的前提下人们获得了一定的激励，此时社会秩序还有激励的作用。但自然界弱肉强食的天然法则对人类所形成的习惯和长者命令构成了冲击。习惯规则的确立和长者命令的作用发挥必须建立在群体成员授意与接受的基础上。如果缺乏这样的基础,规则的建立便成了海市蜃楼。

私有制的产生,原始社会情境下的习惯和长者命令被国家以统治阶级意志的形式重新搬上历史舞台。但这种意志形式的规则所极力维护的利益并不是每一个个体的利益,而仅仅是统治阶级的利益,维护的是公然的不平等。处于被统治和被奴役状态的人们在自己无法实现改变的状况下,或许也不曾想过集体的意志或许会有更大的力量。而只是懦弱地接受,无知地寄托。一直到封建社会的后期,资本主义经济形势的萌芽和思想启蒙,人人生而平等的平等观和天赋人权的权力观开始进入人民的血液,追求自由与独立的民主,追求法治的崇高信仰。资本主义启蒙思想家形成了天赋人权的系统思想学说,用社会契约构建起了有限政府,并对政府权力进行三权限制与划分,构建民主宪政。人类社会的统治秩序遵循这样的路径一步步展开。

追寻人类社会发展史以及每一个阶段对于社会秩序的追求和社会治理模式的探索,到目前形成了一种最能体现公平的范式,具有历史性,同时也是历史发展与演进的一个阶段。“现代法治是社会走出传统的努力,这是人类社会对其发展形态的理性预测。”①“法治,是指‘法的统治’,其中社会也不只是出于受治的地位,而且也可以是法治的主体。”②

讲求法治,遵循法治,信仰法治。在此之前,笔者首先分析一下法治的内涵和特质。从历史渊源来说,在法治之前,最早的即是奴隶制社会和封建制社会的人治,不管从字面意思还是从语法含义上讲,人治即是人去治理的意思,但什么人去治理,具体又由谁去治理,去治理什么,用什么去治理,怎么治理等问题才成为关键。当然,奴隶制和封建制度之下的人必然是统治者,而不是被统治者,是根据统治者的自由意志去治理。这种模式之下的国家治理也可想而知。

我们如今尊崇的是法治,是良法之治。其一,法治的内涵是依法而治,不是人治,也不是纯粹的德治。依法而治的前提条件是有符合社会发展阶段的、反映经济发展和社会问题的法律体系。党的十八大报告指出:“我国已经基本建成中国特色社会主义法律体系。”我们施行法治的前提条件已经具备。我国业已建成的中国特色社会主义法律体系,是能够反映我国经济发展状况和水平的体现人民意志的法律体系。具备了善法而治的基础。其二,法治要求我们形成职业和专业的

---

① 韩雪风:《论法治社会与中国法文化传统》,载《国家行政学院学报》2000 年第 1 期。

② 郭道晖:《法治国家与法治社会》,载《政治与法律》1995 年第 1 期。

法律职业团体。自秦时商鞅变法始,法治便是一项精深博大的术业。由于法律思维和知识的专业化使法律职业在很大程度上需要由经过法律知识培训的专门人员从事。虽然我们在国家法治化的进程中提出要使普通民众都能看懂法条,读懂法律,这种思想的初衷是好的,但我们不能够强迫一位普通公民去读懂法律制度结构中最为艰深晦涩的术业,也没有必要花费大力气去向一位并不专事法律职业的计算机人才解读一个哪怕与他切身利益最为重大的法律关系,更何况在其生活中会有不计其数的法律概念和规则原则对其适用。其三,法治是一种法律事实状态,其制定和适用过程有人的参与,但法感情不能融入人的感情。"徒法不足以自行",法律制定出来之后,其适用过程要严格按照法律既有规定进行,虽然要有人的参与执行和协助,但人并没有介入法的价值判断,除非有人故意误读了法意。法是一种意志,这种意识并不是某一个人的意志,而是一个群体的意志。法本身并不是一种秩序,法的适用所形成和维护的是一种规则秩序。这种规则秩序建立的成本是最小的,而且这种秩序的形成对每一个公民来讲都是理论上的帕累托最优。其四,全面法治的形成需要培养公民的法治意识和法感情。"实现法治国家最重要的一个问题是培养公民的权利意识,唯如此,才能真正实现发展民主政治、建设法治国家的目标。其途径:一是要求公民履行其义务;二是规范政府权力的行使"。① 综观资本主义世界市场经济发达的国家,完善的市场经济发展培养了人们的法治意识和法治观念。一方面,由于法治建设在社会方方面面的普及,市场经济也要遵守法治的规律;另一方面,由于市场经济本身出现市场失灵的情形导致国家的适度干预,国家的适度干预要依法进行。因此,市场经济是法治化的经济形式。法治经济中的市场主体同时也是市民社会的市民主体,市场经济的规则作用和规则意识培育了法治社会的公民基础。其五,法治社会的建立要求建立完善的分权机制或者权力监督机制。人们的愿景往往是美好的,同时人们也总是趋向自己利益最大化。如果仅有理想状态下的美好制度设计,而缺乏了对于偏离因素的考虑,则会导致法治的路途曲折。

"法治是人类的理性选择,中国在现代化建设过程中也选择了法治作为治国方略,中国的社会主义性质及法治实践特征,决定了法治的最终走向必然是法治社会。法治社会不仅是理论思维的逻辑结论,更是我国社会主义现代化物质文明和精神文明建设的推进和法治实践自身演进过程所必然达到的结果。"②

---

① 赵茹枫、李云凯:《公民权利意识是法治社会的基础》,载《理论观察》2004 年第 2 期。

② 李双元、肖北庚:《法治社会——中国法治进程的最终目标——兼并郭道晖先生的〈法的时代精神〉》,载《法学》1998 年第 1 期。

“中国现代化的主体工程,除应包括长期以来人民所追求的‘四个现代化’外,还应包括法治现代化。没有法治现代化,不可能真正实现其他现代化”①,“‘以法治国’和‘依法治国’,经过改革开放十多年来的时间,已经逐渐成为我国治国的方略。要法治,不要人治,也已大体上成为人们的共识”。② “法治社会应有三项核心内容:法治社会首先表现为契约社会,法治社会的基础是法律面前人人平等,法治社会的关键是司法公正”。③ 党的十五大提出了我国依法治国的基本方略,并写进宪法。党的十八大以来,依法治国基本方略更是上升到了一个历史新高度。党的十八届四中全会以专题的形式对我国社会主义法治建设进行了全面部署和总体布局。“从一体建设的三极来看,法治是法治国家、法治政府、法治社会的共性元素,只是法治要素在三者中会表现出不同的重心。法治国家的‘法治’强调权力控制,法治政府的‘法治’则强调依法办事、依法行政,法治社会的‘法治’更强调人权保障。”④

基于我国长期以来形成的城乡二元的社会结构,“乡土社会固有的特点决定着乡村社会的法治与城市社会的法治有其不同的特点,对乡土社会法治的关注直接关系到中国现代法治目标的实现。乡土社会法治的政治基础即基层乡镇政权体制的法治化、社会基础即村民自治的真正实现和制度性机制即国家法与民间法的良性互动,从而使法治植根于乡土社会,构建起乡土法治社会”。⑤

追求法治,践行依法治国,要求我们不仅要贯穿依法治国的理念,更要实现我国特色社会主义法律制度。之前以及当前的一定时期,我国正进行司法改革,从司法环节入手,维护我国司法权威,坚定树立社会主义法治观念,弘扬社会主义法治理念。

二、农村法律援助与社会法治建设

社会主义法治建设是我国社会主义现代化建设“五位一体”总体布局中的一项重要内容。

2012 年 11 月党的十八大报告提出:“全面推进依法治国,法治是治国理政的基本方式。”十八大报告中对所提及的“五位一体”的总体布局进行创新规划。⑥

---

① 周旺生:《让中国社会成为现代法治社会》,载《政治与法律》1996 年第 8 期。

② 郭道晖:《法治国家与法治社会》,载《政治与法律》1995 年第 1 期。

③ 魏杰:《何为法治社会——关于法治社会的几个问题》,载《理论视野》2007 年第 4 期。

④ 江必新、王红霞:《法治社会论纲》,载《中国社会科学》2014 年第 1 期。

⑤ 杜承铭:《论社会转型期乡土社会的法治》,载《社会主义研究》2001 年第 4 期。

⑥ 五位一体的总体布局指的是经济建设、社会建设、政治建设、文化建设、生态文明建设这五个方面综合开展。

“五位一体”的总体布局是我国科学发展的全面总结和创新,是我国可持续发展所要长期坚持的道路选择。依法治国作为政治建设中的一个重要部分寓含于政治建设之中。

自党的十五大提出依法治国的治国方略以来,依法治国不断深化并深刻调整我国各种经济利益关系。党的十八届四中全会首次专门以全会的形式对依法治国进行全面部署,凸显出我们党和国家对于依法治国基本方略的重视。

农村法治建设是我国社会主义法治建设中必不可少的重要部分。“正如中国最大的问题是农村问题一样,中国法治的最大问题也是农村法治问题。可以断言,没有中国农村的法治化就没有整个中国的法治化”。① 计划经济时期为了发展我国的重工业,在短时间内发展我国经济,我们允许一部分地区和一部分人通过诚实劳动先富起来,先富起来的人应当具备高度的社会责任感,然后通过先富带动后富,帮助贫穷落后群体和地区,最终走上共同富裕的道路。彼时,城市作为我国社会发展的先锋和重点,农村作为先富带动后富的对象共同发展。当初,由于计划经济体制下社会最为活跃的经济社会关系发生在城市,因此我国的法治建设首先是从城市开始的,而农村的法治则起步较晚,但全国范围内实行的是一个统一的法律体系,因此农村社会的建设一直是我国重点建设不可忽略的一块。随着改革的进一步深化,全国范围内城市和农村的差距在不断缩小,加上我们正在进行的体制改革正在破除城乡二元的社会制度壁垒。此时农村法治建设也正在加快与城市的融合步伐,农村法治的发展正在完成我国社会主义法治的全面布局。“在法治建设的进程中,由于忽视了农村所具有的特性,致使农村法治建设举步维艰。在制度变迁过程中,应尊重农民的主体地位,实现农民的合法权益,使真正满足农民需要的纠纷解决机制可以建立。”②

农村法律援助实质上是依法治国的重要组成部分。农村在我国经济社会发展总体事业中占据很重要的位置,农村经济的发展为我国国民经济的总体贡献度决定了农村经济举足轻重的地位:农业是整个国民经济的基础产业,农村人口占据我国总人口的50.32%。③ 可见农村社会在我国经济社会中的重要地位。国家在发展,农村社会也在发展,“农村的改革、发展与稳定必须综合运用多种手段予以保障和促进,但相对而言,法律手段在这方面有其他手段所不能企及的效果”,④

① 王志、庄天慧:《中国农村法治建设路径选择初探》,载《长白学刊》2007年第7期。

② 同上。

③ 数据来源于中华人民共和国国家统计局,[EB/OL]. http://www.stats.gov.cn/tjsj/tjgb/rkpcgb/qgrkpcgb/201104/t20110428_30327.html,2015年1月12日最后访问。

④ 李昌麒等:《农村法治建设若干基本问题的思考》,载《现代法学》2001年第2期。

"农村法治建设是我国依法治国方略在农村实践的一项重要课题,农村法治化是保证农村经济持续繁荣的需要,是维护农村稳定的需要,是构建和谐社会的需要"。[①] 农村的法治化建设一方面是法律文化的建设,另一方面应当是法律制度的建设。法律文化的建设首先从法律意识的培养,社会纠纷的法律化渠道解决做起。而法律制度建设包括司法制度对于法律纠纷的普遍适用,非诉讼方式的法律纠纷解决机制的构建和运行,法律援助制度的建设。法律援助对于农村居民实现法律权利,培养法律意识,实现社会公平具有重要意义。"由于长期以来的城乡二元治理结构,我国法治在城市和农村的外延资源不尽相同,我们需要在法治整体性的基础上,区别认识其各自特殊性。"[②]根据农村社会的法律文化和法律意识的特殊性来设计农村的法律援助制度,使其适合农村社会的发展需要。

农村法律援助对于实现农村居民权利,化解社会纠纷,促进社会和谐发展具有重要意义。农村法律援助制度的基础性作用在于对经济困难农村居民提供援助,使其能够通过司法途径保障其权利,使农村社会仅仅因为经济原因无法畅通的纠纷解决机制得以通畅,纠纷得以化解,有利于农村和谐社会的维护。另外,农村法律援助不仅对于农村贫困居民通过司法渠道实现自己的权利、实现机会和程序上的正义进而保障农村居民的司法人权具有重要作用,而且还是依法治国基本方略的基本内容和具体体现。

第二节 农村法律援助与城乡统筹

一、城乡统筹的基本内涵与现实困境

2002 年 11 月党的十六大胜利召开,江泽民同志作报告,在党的十六大报告第四部分——经济建设和经济体制改革的第二点内容当中,提到统筹城乡的概念。这是在我党的政策文件和我国的法律规范性文件中首次出现"统筹城乡"的概念。2003 年 10 月党的十六届三中全会公报更进一步提出:"要为全面建设小康社会提供强有力的体制保障。"2012 年 11 月党的十八大胜利召开,十八大报告第四部分——加快完善社会主义市场经济体制和加快转变经济发展方式的第四点内容提到要缩小城乡差距。我们可以明确地看到,从 2002 年到 2012 年的 11 年间,党中央对城市与农村发展的关系一步步明确和坚定,从"统筹城乡"到"城乡发展一

---

① 钟骏树、彭敏:《农村法治化与和谐社会的构建》,载《求是》2005 年第 10 期。

② 李长健:《我国农村法治的困境与解决方略研究》,载《武汉大学学报》(哲学社会科学版)2005 年第 5 期。

体化”的概念提法可窥见的是我国城乡社会在这期间的进一步融合以及我国城乡二元社会结构走向一元化的历史趋势。

首先，由于特殊的历史阶段和国内国际环境，我国在中华人民共和国成立初期采取了计划经济的经济发展模式，同时由于对工业发展的需求，党和国家的工作重心放在城市，并且为了保证城市的资源能够满足城市的需要，采取了一系列的措施，由此形成了城乡分治和城乡二元的社会结构。关于我国的经济体制改革，1992 年党的十四大已有新的部署规划：“要建立社会主义市场经济体制，要使市场在社会主义国家宏观调控下对资源配置起基础性作用。”自此，我国的经济发展模式由计划经济转向市场经济。在开启社会主义市场经济的改革后，市场在资源配置中起基础性和决定性作用，市场的活力迸发，短时间内我国的经济发展有了一个新面貌。市场经济是法治经济，市场经济的发展要求在全国地域范围内建立起统一的市场，这就对当初计划经济体制下的城乡二元经济社会结构提出了挑战。在改革开放的社会大背景下，我国经济发展要和世界接轨，市场经济发展对统一市场的需求加上我国既有的城乡二元经济结构的关键矛盾，最终导出了城乡一体化发展的长远改革目标。

其次，统筹城乡发展也是我国经济发展的条件决定的。当初为了发展工业的需要我们主要从农业汲取资源补给工业的发展，但在我国市场经济有了一定的积累之后，工业的发展成果已经达到能够反哺农业的水平，有统计数据显示，我国当前处于工业补给农业的最佳时机，如果政策和发展战略顾及了农业农村和农民的话，那么我国的三农问题会相对较为缓和地化解。

最后，党和国家统筹城乡二元社会的一体化发展是维护社会公平、实现全面发展的重要举措。在城乡二元社会结构下，资源的分配、权利的内容和形式、社会财富的占有、机会的享有等在很大程度上都是不平等的，城市的环境要好于农村。统筹城乡发展，最终实现一体化发展，是对这种不公平现象的纠正和根除，有利于现实社会平等和公民的全面发展。

（一）城乡统筹的含义

城乡统筹，从其语法结构上来看，统筹的主体有两个：城市（城镇）和农村。统筹，通盘筹划、全面布局和安排。组合意思为对城市和农村的通盘筹划和全面布局、安排。从词语的字面意思可以看出城乡统筹是一个有机的统一和筹划，而并不是分立的、孤立的合一，它是在经济社会发展规划以及市场在资源配置过程中要通盘考虑，把城市和农村放在同一个平台上不分先后，而仅仅是根据市场经济规律以及国家宏观调控的需要进行。城乡经济社会的统筹发展，质言之，就是把我国城市和农村的经济社会当作一个有机统一的整体依照同等的待遇标准来进行统一规划，全面安排，通盘考虑；综合深入研究城市与农村发展中长存的问题及其彼此间的因果关系，厘清源头，努力统筹解决。[①] 胡进祥指出："统筹城乡发展是一个十分复杂、艰巨而重大的经济、政治和社会问题。政府是统筹城乡发展的主体，城乡关系是统筹城乡发展的客体(对象)，包括城乡空间、城乡产业和社会进步三个层面的有机整体。"[②]姜作培认为，"按科学发展观的要求，推进城乡经济社会统筹发展要从城乡通开、城乡协作、城乡协调和城乡融合四个方面进行，如此方能促进城乡社会共同发展、共同繁荣"。[③]

(二)城乡统筹的意义

城乡统筹发展是党和国家为了推进经济发展、缩小城乡差距而制定的我国经济社会发展的大政方针，"统筹城乡全面发展体现了全面建设小康社会的内在要求，为从根本上解决'三农'问题指出方向所在，是实现城乡经济良性循环的必然要求，同时也是构建和谐社会的重要标志和关键所在"。[④] 从法治社会的角度来看，其意义主要为：彰显社会公平，实现城乡平等。统筹城乡发展，把城市和农村的经济和社会发展平等对待，在资源分配上、在政策倾斜上，农村都能享受到与城市相同的待遇，有利于农村社会的对外开放和与城市以及国外的融合。城乡的统筹发展势必会打破现有户籍制度、教育制度以及社保制度所存在的差别待遇，从而实现城市市民和农村居民的社会地位和法律权利的真正平等。无论从微观的个人权利上还是从宏观的城乡社会背景和生活环境上，可以确定的是，城乡统筹发展都有利于社会公平的实现，有利于我国经济社会的全面发展。城乡的统筹发展对于我国市场经济形成统一市场，打破制度壁垒，畅通信息和产品的流通机制起到了根本性的作用；有利于形成城乡统一的其他细分市场，消除信息不对称造成的市场失灵问题；有利于形成全国城乡范围内的劳动力市场，形成高效、自由的人才市场。城乡统筹发展有利于整合资源，实现社会管理创新。城乡的一体化发展消弭了城乡社会管理上的差异，因此社会管理中因城乡差异而多支出的管理费用便可因城乡的统筹发展而节省下来。城乡的一体化发展有利于整合此类存在差异的制度成本，实现新的社会管理创新。

(三)城乡统筹的现实困境

"统筹城乡发展是我国社会历史发展的一个必然阶段，是缩小城乡差距的必

---

① 参见秦庆武：《统筹城乡发展的内涵与重点》，载《山东农业大学学报》(哲学社会科学版)2005年第1期。

② 胡进祥：《统筹城乡发展的科学内涵》，载《学术交流》2004年第2期。

③ 姜作培：《城乡统筹发展的科学内涵与实践要求》，载《经济问题》2004年第6期。

④ 郭建军：《我国城乡统筹发展的现状、问题和政策建议》，载《经济研究参考》2007年第1期。

然阶段,同时是落实科学发展的必然要经历的一个阶段”。① 计划经济体制和城乡二元化的社会结构是历史的遗留物,是中华人民共和国成立初期我国所处的国际国内环境以及我国发展需要所共同选择的结果。综观世界发展中国家在第二次世界大战后为发展工业采取的“农业补给工业,工业发展后再反哺农业”②模式以及在此模式下拉开的城乡二元的社会问题,在经历过发展之后再次进行城乡统筹的总体路径,反思我国经济社会发展的路径也大致沿袭了世界发展中国家发展的道路。面对我国计划经济时期农业补贴工业发展所形成的经济结构的城乡二元划分以及社会体制的二元划分,与当前我国深入开放和发展的潮流有些不相匹配,因此,我们必须着眼未来,对我国当前的城乡二元社会机构和经济体制进行统筹,破除体制机制的障碍,深化改革开放,破除我国经济社会发展的束缚。

统筹城乡发展,面临诸多困难和难题。“城乡统筹发展受到城乡居民收入差别、城乡经济结构、财政体制和公共服务机制等因素的制约,必须从推进户籍制度改革、调整农村经济结构、深化农村综合改革、加快财政金融体制改革、健全社会保障和福利制度等方面开展工作”。③ 我们对制约因素从如下几个方面展开,进行具体探讨:

1. 深层次的市场结构。统筹城乡首先要在经济上实现统筹,因为经济能力的坚实是社会发展的基础和前提,没有经济的发展作为支撑,社会的发展就失去了平台和动力。马克思主义主张经济基础决定上层建筑,如果经济不能够实现统筹发展,那么构筑于经济基础之上的上层建筑也当然不能实现统筹发展。但由于我国计划经济时期长期实行的农业补给工业的做法导致了我国农业经济基础薄弱,积淀不够深厚,加上城市中所形成的较为完善和发达的市场在农村社会并不具有,因此统筹城乡发展首先要发展农村的经济市场,之后再次进行城乡经济的统筹。但由于市场经济同时也意味着市场风险,因此,传统农业社会的居民在构建市场过程中有可能会对市场的建立持排斥的态度。这也是我们在市场建立过程中所面临的问题。

2. 社会体制。社会体制包罗了城乡社会一系列关系民生的制度内容。我国城乡二元的社会结构在公民的户籍制度中体现最为明显,即便在城乡社会流动频繁加剧的今天,农村居民到城市已很“自由”,但从身份上来讲还是存在具有些许

① 孔勤:《统筹城乡发展的制约因素及思考》,载《经济与社会发展》2010 年第 6 期。

② 解垩:《发展中国家城乡统筹得失及启示》,载《中国经贸导刊》2005 年第 2 期。

③ 张宜松、付强:《统筹城乡发展的制约因素及路径探析》,载《安徽农业科学》2008 年第 15 期。

歧视性的差别，最为典型的就是“农民工”[①]的称谓。如今我国的户籍制度改革已经开始破冰，户籍制度的改革将是我国城乡统筹中的关键一环。

3.劳动就业制度方面，在传统的城乡二元社会体制下，在我国加入 WTO 之后，经济社会各个方面面临着与世界接轨，如果我们的市场并不完善和统一，那么在激烈的国际市场竞争中我们将会处于劣势，甚至会被淘汰。缘于此，在我国市场经济深入发展的时期，我们要着力发展农村的劳动力市场和人才市场，形成全国统一的人才市场和劳动力市场。发挥农村人才的智识，为我国经济和社会建设献力。社会保障制度方面，我国当前已建立起覆盖城乡居民的较为全面的社会保险制度，但仔细分析我国的社会保险制度还是低水平的、不完善的。城乡二元社会结构下我国的社会保障制度基本都是围绕城市居民而建立和设置的。农村居民并没有被纳入社会保障制度的范畴之内。随着我国经济发展成果的积累，公民权利意识的提高，才开始建立农村居民的社会保障制度。1996 年 10 月随着我国《老年人权益保障法》的颁布实施，才以法律的形式确立了农村社会的养老保险；直到 2003 年《关于建立新型农村合作医疗制度的意见》出台，我国方才建立农村居民的医疗保险。虽然我国《社会保险法》中规定了养老、医疗、工伤、生育、失业保险五大险种，但由于工伤、失业、生育保险针对的是在职职工，而我国农村居民多数并没有实现正规就业，因此我国农村居民实际上是很难享受到的。

4.教育制度方面，由于户籍制度的设立和教育资源的相对稀缺，农民工子女在城市接受教育面临重重困阻。这就对农村居民向城市的流动提出了很大的问题，同时引发了社会不公平问题。教育不公将会引起一系列的社会不公问题。这是我国城乡二元社会统筹的动力所在，同时也是我国城乡一体化发展中的深刻制约因素。

二、农村法律援助与城乡统筹

（一）农村法律援助是城乡统筹内容的一部分

落实科学发展观，推进城乡社会统筹发展，要坚持以人为本，大力发展社会事业，促进公共服务均等化，保障社会公平正义。而农村法律援助的本质和要义正是坚持以人为本的具体体现，是通过困难农村群众的机会保障和程序保障，实现农民群众的实体权利，进而实现农村社会的公平正义。加强法律援助，是促进民生问题解决，破解城乡二元社会结构，推动统筹城乡社会一体化发展的必然要求。

---

① 有些地方在意识到这个问题之后在名称上作了一些更改，如“城市新市民”。

"城乡统筹下的法律援助制度构建,是各方利益博弈与调和的过程,最终是为了消除统筹规划现实中字面法定权力上的不平等与当事人由于经济条件差异所产生的法律服务权和法律程序保障权之间的不平等,实现公民的实体权利。"①城乡统筹发展的目标是城乡社会的一体化发展,寓含着机会和实体权利的公平正义在城市和农村的平等适用和实现。

(二)农村法律援助是城乡统筹的突破口

城乡统筹是在经济发展基础上包括社会管理体制、文化体制、法律制度在内的综合的全面的统筹。它的目的是促成城乡社会一体化发展的实现,摧毁城乡二元社会结构下发展的体制机制障碍。总体来看,实现全国地域范围内市场的统一和体制机制的统一、管理制度的统一。如此,城乡社会所面临的机会也是同样的,所面临的挑战和风险也是一样的。但当前,在城乡社会未完成一体化发展之前我们在统筹城乡社会发展。

由于农村经济基础较城市相对薄弱,城乡统筹在农村需要下大力气。作为我国社会主义法律制度内容的社会救助制度和法律援助制度正好在一定程度上弥合了城乡所存在的差距。社会救助制度在农村社会的适用帮扶了经济贫困的农村居民,法律援助制度化解了农村社会的社会纠纷,为城乡统筹营造了和平的环境。因此,我们可把社会救助和法律援助作为城乡统筹在法律制度方面的着力点,大力推进城乡社会统筹发展的进步。

(三)城乡统筹发展中的农村法律援助发展

(1)统筹背景下农村法律援助的需求

我们以2007年司法部法律援助中心对全国农村法律援助工作的调研报告为样本,观察城乡社会统筹背景下农村法律援助的现实状况。根据此次司法部法律援助中心的调研数据,选取了能够代表全国东中西3个经济发展层次的6个省份的法律援助数据进行分析。具体从以下几个方面来看农村法律援助的需求情况:首先,从农民的收入和支出情况与当地法律服务的收费情况来看,除少数发达地区外,未达到本地人均收入的农民基本无法支付法律服务费用;从农民法律纠纷类型、数量和解决途径来看,得出农村法律援助纠纷多是涉及婚姻家庭、赡养抚养以及邻里纠纷等,并且多是通过调解这种经济、便捷又不伤和气的方法解决;从农民的法律援助知晓率来看,农民的法律援助知晓率总体比较低。从以上3个方面综合来看,社会人口流动不大、经济发展较为平稳的地区法律援助需求不大,但对

① 张韦碧:《法治的回应——以城乡统筹下的法律援助制度构建为视角》,载《知识经济》2010年第8期。

于变动较大,流动人口较多,经济发展较为活跃的地方农村法律援助需求量大。结合我国发展背景城乡统筹发展,加之2005年党的十六届五中全会提出的新农村建设,我国农村的发展处于活跃的阶段,此时我国农村的法律援助需求总体很高。

(2)统筹背景下农村法律援助的发展

自2002年党的十六大提出"统筹城乡经济社会发展"以来,2003年国务院出台了第一部法律援助专门法规——《法律援助条例》,从此,法律援助工作制度化并步入法制化轨道。到2012年2月,司法部部务会议审议通过《办理法律援助案件程序规定》,并于当年7月1日起施行。法律援助工作制度建设向前迈进了一步。根据我们目前所掌握的最新数据,如下几个方面展示了农村法律援助的发展:

一是从法律援助工作机构的人员看。2004年国务院将法律援助工作列进当年的工作要点中,法律援助工作机构的工作人员全部数额为10,458名,①到2009年法律援助工作人员总数为13,081名。法律援助机构从2005年的3129个增加到2009年的3274个。② 二是从法律援助办结案件看。2004年全国共办结法律援助案件166,433件,到2009年全国共受理法律援助案件640,673件。2004年受援人总计294,138人,到2009年各类受援人总数为736,544人次,2012年司法部提出争取全年办理法律援助案件超过百万件。三是从法律援助资金保障看。2005年中央首次以5000万元专款对地方法律援助案件办理予以补助。2010年全国的法律援助经费总额达到10.12亿元。四是从法律援助范围看。2006年国务院5号文件将农民工列为法律援助重点对象。2011年司法部要求扩大法律援助涵盖范围,使默默无闻的苦难群众和特殊群体因此可以受惠。

---

① 参见《数字回顾法援是十年》,载中国法律援助网:http://www.chinalegalaid.gov.cn/China_legalaid/content/2012-09/12/content_3836135.htm?node=24953,2015年1月13日最后访问。

② 参见《法律援助工作情况》,载中华人民共和国国家统计局网:http://www.stats.gov.cn/ztjc/ztsj/hstjnj/sh2009/201209/t20120905_73017.html,2015年1月13日最后访问。

第五章 我国农村法律援助的现实供给

从广义上讲,法律援助是我国社会主义司法制度的重要内容,而农村法律援助又是我国法律援助制度不可或缺的重要部分。2002年党的十六大提出统筹我国城乡社会发展,城乡二元的社会结构在我国形成发展已有几十年的历程,随着城镇化的加快,我国城乡二元社会趋于融合,但这一进程尚未完成且仍需一段较长的时间。由于我国城乡社会法律援助的起点和制度运行的环境存在差异,对于城乡法律援助制度的一体化构建除了需要营造城乡统一的社会环境外,需要我们对城乡社会结构下不同的法律援助制度分别进行解构和总结,在此基础上细分区别,找出问题,为社会环境允许条件下的一体化构建打下基础。在此,根据国家统计局在经济数据统计中对于我国东部、中部、西部地区划分的标准,分别撷取东部、中部、西部3个地区中2个省份的农村法律援助的调研数据,管窥我国农村法律援助的现状,作实证性的分析。

第一节 东部地区

东部地区我们选取的样本数据是北京市延庆县和山东省,①中部地区我们选取吉林省和山西省太原市作为样

① 笔者以北京市延庆县司法局在县域范围内调研的成果“农村法律援助工作问题与研究”作为北京市的样本数据;以“山东省人大内务司法委员会关于贯彻实施《山东省法律援助条例》情况的调研报告”为山东省的样本。

本进行研究,①西部地区我们选取陕西省西安市和甘肃省为例。根据我们所选取的6个样本地方的调研结果,具体来看:

一、东部地区之一——北京市延庆县法律援助调研数据

北京市延庆县位于北京市西北部,全县共有11镇,4个乡,376个行政村,全县常住人口31.7万人,其中农业人口16万人,占全县总人口的50.5%。目前,全县设法律援助工作机构一个——县法律援助中心,直属于县司法局管理,负责全县法律援助案件的受理、审查、律师的指派和案卷的管理。下辖15个乡镇,依托乡镇司法所均设立了法律援助工作站,每个工作站配有2~3名法律服务工作者,主要负责法律咨询和民事法律援助案件的办理。此外,在工会、妇联、共青团、老龄委以及残联等社会团体设有法律援助工作站。在每个行政村设有法律援助联系点,配有专职或者兼职法律援助联络员1名。目前正在筹备在看守所成立法律援助工作站,指派律师坐班为符合条件的在押人员提供法律咨询。

总结近3年来的数据,②2011年全县共办理法律援助案件611件,涉及农村及农民的案件515件,占比84.3%;2012年全县共办理法律援助案件404件,涉及农村及农民的案件337件,占比83.4%;2013年全县共办理法律援助案件764件,涉及农村及农民的案件534件,占比69.9%。仅以这3年涉农法律援助案件的数量我们还不能得出什么规律,但是从涉农法律援助案件占所有法律援助案件的比重我们可知,其比重每年都在逐步降低,并且比例依然很大,要超过一半以上。

从具体案件类型所占比重看,2011年全县共办结法律援助案件611件,其中追索劳动报酬316件,人身损害赔偿案件28件,工伤类案件9件,交通事故损害赔偿70件,追索赡养费的18件,受援人中农民工432人;2012年全县共办理法律援助案件404件,追索劳动报酬196件,人身损害赔偿14件,工伤类案件8件,交通事故损害赔偿33件,追索赡养费5件,受援人中农民工264人;2013年全县共办理法律援助案件764件,其中追索劳动报酬案件455件,人身损害赔偿案件33件,工伤类案件共11件,交通事故损害赔偿36件,追索赡养费案件17件,受援人中农民工552人。

以延庆县的数据为样本进行数据分析,我们可知,农村法律援助工作仍然是延庆县法律援助工作的重点,所占比重始终处于高位。在所有法律援助案件中追索劳动报酬的案件又占据了绝大多数,总结3年的数据,追索劳动报酬案件总共

---

① 笔者以"吉林省法律援助服务民生工作调研报告"为吉林省的样本进行分析;以"太原市法律援助现状及其完善"为山西省太原市的样本。

② 参见袁艳华:《农村法律援助工作问题与研究》,载北京市法律援助网:http://www.bjlegalaid.gov.cn/tabid/340/InfoID/6997/Default.aspx,2016年6月2日最后访问。

967 件,占受援案件总数的 54.4%;交通事故损害赔偿以及人身损害赔偿 214 件,占受援总数的 12.0%;追索赡养费案件占总数的 3.3%;工伤案件只占案件总数的 1.6%。在所有法律援助案件中因追索劳动报酬而引发的群体性案件数量和范围呈现上升趋势。

根据以上调研数据我们可以管窥,在延庆县县域范围内的法律援助存在以下问题:首先,虽然农村法律援助机构设置较为全面,纵向上从县到乡镇到行政村,横向上从工会、妇联、残联、共青团等社会团体,甚至看守所也在筹备法律援助工作站的成立,但是人力资源明显缺乏。① 其次,法律援助受案范围过窄,满足不了新形势下广大农民的现实需求。虽然我国《法律援助条例》和《北京市法律援助条例》规定了农民可以享受的民事法律援助范围包括追索赡养费、抚养费、劳动报酬、工伤赔偿、交通事故损害赔偿等几类,但是随着城乡二元社会的统筹发展,新农村建设和城镇化的加速,一些新型的法律纠纷开始出现在农村社会,因土地承包、土地确权、宅基地使用、征地拆迁、村民待遇等原因引起的法律纠纷也越来越多,并深刻影响着农村社会的变革和农民的生活。这些案件如果不能够得以有效地处理,将会成为农村社会的痼疾。最后,农村居民法律援助成本高。这深刻制约了我国农村居民的维权意愿和权利的实现。因此,很多农民遇到法律纠纷首先想到的并不是通过法律的渠道解决纠纷。

二、东部地区之二——山东省四市(烟台、威海、济宁、日照)法律援助的调研报告

《山东省法律援助条例》于 2007 年 7 月 27 日出台,第二年年底,山东省人大内务司法委员会对《山东省法律援助条例》的贯彻实施情况进行了执法调研。根据调研报告:《山东省法律援助条例》要求全力打造贯通联动的运作体系。② 山东成立了 111 个法律援助委员会,法律援助事业覆盖范围开始延伸并深入各地区。各地在基层深入开展法律援助建设工作,以乡镇司法所为依托建立起的法律援助工作站共 1865 个,并在村(居)委会专门设立法律援助信息办事人员;横向上在工会、妇联、残联、老龄委、共青团等部门建立了法律援助联络站,并拓展至部队、狱所、厂企以及学校等单位和机构。政府法律援助机构为主体、社会志愿组织为补充、覆盖全省的法律援助组织网络基本搭建完成。使用引进高层次、专业化人才,

---

① 县法律援助中心人员共有 2 人为正式编制,单是负责法律援助案件的受理审批及日常的法律咨询、接待和各类调研、报表报送已不堪重负,更不要说办理具体的援助案件,进行调查取证了。

② 参见《山东省人大内务司法委员会关于贯彻实施〈山东省法律援助条例〉情况的调研报告》,载《山东省人民代表大会常务委员会公报》2009 年第 1 期。

鼓励自学、选送深造等各种方式来装备法律援助人力资源,人力资源的数量、质量、业务水平、专业知识都有极大提升。[①] 与此同时,法律援助机构和各级司法行政机关牢牢抓住经费保障这一关键环节,积极推动政府在此处责任的落实。各级法律援助机构坚持以维护司法公正和社会稳定为己任,在做好法律援助基本业务的同时,不断拓宽援助领域。

从山东省四市的调研结果来看,依然反映出了一些问题:首先,机构编制、性质不统一,人员短缺。[②] 山东省的各法律援助机构往往仅配备2~3人,有的县级法律援助机构仅有1名业务人员。这实在是严重制约了法律援助活动的开展,人数上的短板首先限制了法律援助事业扩展和影响力。其次,经费上募集不足、资金短缺,导致法律援助工作正常展开所需的推动力骤减。虽然法律援助的经费在增加,但面对不断膨胀的法律援助案件数量和法律援助案件对于经费的巨大需求,则显得力不从心,不能满足需要。再次,法律援助的普及度还有待提高,群众对于法律援助工作的了解还有待深入。最后,法律援助是一项庞大的社会系统工程,各部门的合力和配合才能有效推进其实施和运行,但调研结果表明,目前法律援助上的协调市极较为松散、各自的配搭还是不够严谨,因而需要建立成体系、有系统、有组织的协调机制,各个机构应当编入体例之中以形成制度。

第二节 中部地区

一、吉林省法律援助服务民生工作调研报告

"十一五"期间,吉林省法律援助范围不断扩张,对困难群众的法律援助成效显著,形成了覆盖全省的服务网络。[③]

"十一五"期间,吉林省办理法律援助案件共43,964件,[④]广泛覆盖了残疾人、

---

① 全省法律援助专职工作者共有855名,法律援助自愿者5078名。每名执业律师按照规定每年必须办理一两件法律援助案件,结果全省8000名专职执业律师迅速成为法律援助的中坚力量。

② 在目前全省158个法律援助机构中,省市两级机构都是能获取全额拨款的事业单位,县级机构中行政性质的14个,事业性质的126个(其中差额拨款的有2个)。在工作人员中,既有事业编制的工作人员,也有行政编制的公务员,还有因为业务扩张而临时聘请的工作人员。

③ 截至2010年年底,全省县级以上行政区已经建立起共70家法律援助机构,其中县区级60家,市州级9家,省级1家,其中的专职律师队伍已发展到206人。在全省基层设立法律援助工作站1115家,法律援助志愿者1207人。在村屯设立法律援助联系点6403家,联络员38,658人,省、市、县、乡、村五级法律援助服务网络均基本构建完成,便利了受援人可以就近申请援助服务。2007年"吉林法律援助网"成功开始运作,充分地实现了资源共享、信息互通。

④ 赵宏伟:《吉林省法律援助服务民生工作调研报告》,载《中国司法》2011年第8期。

老年人等各类社会贫弱群体,征地拆迁等常见的案件类型正被计划列入工作服务内容,针对其不同待援群体的特点提供更加专业化、个性化的服务,使就学、就业、就医等方面的切身利益的纠纷得到及时化解。为维护困难群众的切身合法权益,办案数量逐年递增15%,更多贫困人员因此受益。

但同时,吉林省法律援助工作也暴露出其制度和实施过程中的问题。首先,人员配备不齐全,没有人,办不了事;人不够,办不了大事,法律援助开展不起来。①其次,经费短缺,无法满足法律援助案件增加对于经费保障的需求,现有人力资源和资金极为有限,对于上述人员的帮助显得力不从心。② 最后,调研结果显示,吉林省各级财政对法律援助机构财政上的支持少之又少,但是对单个的机构来说,根本无法达到一个国家标准援助机构应当达到的基础设施,其所得到的财政资金并不能满足,对于当地所需要的法律援助,吉林省法律援助能力还没有达到。比如,全省按照司法部机构标准化要求设置方便残疾人、老年人的无障碍通道只有15家,还不到1/4。

二、中部地区法律援助实地调研之二——“太原市法律援助现状及其完善”

太原市法律援助中心成立于2005年5月,起步稍晚,③有所成效却仍存在问题:其一,人力资源不足,制约法律援助工作的开展。在太原市下属10个县市区设立的法律援助中心里,各只有1名工作人员取得律师资格。而在市法律援助中也仅有7名取得了律师资格。根据2010年第六次全国人口普查的结果,太原市常住人口有420万,虽然不是每一个常住人口都符合法律援助的条件去申请法律援助,但7人与420万人的差距显现出法律援助人力资源的极度紧缺。④ 其二,援助经费无保障,严格制约了法律援助事业的展开和发展。以太原市为例,太原市法律援助中心经费来源主要依靠政府拨款,每年可得到全额财政拨款70万元,若平均

---

① 全省各级法律援助中心人员不充足,难以应对比较繁重的任务。目前全省还有3家法律援助中心没有专职律师,有6家法律援助中心只有1名律师,专职律师的缺乏导致法律援助工作遇到专业上的“瓶颈”。

② 据不完全统计,全省法律援助潜在待受援人口约为1000万,其中城镇低保人口130万,农村特困(五保户)人口100万,经济困难者有373万,残疾人143万。除了这些人外,还有不计其数的未成年人、妇女、老年人和360万进城务工的农民。

③ 太原市法律援助中心有22位工作人员,有15人从事法律援助工作,其中只有7人取得律师执业资格。太原市下属10个区(县、市)(分别为:万柏林区、小店区、晋源区、清徐区、尖草坪区、阳曲县、古交市、娄烦县、迎泽区、杏花岭区)分别设立法律援助中心。在《山西省法律援助条例》的指导下开展工作。

④ 参见李戈、苏曦子:《太原市法律援助现状及其完善》,载《中共山西省委党校学报》2011年第6期。

到全市人口可谓微不足道,这是远远不足以支撑法律援助案件办理的基本需求的。由于法律援助经费缺口依然很大,很多案件的当事人因此得不到应有的援助服务。其三,由于法律援助宣传工作做得不充分,法律制度的实施不接地气。公众对法律援助的生疏和事不关己,使我们力推的一项能够实现社会公平的法律制度得不到实现,不能发挥应有的作用。其四,法律援助门槛过高,法律援助范围狭窄。《山西省法律援助条例》第7条的规定严格限制了法律援助对象的条件,对其范围作出了相当详细的规定。① 可以看出,该法律援助的覆盖还是比较狭窄,农民工群体所需要的相关法律援助依然缺失。因拆迁而引发的侵权行为之类的问题也列入其中。由此可见,狭窄的受援范围将使某些需援群体无法得到援助。其五,协调机制未建立,无法优化资源分配。各级援助机构之间没有良好的沟通交流关系,各自为政,政府管理部门也没有统一管理安排,没有统一协调,因而在信息传递上,在资源共享上,在人员调动上,各个援助机构都没有相互了解,没有形成一股法律援助的合力,单打独斗单方面探寻出路,这最终导致资源优化配置成空,甚至一度造成资源的大幅浪费。

第三节 西部地区

一、西安地区农村法律援助的需求与供给的实证调研

经过对西安市法律援助中心及其13个区县法律援助中心进行的实地调查研究,我们作出了《西安市城乡法律援助实证调研》的报告,将从人力资源配备、资金保障、人均受援率3个角度分析西安市城乡法律援助情况,并试图揭示西安农村法律援助的供需状况。

在此次对西安市实证调研中,调研小组向西安市城市居民发放了500份调查问卷,回收390份,回收率78%;向西安市周至、蓝田、户县、高陵4个县的农村居民发放了500份调查问卷,回收458份,回收率达91.6%。城乡受访人员学历均衡(见表5-1),城乡受访人员年龄均衡(见表5-2)。

---

① 仅限于在孤儿院、养老院等社会福利机构中由政府供养的,因自然灾害或者其他不可抗力等原因造成经济困难、无力支付法律服务费用的,由农村集体经济组织保吃、保穿、保住、保医、保葬的,领取最低生活保障金的等。第8条限定了申请案件的范围:"刑事案件,请求给付劳动报酬、社会保障金,工伤事故、交通事故和医疗损害赔偿争议,请求发给抚养金、抚育费、赡养费,请求发给抚恤金、救济金、最低生活保障金,请求国家赔偿,因见义勇为而主张民事权益,其他确需法律援助的事项。"

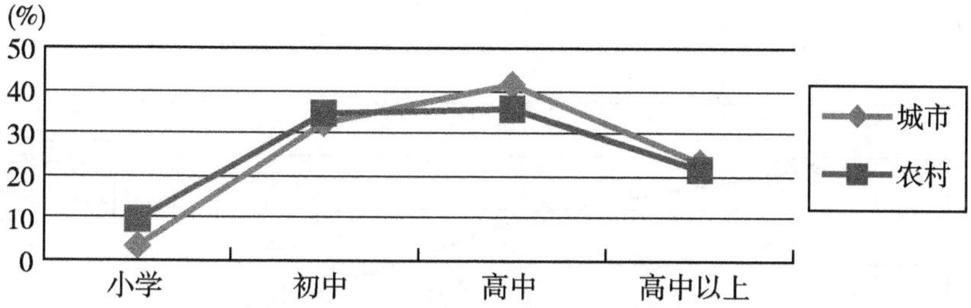

图5-1 西安市区与农村所调查样本的学历各自所占百分比

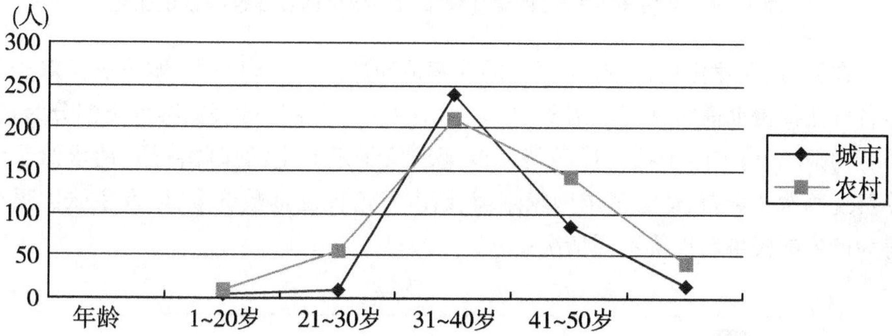

图5-2 西安市区与农村调查样本的年龄分布

城乡法律援助需求的问卷调查可以反映出城乡居民对于矛盾纠纷处理方式和法律援助存在认识上的差异(见图5-3、图5-4)。

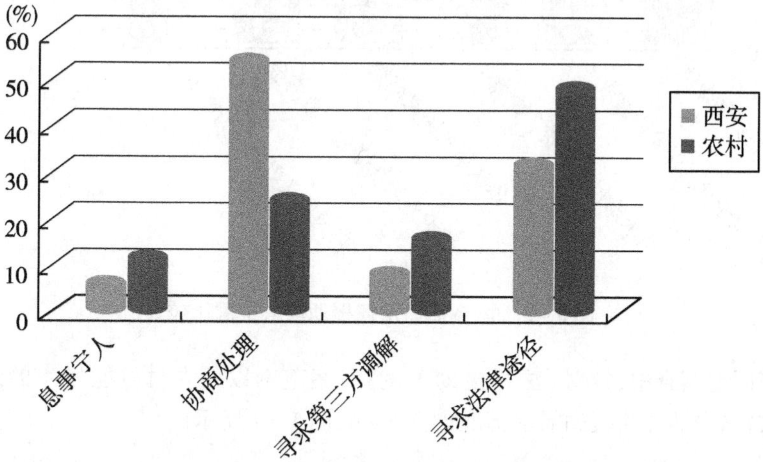

图5-3 西安市区与农村调查样本对于纠纷的处理方式选择比较

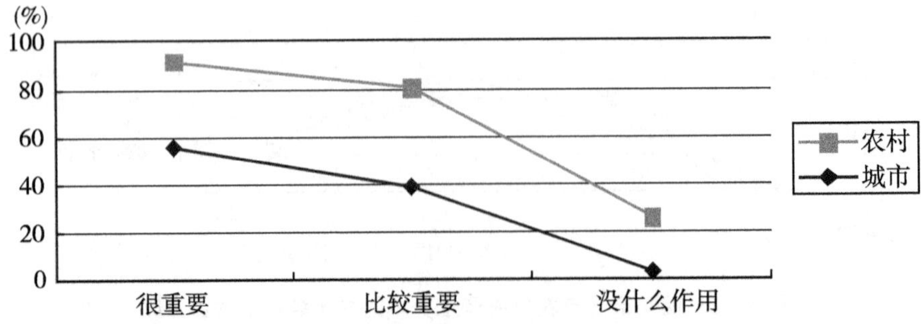

图5-4 西安市区与农村调查样本对法律援助重要性的认识比较

在针对《法律援助条例》所规定的受案范围进行问卷调查中，城乡居民对于其中各种法律援助需求情况如图5-5所示。（图5-5中法律援助案件类型分为：支付劳动报酬、请求给予社会保障待遇及请求给予最低生活保障待遇、请求给予赡养费抚养费扶养费、依法请求国家赔偿、请求发给抚恤金救济金，以及主张因见义勇为产生的民事赔偿等不同情况）

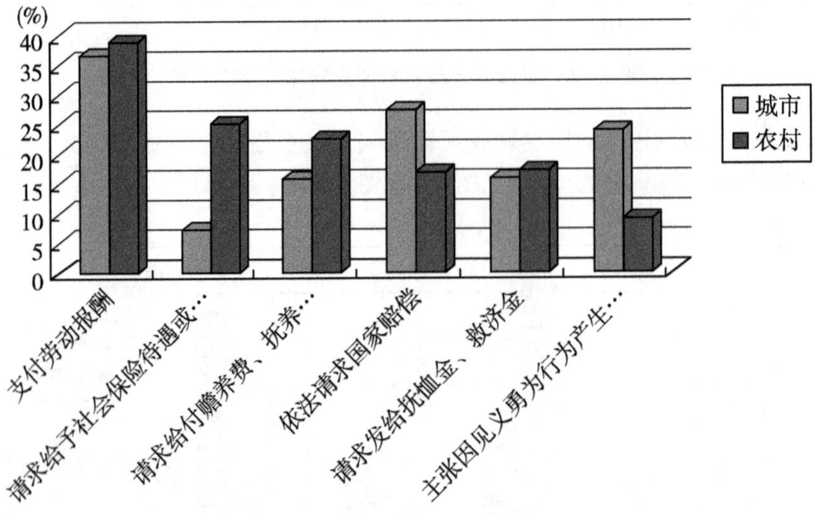

图5-5 城乡居民法律援助需求范围比较

在问卷调查中，针对《法律援助条例》受案范围以外农村可能发生的纠纷案件，农村居民的法律援助需求情况如图5-6、图5-7所示。

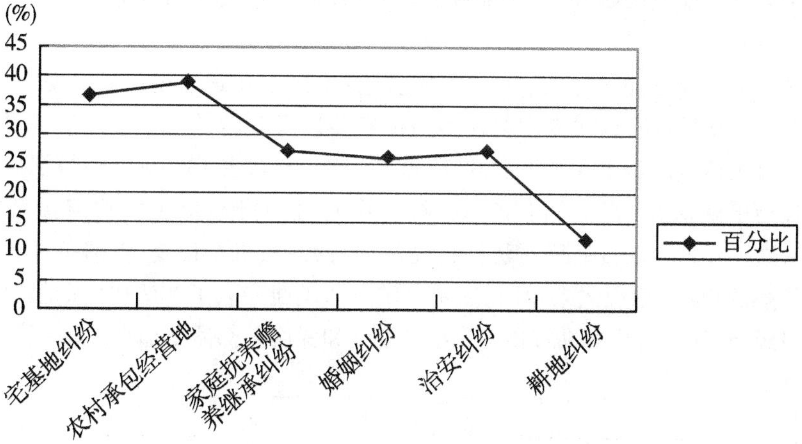

图5-6　农村居民法律援助需求事项统计

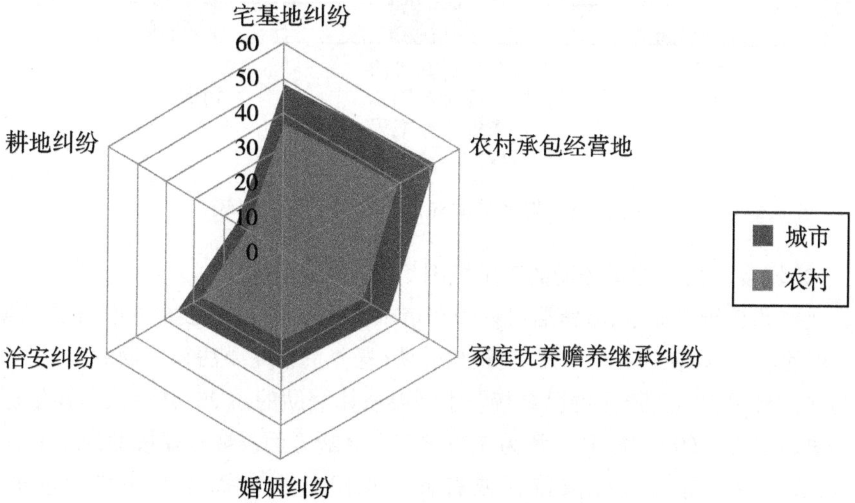

图5-7　西安城市与农村可能的法律纠纷统计对比(单位:%)

(1)城乡居民对法律援助的了解程度

①法律援助知晓率。调查显示:在农村地区,有71.4%的农村居民知道有法律援助,其中5.2%的居民对法律援助比较熟悉,即了解法律援助的申请条件和程序,对法律援助完全不知的农村公民占23.3%。在城市地区,91.7%的城市居民对法律援助有所了解,其中只有6%左右的城镇居民对法律援助非常熟悉(对法律援助机构设置、受案范围、申请条件、办案程序等都有所了解),6%左右的城镇居

民表示完全不知道法律援助。(见图5-8)这反映出西安市城乡居民对法律援助了解程度有较大差异。

②了解法律援助的途径。调查显示:城乡居民主要是通过广播电视、报纸等媒介知晓法律援助。通过专门的法律援助宣传以及其他的普法宣传活动了解法律援助有关情况的城乡差别不大,城市占13.8%,农村占13.7%。城镇居民通过亲身经历了解法律援助的占4%,农村居民通过亲身经历了解法律援助的占7.6%,这一数据与城乡居民对法律援助的办案程序、机构设置、申请条件有比较深入了解的6%的情况大致相同,反映出城乡居民能深入了解法律援助主要是因为亲身经历,那么法律援助宣传工作在广度上和深度上都需要加强。

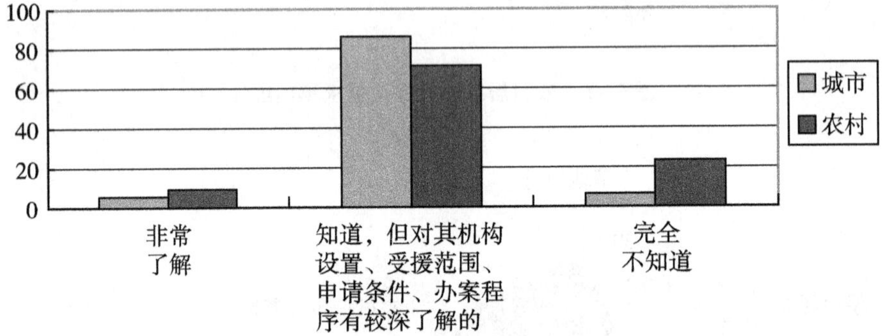

图5-8 城乡居民对法律援助了解度比较

(2)城乡居民对法律援助的需求范围

此次调查研究显示,城镇居民认为在请求发给救济金、抚恤金方面需要获得法律援助的占13%;认为在请求赡养费、扶养费、抚养费中需要法律援助的占15.9%;认为在见义勇为行为产生的民事权益中需要法律援助的占23.9%;认为在依法请求国家赔偿方面的占27.4%;认为在请求劳动报酬方面需要法律援助的占36.6%的人;认为在最低社会保障待遇或者社会保险待遇方面需要法律援助的占39.8%。农村居民认为在请求发给救济金、抚恤金中需要法律援助的占17.2%;认为在请求给予国家赔偿方面需要法律援助的占16.8%;认为在请求给付赡养费、扶养费、抚养费方面需要法律援助的占22.4%;认为在请求给予最低生活保障待遇或者社会保险待遇方面需要法律援助的占25.1%;认为在请求支付劳动报酬方面需要法律援助的占38.8%。此外,在《法律援助条例》受案范围之外,农村公民认为在宅基地纠纷中需要法律援助的占36.7%;认为在农村承包经营纠纷中需要法律援助的占38.8%的人;认为在婚姻家庭继承纠纷需要法律援助的占27.2%;认为在治安纠纷中需要法律援助的占27%。通过对比可知,城乡居民在法律援助需求事项范围上存在较大差异。

我国《法律援助条例》所规定的受援范围基本符合城镇公民的法律援助需要,但所规定的法律援助受案范围城市化倾向严重,很多在广大农村地区频发的纠纷类型和案件却未被纳入法律援助受案范围,如在土地承包经营权纠纷、农村宅基地纠纷、继承婚姻家庭纠纷、治安以及人身损害赔偿等纠纷中还严重缺少法律援助的介入,使农民依靠法律援助维护自身合法权利的愿望落空,法律援助在广大农村地区未能发挥更大、更积极的作用。

截至2008年,西安市各级法律援助机构专职从事法律援助工作的有60人,其中在编人员58人,编外2人。市法律援助中心现有在编人员21人,13个区县共有在编人员37人。同时,全西安市共有律师事务所73家,其中市直律师事务所43家,县域(区县所属)律师事务所30家,可以从事法律援助工作的律师有1000人,其中,市直属律师事务所执业律师800余人,县域律师事务所执业律师200人。与西安市法律援助中心相比较,县域法律援助中心所属律师事务所和执业律师都比较少,与西安市充裕的法律援助人力资源相比,县域以下法律援助人力资源显得匮乏不足。①

根据此次调查结果,2005年全西安市各级法律援助中心获得业务经费共计43.5万元,其中市法律援助中心30万元,13个区县合计也不过13.5万元(仅有四五个区县法律援助中心业务经费纳入同级财政,有相应的业务经费,一些财政特别困难的区县法律援助经费还处于零预算,主要依靠人均0.1元的标准由上级财政转移支付)。但是,从法律援助需求情况看,我们以户县为例进行分析:户县总人口为60万人,妇女约占人口的50%,有2万左右的残疾人,儿童约15万人,有2000多"五保户",6000左右人口处于当地最低保障线以下。据推算每年需办理法律援助案件150件,按每件补贴600元的西安市最低办案补贴标准计算,每年需要经费9万元。但是,2007年户县财政向县法律援助中心拨款1.5万元,2008年预算拨款3.2万元,远远不及实际需要,使得户县实际有经费保障的援助案件达不到应办案件的1/3。在西安市13个区县中,户县的资金保障以及财政收入状况还是比较可观的,相比之下,蓝田县、灞桥区、高陵县等县区的同级法律援助经费还未纳入预算,而完全依赖于上级财政。"这样的经费保障远远满足不了法律援助工作的需要。"②从以上分析来看,西安市的法律援助经费来源渠道单一,以依靠地

① 参见梁高峰等:《西安市城乡法律援助发展状况实证研究》,载《中国司法》2009年第6期。
② 同上。

方财政拨款为主。各地区之间以及城乡之间财政收入的高低不同使它们之间的法律援助经费保障差别也比较大,尤其是在法律援助经费的保障上,城乡之间的差距尤为悬殊,农村等县域以下地区的法律援助资金严重缺乏。

在城乡法律援助人均受援率上,2007年全西安市总计办理法律援助案件1090件,受援人总数达到1380人,按照西安市2007年的人口数800万计算,西安市2007年法律援助人均受援率为1.4/10000。但是,通过我们对高陵、蓝田、周至、户县4个县情况予以分析,很快发现县域以下人均受援率距平均值还差很多,2007年高陵、蓝田、周至、户县4县共计办理法律援助案件181件,以2007年这4县的人口总数212.1万计算,人均受援率仅为0.8/10000。而雁塔区、未央区、灞桥区、阎良区、新城区、碑林区、莲湖区、临潼区、长安区这些所谓的城镇辖区人均受援率相对比较高,城乡人均受援率还存在较大差距。[①] 西安市城乡法律援助的这种实际差异在全国各地都有共性:由于城乡法律援助人力资源和资金供给的极不均衡,城乡法律援助的人均受援率因此产生了较大差异。

从西安法律援助的实地调研记录的数据分析看来,西安的农村法律援助也面临着人员不足、具有专业知识和技能的法律援助工作者和律师更为紧张的局面;另外,资金的匮乏严重制约了法律援助事业的发展,甚至法律援助资金的匮乏已经严重阻碍了西安市进一步开展法律援助计划。最后,拓宽范围,降低门槛,是法律援助制度发展的需要,是西安法律援助事业必须要迈出去的一步。

二、西部地区法律援助实证调研之二——“甘肃省法律援助工作的现状与对策”

1996年12月司法部法律援助中心正式成立。[②] 1999年3月25日甘肃省法律援助中心组建成立,成立之后法律援助中心克服种种阻力,力争上游,实现了人员装配和机构建设上的突破,[③]所需要的业务经费也渐渐被财政预算所包含,财政支

---

① 参见梁高峰等:《西安市城乡法律援助发展状况实证研究》,载《中国司法》2009年第6期。

② 参见李天鸿:《甘肃省法律援助工作的现状与对策》,载《河西学院学报》2011年第4期。

③ 截至2010年年底,省市县三级设立专门援助机构102个,不遗余力地配备了专职律师和专门的管理人员。全省的乡镇、街道和群团组织设立法律援助工作站1328个,联合社会团体组织建立的联络站有449个,针对省外农民工建立的法律援助工作站11个。同时法律援助队伍不断壮大,全省法律援助机构共有专职工作人员348人,法律专业的占70%,其中本科以上学历的工作人员占63%,研究生以上学历的工作人员占2%,具有律师资格的占39%,工作人员队伍素质普遍较高。招募注册法律援助社会志愿者496名加入援助队伍行列,为整个法律援助队伍注入了充足、新鲜活力。

持力度不断加大,活动经费保障坚固。[①] 法律援助工作对社会覆盖面不断扩大。首先是接办案件的覆盖范围逐步扩大。其次是法律援助工作内容在各种装备的有力支持后,逐步拓展到刑事案件、行政诉讼领域、民事诉讼以及非诉讼领域。最后是法律援助门槛降低,对申请人的要求减少,原本苛刻的申请条件被放宽,多类弱势群体被囊括其中。在机构建设、专业人员配备和业务经费都得到稳定提升后,法律援助工作的开展就如鱼得水、游刃有余,业务水平提升得很快,帮扶的案件数量和质量都不断提高,受援群众一年比一年多,法律援助被更多需援群体所信赖,社会公平正义得以彰显,形势似乎一片大好。[②]

甘肃省法律援助事业建设迅速,成果可观,但其中的问题也不容忽视。首先,由于甘肃省经济发展水平总体比较落后和一些政府部门对此援助认识存在误区,制约了各级财政经费的进一步扩充,对经费的财政支持低效率、慢速度。[③] 另外,对办案律师给予的补贴普遍较少,工作人员和办案律师工作的主动性和积极性因此可能受到影响。其次,法律援助机构性质各不相同、差异性大,人员编制参差不齐。[④] 由于这些错综复杂情况,各个机构对法律援助工作的要求不一致,要相互间协调起来难度增大。最后,法律援助作为一项完整的系统工程,系统内的机制却未协调统一地建立完整,甘肃省法律援助服务的内在体制机制却没有在外部运作上发挥充分的效果。

---

① 法律援助业务经费逐渐被纳入财政预算之中。省财政将法律援助经费纳入年度预算之中,2010年法律援助已成为贴近大众的民生工程,有95%的市县将其经费纳进财政预算计划,全省累计已落实各项经费达3358万元,主要来自中央、省级补助法律援助办案专款、中央专项彩票公益金和市县两级投入,总额比2007年增长了33倍,经费保障水平显著提升,为各项工作有序开展提供了充分的物质保证。

② 2008年以来,全省共处理法律援助案件2.596万件,年均增长27%,受援人数达到3.6万人,年均增长30%,免费提供咨询服务12万多人次。仅2010年办案数量就达11,018件,受援人数达15,228人,分别比2007年翻了一番多,其中援助妇女3662人、残疾人1366人、未成年人1461人、农民工2753人,救助获得的经济赔偿和帮助弱势群众争取的合法利益达20,421万元,处于社会底层的弱势群体享受到了法律的平等保护。2008年7月甘肃省实施的《法律援助事项补充范围和公民经济困难标准的意见》,将劳动关系及工伤、产品质量事故、交通、医疗、请求人身损害赔偿和补偿等各类事项均纳入法律援助申请范围,覆盖了更广的群体和案件类型。并从实际出发,放宽了法律援助经济困难要求条件,涵盖到了特殊案件刑事被告人、经济困难群众、受害人以及残疾人、老年人、妇女、未成年人、农民工等特殊群体。

③ 目前,虽然全甘肃省已有95%的市县将法律援助经费纳入了财政预算,但并非全部及时、足额、高效。此外,尚有部分县区依然未将法律援经费纳进财政预算之中,造成法律援助机构基本办公设备不健全。

④ 全甘肃省三级法律援助机构102个,其中行政性质占45%,全额拨款事业性质占53%,参照公务员管理占9%,其他性质的占0.9%;在15个市级法律援助中心中,有11个是行政性质,有3个是全额拨款事业性质(其中2个是参照公务员管理性质),有1个是其他事业性质,管理体制不统一;在人员编制上,有事业人员、公务员、聘用的法律服务人员,还有参照公务员管理人员。

第六章　法律援助的公共产品性质论及农村法律援助的特殊性

第一节　法律援助的公共产品性质论

一、公共产品基本理论

"Public Goods"一词的概念,是1919年由瑞典经济学家林达尔(Lindahl)在其博士论文《公平税收》中第一次正式提出。但是,我国在翻译"Public Goods"时,出现了各种不同的译法,例如"公共商品"①"共用品"②"公共物品"③"公共产品"④等,其实不同的译法代表不同的、各有特点的具体含义。⑤ 在使用"公共物品"一词时,"物品"通常更多指的是指有形产品,而忽略强调无形产品。但在实际中,社会公共所需要的包括有形产品和无形产品,无形产品有"制度""安全""秩序"等。"公共商品"则忽略了商品与非商品的区分,因为只有通过市场领域直接交换的产品才能称为"商品",而符合社会需要的产品因为其外部性导致市场供应失效,通常不能直接经过市场来进行交易,

---

① [美]詹姆斯·布坎南:《民主财政论》(中译本),商务印书馆1999年版,第218页。

② [美]哈维·S.罗森:《财政学》,中国人民大学出版社2003年版,第115页。

③ 陈共:《财政学》,中国人民大学出版社2002年版,第28页。

④ 胡乐亭、卢洪友:《公共财政学》,中国财政经济出版社1999年版,第56页。

⑤ 参见杨静:《统筹城乡中农村公共产品供给:理论与实证分析》,经济科学出版社2008年版,第281页。

也无法经由市场主体按照交易机制直接供应,而需支付介入来保证供给。相比较而言,使用“公共产品”一词能够较准确地反映出此概念的丰富内涵。

早期的学者亚当·斯密(Adam Smith)、约翰·穆勒(John Stuart Mill)和大卫·休谟(David Hume)等,都对公共产品的政府职责有所表述。1954 年作为福利经济学学者的代表保罗·萨缪尔森(Paul A Samuelson)在《公共支出的纯粹理论》中,给出的公共产品概念为公共产品理论研究奠定了现代基础。①

古典经济学家亚当·斯密将政府提供的公共产品划为 3 类:一是安全,政府的责任首先在于保护整个社会的安全稳定,这是政府首要责任的体现,现今所谓的此类最典型的公共产品就是一个国家的国防,在安全的环境中其他各项生活生存发展事业才有机会可谈;二是司法,“切实保护好人民的权益,保障社会中的任何人均不受他人的欺压或辱没,换言之,就是设立一个严正的司法行政机构”,即以精良的制度设计确保公民的合法权益,而制度本身也属于公共产品;三是公共机关和公共工程,这是要为普遍大众日常生活的主要要求和便利之一。斯密认为,公共工程“对于一个大社会当然是有很大利益的,但就其性质来说,假设由个人或少数人办理,那所得利益决不能偿其所费,所以这种事业,不能期望个人或少数人出来创办或维持”。依靠政府来提供,既可以集中财力物力办好大事,又能整体规划,有长远总体的眼光。在对公共产品分类进行论述的时候,斯密还从区域的角度指出了公共产品供给有全国性和地方性之分,“一项公共工程,如不能由其自身的收入维持,而其便利又只限于某特定地方或某特定区域,那么,把它放在地方行政当局管理之下,由地方收入维持来的妥当”。② 公共产品是生活的公共需要的反映,他代表着整个社会的公共利益。马克思在其《资本论》著作中论述了社会公共需求的思想。③ 由此,马克思提出了“一般社会需求”的概念,并把社会产品分为“个人需要”和“社会需要”两部分。在对满足社会公共需求的责任应该由谁承担的问题论述中,马克思认为国家应该以一部分国民收入来承担,“就需要公民缴纳费用——捐税……”④国家可以把这部分国民收入使用在“和生产无关的一般管

---

① 他提出,作为公共产品,它是不可以被分割给单个消费者进行消费的,而只是提供给不同的消费者共同使用,公共产品通常需要集体行动,而私人物品则可以由市场有效率地提供。

② [美]保罗·萨缪尔森:《公共支出的纯粹理论》,载《当代经济研究》1999 年第 8 期。

③ 参见马克思:《资本论》(第 3 卷),人民出版社 2004 年版,第 992 ~ 993 页。“在任何社会生产中,总是能够区分出劳动的两个部分,一部分的产品直接由生产者及其家庭用于个人消费,另一个部分即始终是剩余劳动的那个部分的产品,总是用来满足一般的社会需求,而不问这种剩余产品怎样分配,也不问谁执行这种社会需求的代表的职能。”

④ 中央马列编译局:《马克思恩格斯全集》,人民出版社 1965 年版,第 195 页。

理费用”;[①]以满足社会的公共需求。1848 年经济学家约翰·斯图亚特·穆勒在其著作《政治经济学原理及其在社会哲学上的应用》中,对应由政府承担解决的社会事务进行了论述。他认为,政府需要承担如安装路灯、铺设道路、建造灯塔等公共事务,原因是“这样做有利于增进普遍的便利”。[②] 他以教育为例来论述由政府提供教育尤其是初等教育的必要性,他认为,对于受过良好教育的人,往往由于没有认识到教育的重要性而忽略了对教育的投资,“自由放任这个一般原理,尤其不适应于初等教育……政府就必须采取措施确保人们能够免费或以极低的费用接受初等教育”。[③]

二、法律援助公共产品性质论

由市场供给或社会私主体依据市场供需和价值规律来予以供给,以满足社会私人需求的商品或服务称为私人产品(私人物品)。由国家机关或政府部门即社会的公共部门提供,以满足社会公众公共需要的商品或服务叫作公共产品(公共物品)。公共产品与私人产品相对,在理论和实践中,司法、国防、行政、公安等部门被认为是提供纯公共物品的绝对典型。法律援助应当属于公共产品。

救助贫困是政府职责所在,政府通过行政给付以实现该责任。行政给付又称行政救济、行政物质帮助,是指政府因救助贫困的义务,依法对提出物质帮助请求的公民给付其一定物质利益或与物质利益相关的其他权益。行政给付内容大致包括:(1)救助贫困是政府的责任,而接受救助是公民的一项权利,这种救助是以一种单向给付的形式实现,接受方无须支付相应对价。(2)与其他社会福利不同,行政给付以保障公民的基本生存为目的。(3)“行政给付并不涵盖所有公民,只针对特定对象实施。政府法律援助是行政给付行为的一种”,[④]政府通过对经济困难或其他弱势群体提供免费的法律帮助,使其借此可以维护自身合法权利,最终保障他们获得最基本的生存权利。

法律援助作为公共产品,其“生产”方式有两种:一种是由国家或政府通过建立专门的法律援助机构并配备专业工作人员,依当事人的申请指派本机构的专职律师为符合条件的当事人提供免费的法律服务;另一种是法律援助机构承担有关费用,联系社会律师(私人律师)向符合条件的案件当事人提供无偿的法律服务,

---

① 中央马列编译局:《哥达纲领批判·马克思恩格斯选集》,人民出版社 1972 年版,第 9~10 页。

② [英]约翰·穆勒著:《政治经济学原理及其在社会哲学上的应用》,胡企林、朱泱译,商务印书馆 1991 年版,第 371 页。

③ 同上书,第 544 页。

④ 林莉红、黄启辉:《论法律援助》,载《法学研究》2003 年第 6 期。

这种方式即是由政府购买私人产品(私人法律服务),使其为满足条件的法律援助案件当事人进行无偿的法律服务。但这两种运作方式所耗的经费都必须由政府来保障,须以财政专项拨款的形式保障法律援助事业的运行和发展。可见,“法律援助是由政府来提供的,为社会经济困难或其他弱势群体提供的免费法律服务,是政府保障基本人权,保证司法公正、维护社会公平正义的基本职责和义务”。[①]而在我国的实践中,“公共产品由社会私人组织和个人提供的也很多,具体到法律援助业,实践中各类慈善机构、社会团体、企业和个人也可以通过捐助发展法律援助事业,也可以通过自己设立法律援助组织为社会公众提供免费的法律援助”。[②]值得注意的一点是,相对于政府法律援助,由社会组织从事的法律援助活动以及各项对法律援助业的捐助只能作为有益补充。法律援助的社会公共产品的性质决定了政府发展和保障法律援助事业的基本职责。面对大量的社会法律援助需求,社会组织或个人提供的法律援助活动根本不可能凭借自身有限的力量高效地完成,并且由于其举办法律援助活动的目的不尽相同,其服务的地域、对象、范围也不统一,私人法律援助不可能也没有义务向社会提供统一、全面的法律援助。

第二节　我国农村法律援助供给的特殊性

“现实经济下中国农村公共产品的特殊性表现在农村经济私人产品对公共产品的内在要求”,[③]具体来说有:(1)相对于城市,农村私人产品对公共产品的依赖更加突出,因为经济水平不高,需要供应公共产品的范围因而很广;(2)农村对制度政策性公共产品需求强劲;(3)农村公共需求的多层次性决定了农村公共产品供给必须多样化。

实践中的农村法律援助尚存诸多问题,从表象上看,主要有两点:第一,经费短缺,不利于农村法律援助的进一步发展;第二:农村法律援助激烈的供需矛盾集中地表现为配备的人力资源严重不足。而这两点是我国法律援助普遍存在的共性问题,但是在广大农村地区表现得尤为突出。

对建立健全中国农村法律援助体系的必要性认识,必须要建立在实践中的农

---

① 《法律援助条例》第3条规定:法律援助是政府的责任,县级以上人民政府应当采取积极措施推动法律援助工作,为法律援助提供财政支持,保障法律援助事业与经济、社会协调发展。法律援助经费应当专款专用,接受财政、审计部门的监督。

② 《法律援助条例》第7条规定,国家鼓励社会对法律援助活动提供捐助;第8条规定,国家支持和鼓励社会团体、事业单位等社会组织利用自身资源为经济困难的公民提供法律援助。

③ 杨红:《中国农村公共产品特殊论》,中国税务出版社2006年版,第28页。

村法律援助的特殊性上，必须要清楚农村与城市的差异，必须要立足于农村的实际状况，切忌盲目跟风、照搬照抄。

一、农村法律援助对象的特殊性

农村法律援助的覆盖群体是农村公民，我国农民占全国总人口的2/3以上，农村中也多有社会的经济困难群体和弱势群体，法律援助的需求人数巨大。同时，由于农民群体宗族意识甚是强烈，私人纠纷很容易扩大到家族纷争。此外，从整体上看，农民知识文化层次较低，法制理念薄弱，农村社区人流稀少、信息闭塞，总体对国家法的知晓比较狭隘、片面。

保守封闭、务实最讲实惠、宗族意识强烈、法制意识淡漠等农村公民的特性也使得法律援助的风险级别不断增加。如受援人可能会将败诉的责任归咎于援助人员，主观臆想其可能敷衍了事，对法律援助的评价就不太理想，加之家族文化的影响，此种消极评价甚至会被扩大，以至于形成集体上访和群体性冲突事件。

二、法律援助案件的特殊性

法律援助案件的特殊性主要表现在这3个方面：农村法律援助需求的特殊性、案件处理难度的复杂性以及承办法律援助案件的规范性。(1)我国《法律援助条例》第二章专门对我国法律援助的范围作出了规定，但在一定程度上具有“城市化”的偏向，缺少了对一些农村居民基本权利的保护。根据笔者主持的西安市2008年社科规划基金项目“西安市城乡法律援助发展状况实证研究”课题组问卷调查发现，农村居民除需要在请求给予社会保险待遇或者最低生活保障待遇、请求支付劳动报酬、请求给付赡养费、抚养费、扶养费等与城市居民一样需要法律援助外，在承包经营纠纷、婚姻家庭继承纠纷、宅基地纠纷、治安纠纷中也急需更多的法律援助。① (2)尽管从农村法律援助具体案件的法律关系来看，其难度并不算大，法律关系也不复杂，多数情况下都很明了，但是基层法律审判机制建设和内部运作不健全，在处理当地带有很强宗族势力、传统习俗的案件时所需要的魄力和能力可能不尽如人意，案件处理的复杂性只增不减。(3)从承办法律援助案件的规范性上看，由于经费保障、人力资源配备以及法律援助的机构设置等多方面的因素，农村法律援助案件的办理在规范性上比城市要落后许多，尤其是专业律师的严重不足。

---

① 参见梁高峰等：《西安市城乡法律援助发展状况实证研究调研报告》，载《中国司法》2009年第6期。

三、农村法律服务体系的特殊性

2006 年《中共中央构建和谐社会若干重大问题的决定》①中对农村各方面的建设发展多也有提及。② 统筹城乡发展，促进社会公平，逐步实现基本公共服务均等化，健全基本公共服务体系，优化公共资源配置，建设社会主义新农村，建设服务型政府等基本原则成为我国各级政府新的执政理念。2008 年中共中央《关于推进农村改革发展若干重大问题的决定》指出："农业、农村、农民问题关系党和国家事业发展全局。实践充分证明，只有坚持把解决好农业、农村、农民问题作为全党工作重中之重，坚持农业基础地位，坚持社会主义市场经济改革方向，坚持走中国特色农业现代化道路，坚持保障农民物质利益和民主权利，才能解放和发展农村社会生产力。""推动农村经济社会健康全面发展……必须切实保障农民利益，始终把实现好，维护好，发展好广大农民根本利益作为农村一切工作的出发点和落脚点。坚持以人为本，尊重农民意愿，着力解决农民最关心最直接最现实的利益问题，保障农民政治、经济、文化、社会权益，提高农民综合素质，促进农民全面发展……紧紧依靠亿万农民建设社会主义新农村。""加强农村法制宣传教育，提高法律服务，提高农民法律意识，推进农村依法治理。"③加强维护农民基本社会权益，大力推进农村法治建设，努力发展农村法律服务，重视建设社会主义新农村，成为当前我国经济社会事业开拓发展的一项重要内容。

当前，城乡法律服务体系建设之间有共同性，也有差异性。④ 严格来说，我国法律服务体系在城市和农村开展得都不理想，政府主导性普遍较强。但是相对城市而言，农村法律服务起步迟，物质基础、文化理念都比较落后。农村法律服务体系的基础建设起步时，城市法律服务的组织机构等基础设施建设已经基本完成。而且，在资金保障、法律服务人力资源等诸方面农村比城市都要落后许多。所以，

---

① 《中共中央关于构建社会主义和谐社会若干重大问题的决定》，2006 年 10 月 11 日中国共产党第十六届中央委员会第六次会议通过。

② "扎实推进社会主义新农村建设，促进城乡协调发展。""完善法律制度，夯实社会和谐法治基础。""完善司法体制机制，加强社会和谐的司法保障……加强司法救助，加强人权司法保护……""完善公共财政制度，逐步实现基本公共服务均等化……健全公共财政体制，调整财政收支机构，把更多财政资金投向公共服务领域……着力解决乡财政困难，增强基层政府提供公共服务的能力……""建设服务型政府，强化社会管理和公共服务职能……以发展社会事业和解决民生问题为重点，优化公共资源配置，注重向农村、基层、欠发达地区倾斜，逐步形成惠及全民的基本公共服务体系。"

③ 《中共中央关于推进农村改革发展若干重大问题决定》，2008 年 10 月 12 日中国共产党第十七届中央委员会第三次全体会议通过。

④ 参见陈荣卓、唐鸣：《农村社会法律服务的资源整合与体系构建》，载《当代世界与社会主义》2009 年第 12 期。

尽管当前城市法律服务早有收效，公民法律素养得到大幅提高，而相比之下的农村法律服务却依旧处于较低层次的发展初期，还需要进一步培养并增强农村公民的法律意识，农村法律服务体系也要依据农村社区的现实场景，根据农民实际法律需要进行更准确和深入的建设和完善。

因此，在农村法律服务体系建设中，我国必须要针对农村的实地情况，在明确详细目标和任务之后，实事求是地构建中国特色农村法律服务体系。毋庸置疑，统筹城乡社会经济发展，努力实现城乡法治化建设，这是我们所要竭力追求完成的重大历史任务。目前，我国号召“以城带乡”“城市支持农村”，鼓励城市在人才、资金、技术等生产要素上对农村的支持，但更重要的层面上，即农村基层公共服务和公共管理方面，也需要城市提供力所能及的支持。在法律服务上，农村更是要认真学习借鉴城市法律服务工作的宝贵经验，并能结合实际为农村所用。毫无疑问，我国城市法律服务体系的建设也是历经坎坷和变革，形成了一个不同于农村的特色发展历程，是为了满足城市居民日益攀升的法律需求而逐步建立起来。不可否认，城市法律服务体系在建立过程中，有许多农村地区所不具备的优势，比如，在经济环境、文化环境，资金投入、法律援助人力资源（尤其是律师资源）、公民素质方面，甚至于法治环境等，另外，由于城市处于所谓“陌生人”社会，对新规则的潜在干扰不多，规则的重新设立干脆有力，在多层次法律服务体系的建设和法治化建设方面具有农村所无法比拟的资源优势和环境优势。所以，至于严格推行城乡法律服务的一体化建设和一体化模式运作，当下时机还很不成熟。我国处于社会主义市场经济的政府经济体制改革和建设的进程中，城乡法治建设还有待进步，尤其在我国广大农村地区，社会经济等各项事业实际发展还未过渡到市场经济之下，各地法律服务市场需求与供给的不充分性都以不同程度的形式表现出来。法律对生活产生作用是以法律服务的需求为基础，以法律供给质量来作为生活法治化程度的体现。当前我国一些农村地区对法律援助的需求少之又少，可见法律在农村地区的影响力还是很小，法律的权威未得到普遍尊重，广大农村公民还未树立深刻的法律信仰。只有在法律服务需求源源不断的催促和要求下，一个欣欣向荣、充满活力的完整的法律服务市场体系才能被一步一步地培育和有效建立。对于当前农村社会经济发展现状和法治状态，要构建农村法律服务体系，第一要务就是“送法下乡”，把现代法律价值和法律规则输送到以传统习惯与乡村伦理为主要行为规范的农村社区，熔铸新的农村地区法律文化理念，让村民通过无偿获取法律帮助维护自身权益这一切身经历的体验，领悟法律所承载的公平正义的魅力，激发农民对法律的依赖和需求的潜力，大力推进农村社区的法治化。在建设农村法律服务体系中，首要措施是大力推进法律援助，为经济困难者或其他弱势群体免费提供法律援助。农村法律援助不仅是社会正义与司法公正在农村的明确彰显，能够保障农村公民的合法权益，更是扮演了在农村社区培育农村现代法律文化和法治精神，引领农村社会向法治化转变的重要角色。要以农村公民现实的法律援助需求为导向来建设农村法律服务体系，唯有在农村社会经济等各方面得到充足发展以至于成熟，农村基层法律服务供应得到长久保障，城乡法律援助各项资源得到充分协调统筹和配置的基础上，才会更有可能去实现城乡社会法治一体化发展。

第七章 创新和发展农村法律援助体系的基本原则和总体思路

第一节 创新和发展农村法律援助的必要性

一、农村法律援助的发展受到"瓶颈"制约

(一)从宏观来看,法律援助的基本价值理念未能全面树立

首先,是法律援助的概念与内涵在理论和实践中还未形成统一的认识。对于法律援助概念的界定分歧首先就是对法律援助责任主体的认定。有观点认为,法律援助是政府的责任,如英国的法律规定和我国学者张耕、[①]宫晓冰[②]所持观点;有观点认为法律援助是律师的责任和义务,如韩国法律援助法的规定;有观点认为二者兼而有之,如德国法律援助的规定。笔者认为,司法保障权是公民的一项基本权利,是社会实现公平正义的重要保证,将法律援助作为政府的责任,符合法律援助作为社会保障(社会救助)的基本要求。之所以在一些资本主义国家的立法中将法律援助规定为律师的义务,是因为在早期法律援助被一些律师机构出于正义和人道主义先行开展,延续了律师行业至今的一些职业道德。根据我国《法律援助条例》的规

---

① 参见张耕:《法律援助制度比较研究》,法律出版社1887年版,第4页。

② 参见宫晓冰:《中国法律援助立法研究》,中国方正出版社1999年版,第190页。

定,政府有责任保障法律援助工作的正常开展。但是该条例第6条、第27条、第28条同时规定了律师在法律援助工作中的义务以及不履行相关义务应负有的责任,这里又没有规定其他部门的责任和义务,使我国的法律援助之政府责任变得很模糊,而且由于没有规定相关部门在法律援助中的具体责任,出现法律援助与司法救济不协调。法律援助的内容存在一定的分歧,一种观点认为法律援助与司法救济相互独立,如司法部对于法律援助的定义——法律援助的提供应是减免法律服务的费用;另一种观点则认为法律援助不仅是减免法律服务的费用,还包括诉讼费用也应当予以减免,即法律援助范围应当包括司法救助,如我国学者陶髦、①张耕②的观点。

其次,是法律援助的"社会救助"性质不明,仅作为一项社会事业由各地根据实际情况开展,政策性倡导性强,基本救助与保障性差。社会救助是对全体公民基本生存和发展权的基本保障,法律援助从权利的救济上给予贫弱基本的保障,维护其基本的生存与发展。我国《法律援助条例》对法律援助的社会救助性质没有规定,作为构筑市场经济的法律体系以及维护司法公正的一项舶来品,我们一方面规定了法律援助的受援人范围——经济困难的自然人以及其他特殊主体,另一方面我们又限定了法律援助的受案范围。③ 这不但违反了社会救助普遍性和保基本的原则,同时在受案范围的设定上严重城镇化,如请求支付劳动报酬、请求给予社会保险待遇、最低社会保障待遇等,这些因为农村公民所涉及的纠纷很少(当然农民工除外,因为农民工因劳动报酬支付的法律援助案件基本上都是在用工地城市进行,严格地说属于城镇法律援助),能够适用农村法律援助的从我国《法律援助条例》上反映的仅国家赔偿、请求支付赡养费、抚养费、扶养费、见义勇为产生的民事权益以及符合条件的刑事案件。这样的规定是起不到农村社会救助的基本保障作用的,也使法律援助在受援对象上将农村公民边缘化。同时,法律援助是受资源严重制约的社会公共服务产品,在缺乏有效的法律保障之下,特别是农村地区在经费和人力资源严重匮乏的局势下,与城镇法律援助事业的发展形成了鲜明的城乡分野。中国的法律援助事业重点和核心在农村地区,统筹城乡发展当然其重点也是促进和推动农村各项经济社会事业的发展,尤其是推进农村法制建设进程对于统筹城乡发展、建设我国法治社会至关重要。

(二)需求与供给存在巨大矛盾

首先,西部地区和农村地区的法律援助相对比较落后,不能满足当地对法律

---

① 参见陶髦:《律师制度比较研究》,中国政法大学出版社1995年版,第210页。

② 参见张耕:《法律援助制度比较研究》,法律出版社1887年版,第4页。

③ 《法律援助条例》第14条、第15条。

援助的需求。截至2013年年底,全国共有城市低保对象2064.2万人,全国有农村低保对象5388.0万人,比上年同期增加43.5万人,增长了0.8%。[①] 应该说就经济困难人口来说大部分在农村和经济欠发达地区,符合法律援助条件的人员农村要远远高于城市。但是法律援助受资源配置严重制约,需要专业的法律人才和一定的资金保障。一方面,从当前中国的专业律师分布来看,律师主要集中在法律服务市场发达的大中城市,全国目前仍有200多个县没有律师。[②] 另一方面,当前我国法律援助经费主要依赖于财政拨款,经济发达地区与经济欠发达地区资金保障水平存在较大差异。这样的经费保障状况直接导致的结果就是农村公民的法律援助受援率低。[③] 其次,法律援助受案范围与现实脱轨。我国《法律援助条例》中明确规定:刑事案件当事人因经济不力都可以获得法律援助。但是,对于民事和行政案件,获取法律帮助的条件比刑事案件所要具备的条件严格,即当事人必须要符合法律援助条例中规定的条件才能获得法律援助。在农村地区,主要的纠纷主要是普通的民事纠纷和宅基地、征地、拆迁等土地方面的行政纠纷。刑事法律援助案件数量少于民事法律援助案件,大量的民事案件由于不符合《法律援助体例》规定的条件导致其不能享有法律援助。

(三)立法不完善

我国《刑事诉讼法》《行政诉讼法》《律师法》《法律援助条例》及若干地方性法规等立法状况,存在以下几个方面的问题:(1)立法层次不高,《法律援助条例》仅仅是行政法规。(2)涉及法律援助的不同法律、法规之间存在衔接与冲突的问题。例如,《刑事诉讼法》在一定程度上扩大了法律援助的范围,突破了以经济困难为法律援助提供与否的唯一条件,即与《法律援助条例》出现法律与法规之间的不协调。(3)援助主体被局限,职能范围狭窄。对于司法行政部门、法院、公安、检察部门、法律援助机构等部门的职责,我国《法律援助条例》没有作出规定,而只对律师作出了规定和要求,使法律援助与司法救助以及其他社会救助无法有效地衔接对应起来。法律援助制度本质是保障处于经济困难的公民获得法律帮助。在实践中,律师在法律援助中的作用是有限的,需要司法部门提供协助,才能更好地开展法律援助工作。(4)立法中缺乏有效的监督和质量控制内容,使实践中法律援助

---

① 数据来源为民政部发表的2010年、2011年、2012年、2013年社会服务发展统计公报,载中华人民共和国民政部网:http://sw.mla.gov.cn/article/sj/tigb/,2015年2月13日最后访问。

② 参见郭婕:《当前法律援助面临的问题与对策》,载《中国司法》2014年第2期。

③ 在这里要说明的是根据《2007年司法部法律援助中心法律援助业发展数据统计分析报告》(内部资料),全国农村公民法律援助平均受援率为29.9%,西藏自治区为7.5%,湖北省为7.9%,吉林省为5.3%,内蒙古自治区为17.5%,广东省也只有19.1%。

的案件办理质量参差不齐，在资源严重短缺的农村地区更加突出。

（四）管理不规范，存在政事不分、管办不分、职责不清的问题

所谓政事不分，就是说法律援助机构性质不统一。截至2013年年底，全国建成法律援助机构3249个，管理机构431个，东部、中部、西部法律援助机构存在一定的差距。[①] 实际情况还要比统计数据复杂得多，机构性质不明，直接给法律援助工作带来诸多困难。首先，由于法律援助机构的性质不明确，导致法律援助机构的职能和职责不分。法律援助机构的职能是负责受理、审查、指派律师为申请人提供法律援助，本属于司法行政部门行使的协调和监督法律援助工作的职权，在实际中被赋予了法律援助机构行使，形成自己监督自己的局面，出现了职能不分的局面。事业单位履行行政职能，管理起来也很有问题，既要防止公共权利滥用，又无法分清事业单位与市场的万般关系。

所谓管办不分，就是法律援助机构既受理审核申请，为符合条件的申请人指派人提供法律援助，并对法律援助的过程及质量进行控制，同时也办理法律援助案件。目前不但法律援助机构的律师直接办理案件外，许多地方通过司法部门组织考试对于通过考试的可以从事法律援助工作。法律援助机构一般管理人员与办案律师没有分开，身份上身兼数职，工作上相互交叉。一方面，这种管办不分将机构的社会管理职能弱化，即弱化了负责受理审核申请、指派律师、质量跟踪控制这样一个满足国民基本需要的法律援助公共服务职能；另一方面，强化了法律援助机构工作人员的趋利化倾向，引发危机。

所谓职责不清，就是指在我国当前法律援助立法不完备的情况下，有关的职能部门以及法律援助主体之间的职责权分配不清。法律援助机构、律师等法律援助的主体的职责被规定得过于原则化，缺乏可操作性。

二、需求巨大让创新和发展农村法律援助成为紧迫性要求

我国社会发生巨大的变化，社会结构随之发生重大变化，人们的生活水平不断提高，正在实现由温饱到小康的转变。在这一转变的过程中，人们的法律意识开始有所提高，人们在市场经济中形成平等、自由、公平、正义等法律思想，这与传统的服从、息诉的思想形成鲜明的对比。社会阶层分化程度逐渐加大，农民、农民工、城镇职工、高级技工、知识分子等各阶层形成鲜明的对比，农民和农民工相对而言处于社会的最低端，由于受自身文化水平的限制，其对法律援助的认识不全

---

① 参见司法部法律援助工作司：《2013年全国法律援助工作统计分析（一）》，载《中国司法》2014年第6期。

面。农民工群体的出现打破城乡隔离的局面,农民进入城镇后逐渐接受城镇文化包括经济、法律、消费文化等,并将这些文化意识传递到农村地区,农民工成为沟通城镇与农村的桥梁,农民的法律意识逐渐开始呈现萌芽状态,特别是维权意识和团结意识日益增强,法律援助对于解决群体性事件起到关键作用,将群体性事件控制在法律可调控的范围,避免演化出极端的社会事件,在一定程度上保障社会的稳定性、安定性和有序性。

现行法律援助运行机制在一定程度上不能满足农村村民以及农村社会发展的现实需要。一方面,作为法律援助的对象,经济困难人员90%以上分布在农村地区。[①] 同时,当前农村正处于经济发展方式转变和城镇化建设的重要时刻,日积月累的矛盾和不稳定因素逐渐显露出来。因此,农村法律援助的需求巨大。另一方面,由东西部和城乡经济发展差异而形成的法律援助发展不均衡的问题是一个全局性问题。[②] 课题组在农村社区进行调研过程中,发现法律援助缺乏全局性和统一性的问题。

随着经济社会的改革开放和我国城镇化的加速发展,法治社会的逐步建立和健全,各种社会矛盾凸显,甚至尖锐化。笔者通过2011年全国法院审理各类案件统计和截取的2012年、2013年和2014年1~6月审理各类案件数据统计为样本,透过案件数量的分析,分析和反思我国经济社会发展过程中矛盾的多发期特点,为我国法律援助制度的设计和普及提供现实需求的支撑:一方面,根据从最高人民法院网司法数据中的统计数据,2011年全国法院审理各类案件总数11,502,808件,2012年1~6月人民法院审理各类案件总数6,294,339件,案件数量同比上涨13%;2013年1~6月全国人民法院共受理各类案件6,554,350件,案件数量同比上涨4.48%;2014年1~6月,全国人民法院审理各类案件7,197,251件,案件数量同比上涨7.56%。从我国人民法院2011年至2014年的案件数量分析,我国城镇化进程中各类案件和矛盾一直呈现上升的态势。另一方面,我国的农业经济在国民经济总产值中所占比重最小,[③]而且随着第二产业、第三产业所占比重的增

---

① 参见谭玉、易想:《农村法律援助现状及对策研究——以湖南省龙山县为例》,载《湖南警察学院学报》2011年第5期。

② 参见桑宁:《法律援助发展中结构性矛盾和瓶颈问题研究》,载《中国司法》2012年第1期。

③ 根据2013年国民经济和社会发展统计公报显示:全年国内生产总值568,845亿元,比上年增长7.7%。其中,第一产业增加值56,957亿元,增长4.0%;第二产业增加值249,684亿元,增长7.8%;第三产业增加值262,204亿元,增长8.3%。第一产业增加值占国内生产总值的比重为10.0%,第二产业增加值比重为43.9%,第三产业增加值比重为46.1%,第一产业增加值所占比重最小,第三产业增加值占比首次超过第二产业。

大,第一产业的比重还在相对性地不断缩小。[1] 在比较弱势之下,我国农村社会经济发展的空间还很大,但城镇化和城镇经济的发展已经在推动着我国农村向前发展,这种冲击下,我国农村开始爆发更多的矛盾和冲突:除婚姻家庭、继承、相邻关系、侵权赔偿等常见问题引发的矛盾纠纷外,老城老村改造、改制等带来的征地拆迁、环境污染、土地承包、土地确权、农村股份制改造引发的矛盾也深深影响着当代中国的农村社会,但由于农村经济的发展并没有坚固的结构性,地域风险的能力很弱,疾病、失业等很容易成为致贫或者返贫因素,此时农村居民面对自己受到侵害的权利更多的是容忍和求助无门,此时法律援助成了农村居民实现权利的为数不多的且行之有效的手段和渠道。在当前我国城乡统筹发展,保障社会公平,保障每个公民都能够享受改革发展成果的背景下,农村法律援助制度的设立和普及成为了我国当前法治建设中的一大任务。而且,随着我国城镇化和改革开放的进一步加深,农村法律援助要适应时代和本土的要求,能够真切实现我国公民的权利、实现社会公平和正义。

三、法治社会与城乡统筹对农村法律援助提出了更高要求

世界范围内大多数国家的社会治理和运行几经选择之后都不约而同地走向了法治。法治社会要求法治的统一,不允许法律的区别对待和歧视待遇。公平、平等、正义和秩序是法治的价值理念和基本要求。

市场经济是法治经济,市场经济理性人的假设使市场失灵的现象会在市场主体追逐利益最大化的过程中出现,市场经济的自由发展和自由选择,会造成贫富差距的出现和扩大。此时社会利益集团之间的平衡失调,市场秩序会遭到破坏,公民的权利会遭到侵害,社会秩序会混乱,这是有违法律基本精神的,也是有违党的政策和人民群众意愿的。诸如此类情形的发生需要国家的干预和法律的调整。对于城市公民来说,通过司法途径和准司法途径维护自己的权利或许没有困难。但市场经济的发展给我国农村居民带来了挑战和风险,他们在面临法律纠纷时,可能会因为经济困难而无法通过司法途径和准司法途径获得救济,自己的权利得不到实现,纠纷不能化解,社会秩序不能恢复到以前的和谐状态。这种状态并不利于我国社会的稳定,不利于民主法治社会的构建。而法律援助制度作为广义司法制度的内容恰恰解决了困难群众因为经济原因而无法获得程序上的正义来实现自己实体权利的问题,有利于化解社会矛盾。因此,法律援助是我国依法治国

① 《2013 年国民经济和社会发展统计公报》,载国家统计局网:http://www.stats.gov.cn/tjsj/zxfb/201402/t20140224_514970.html,2015 年 1 月 19 日最后访问。

理念和方略的重要内容和基本要求。

建设社会主义法治国家,实事求是地加强农村法治建设,尤其农村法律援助制度建设是我国法治社会构建的重要一步。农村的法治建设是统筹我国城乡发展、最终实现城乡一体化发展的重要内容,同时也是统筹城乡发展对农村法制建设提出的更高要求。统筹城乡发展要求加强农村法制建设,维护农村居民基本权利和利益,维护城乡居民之间的机会平等、权利平等和法律地位的平等。而农村法律援助制度的建设则是农村法治建设的重要内容。

四、现实供给状况使创新和发展农村法律援助成为必然选择

(一)法律援助受案范围狭窄、门槛高

我国《法律援助条例》中明确规定只有符合条件的才能享有法律援助。这些案件范围的限制,一是违背了法律援助扶弱济困的基本职能;二是这些案件范围严重城市化,将广大的农村公民从案件范围上排除在了法律援助之外。法律援助的目的在于为在司法过程中处于弱势地位的群体提供法律支持与帮助,法律不应当对法律援助的受案范围进行限制,对于民事和行政的受案范围可以参考刑事案件的法律援助的受案范围,以经济困难审查为原则,同时以其他情况为辅助条件,这样能够发挥法律援助的最大效益。

(二)农村法律援助资金和人力资源保障匮乏

我国《法律援助条例》规定政府负责经费,通过财政拨款的方式来支持法律援助,社会主体的捐助和志愿活动能够成为法律援助资金的又一重要来源。各个地区的经济发展水平不同,政府部门的财政投入资金水平存在较大差异,法律援助资金严重匮乏,我国法律援助资金匮乏体现在以下几个方面:(1)法律援助资金来源单一,主要依靠政府财政拨款。由于法律援助工作开展的广泛性,政府财政拨款能力有限,部分地区的拨款资金仅仅维持正常人员经费支出,法律援助工作开展资金缺乏,尤其是在农村地区土地纠纷、家庭纠纷、邻里纠纷等纠纷大量出现的情况下,法律援助开展所需要的资金支持需求随之增加,社会捐赠力度不足,社会参与性不强。(2)资金管理不透明。援助资金主要通过政府财政转移支付的方式来实现费用到账,法律援助机构没有落实法律援助资金信息公开措施,法律援助资金被截取、滥用、浪费、侵占的现象普遍存在,缺乏对法律援助资金管理人员和使用情况的内部和外部监督体系。(3)法律援助工作成本日益增加。我国通过多年的法治国家的建设,人们不断加深对法律的认识,不断学习法律,并积极地运用法律维护其合法权利,但是由于受到自身文化水平的限制,需要借助专业法律援助人员的帮助。随着市场经济的深入发展,社会的利益矛盾冲突日益增多。在农

村地区除了案件数量不断增加外，案件的复杂程度和难度不断增加，尤其是群体性案件急剧上升，导致办案成本和维权成本日益增加。

我国法律援助资金渠道乃是依靠政府单一主体承担起法律援助的全部内容，没有调动社会主体参与法律援助的积极性，存在法律援助人力资源匮乏和流失的问题。截至2009年年底，全国执业律师已达16万人，法律援助专职人员过万。[①] 这一数据反映了我国法律援助的人力资源补给和存量不足的问题，虽然职业律师的人数较多，但是从事法律援助的专职律师人员较少，难以满足实际的需求。在城乡二元结构体系中，城乡收入存在巨大差距，特别是西部地区不仅经济收入差距大，而且城乡在环境、文化、设施、消费等方面都存在较大的差异，农村法律援助机构大量人员流失，不仅工作待遇较低，而且工作任务繁重，导致大量人员流向城市。我国法律援助人员难以满足我国法律援助工作的需求，特别是在广大农村地区，随着城镇化的建设和对旧农村的改造，大量的有关土地的纠纷出现，参与农村法律援助的专业人员却逐渐减少，地区差异更为明显，东中西部地区法律援助人员配给比例差异较大，专业的法律人才大多集中在东中部发达地区，而中西部地区法律人才较少，特别是西部地区由于缺乏资金支持，法律援助工作难以开展。

（三）宣传力度不足，农村法律援助率低

目前，缺乏专业的宣传人员对农民详细而简单地宣传法律援助的方式、内容、价值和目的，加上受到传统意识的影响，大部分农民对于法律援助的认识仅仅停留在到法院打官司的层面。法律援助的方式包括提供法律咨询、法律意见、代写法律文书、代为调解、代理诉讼等方式。农民对于法律援助的无偿性认识不足，不知道自己是否符合法律援助的条件，在符合法律援助的情况下，由于农民对法律援助的受案范围缺乏基本的认识，最终导致其没有享受到法律援助。

制度不健全，资金与人力资源又难以保障，诸多问题的存在导致的直接结果就是农村公民的法律援助受援率低。以2007年城乡居民受援比例来看，农村公民受援率只有29.9%。[②] 而2013年我国各类受援人数总数为1,279,202人次，其中，农民接受援助453,522人次，受援率也只有35.5%。[③]

---

① 参见陈思：《我国农村法律援助制度探讨》，湘潭大学2010年硕士学位论文，第12页。

② 2007年全国共办理法律援助案件420,104件，受援人总数为524,547人，其中，农村公民作为法律援助的受援人总数为157,038人，占总人数的29.9%，城乡受援人数差距加大。资料来源见司法部法律援助中心：《2007年法律援助业发展数据统计分析报告》（内部资料）。

③ 参见司法部法律援助工作司：《2013年全国法律援助工作统计分析（二）》，载《中国司法》2014年第7期。

第二节 创新和发展农村法律援助的基本原则

一、经济发展阶段原则

国家经济发展水平及其社会发展阶段对国家的整体发展起着至关重要的作用,不同的阶段对应不同的发展目标、任务和前进的方向,只有每一阶段相互协调发展,才能实现整体的发展。在市场经济条件下,市场对资源的配置起着基础性和决定性的作用,遵循市场规律,要让市场在资源的配置过程中发挥应有的作用。基于市场经济中理性人的假设,在我国法律援助制度的构建过程中,遵循市场配置法律援助资源的外部供给模式——需求导向型法律援助——则是我国法律援助制度发展的取向。由市场反应市场需求,确定市场需求量,进而根据市场经济中的供需平衡对法律援助制度进行供给,确保了资源利用率不至于过低,也提升了法律援助制度的实施效果。

二、生存权和发展权原则

农村公共产品供给在一定范围内有利于改善农村村民生存现状,并且促进农村经济、社会、文化等方面的发展,法律援助作为公共产品应当遵循基本的人权原则即生存权和发展权,生存权是基础,法律援助应当优先保障生存权,在保障生存权的基础上注重发展权的保障。党的十八大宣布我国社会主义法律体系已基本建成,按照我国《立法法》的规定,我国的法律和行政法规适用于全国,也即我国《法律援助条例》同样适用于城镇和农村地区。但长期以来,我国的法律制度建设长期徘徊于城市,而没有深入农村。为了实现社会公平正义,让全体公民共享改革发展成果,着眼长远,实现中华民族的伟大复兴,城乡统筹发展势在必行。在此种情形下,反观我国农村法治建设则不尽如人意,农村法律制度基础和法律意识形态面临根本性变革和提升,严重依赖资源的农村法律援助事业在发展中遭受严重制约。

三、可持续发展原则

可持续发展原则源自科学发展观,可持续发展原则要求在发展过程中不能目光短浅,需要立足长远,追求长期、稳定、可持续的发展,反对为了短暂的利益而以牺牲环境、资源和长期的发展为代价,为子孙后代留下发展的空间。在农村,虽然可持续发展观念开始不断普及,但是依然存在环境污染、农药污染、土壤污染、水污染、食品安全等涉及农民日常生活的问题,城乡贫富差距日益增大,农村发展面临严峻的考验。法律援助作为一项基本的公共产品,应当遵循可持续发展原则,及时了解农民在生活中的基本需求,根据农民的需求及时改变法律援助制度和政策,实现法律援助在农村的可持续发展。

四、公平优先原则

公共产品作为一项社会化的产品,其以社会公众为出发点和落脚点,公共产品在提供的过程中,社会中任何人都可以享有这项服务或者使用,这是由公共产品的公共性所决定的,体现了公平性。为了保障公平性,公共产品在设计和实施之前就要综合考虑不同主体的需求,如地铁入口的电梯,既有台阶电梯,同时配置升降式电梯,这就是在设计的过程中就将不同主体纳入决策的考虑因素,考虑老人、病人、残疾人群体的实际需求,充分体现公平性。公共产品在实际使用和提供的过程中需要建立公平使用机制,公平使用体现在不歧视使用的主体,不得设置障碍妨碍使用,及时对公共产品进行维修检查保障公共产品处于可用状态。公共产品不以盈利为目标,公共产品的无偿性要求公共产品不能由私人或者某一利益集团所控制,打破行业垄断,实现公共产品的社会化。在城镇与农村之间的公共产品在供给上存在巨大的不公平,这是由城乡经济发展不平衡所导致的,农村的经济基础薄弱,无法提供与城镇一样的公共产品,在此基础上公共产品再分配的过程中,城镇仍然占据优势资源,农村公共产品分配到的资源相对不足,难以满足实际的需要。

五、需求原则

在供需关系中,需求决定供给,供给必须满足需求。公共产品需要满足不同群体的需求,如电影下乡和医疗下乡所针对的群体有所不同,医疗下乡的重点在于老人和小孩,而电影下乡的侧重点在于满足农村所有群体的需求。公共产品的提供必须结合不同群体的需求适宜地供给。要了解农民的需求,应该深入农村和农民中去,亲自体会农民的法律需求,定期调查走访,对于具有特殊需求的农民进行登记,作为制定法律援助制度和政策的考虑因素,为农民提供实际、有效、多元化的法律援助。法律援助作为一种产品,其生产和消费由其基本属性所决定:大多数的法律援助都不是在私人之间进行的,世界各国从制度上所确立的法律援助,也都不包括个人之间直接提供的免费的法律服务,制度化的法律援助不是一般意义上的商品,不可能按照自由竞争实现供需平衡,法律援助不是由市场自发形成的,需要在第三方力量的推动和平衡之下实施。同时,法律援助也不是一种行政产品,不能依靠行政给付来实现。虽然说法律援助是政府的责任,政府应发展和推动法律援助并为其提供制度、机构建设、人员配备、资金等方面的基本保障,但是政府发展法律援助的典型模式是政府购买私人产品和服务,供应商提供产品和服务,受援人为符合条件的社会公众。因此,法律援助作为行政产品与私人产品之间的公共产品从实践中得到了证实。①

第三节 创新和发展农村法律援助的路径选择 ——从外部供给到需求导向

一、我国现行法律援助运行模式具有显著的外部供给性

设立专门机构。我国从中央到地方设置的四级法律援助机构,专门管理法律援助的人员、经费、考核方式以及法律援助工作的开展。我国的法律援助机构包括以下四级:(1)中央级法律援助中心。司法部法律援助中心作为国家一级机构设置:司法部法律援助中心主要负责法律援助工作的人员、业务办理、考核方式等组织方面的管理和对法律援助工作的监督,中国法律援助基金负责法律援助资金的募集、管理、发放和监督,保障法律援助资金的正常使用。(2)省级法律援助中心。省级法律援助中心统筹所在地区的法律援助工作的开展、协调、管理,监督本级法律援助工作以及下级法律援助机构的工作开展。省级法律援助中心可以决定是否成立法律援助基金,这是对中央法律援助中心筹集资金职能的负担,省级法律援助中心在省级地区中具有一定自主决定权限,具备有一定的能力管理和运行基金。(3)地市级法律援助中心。地市级法律援助统筹本辖区法律援助工作的开展、协调和指导下级法律援助机构的工作,与省级法律援助中心不同的是地市级法律援助中需要开展法律援助案件办理,直接参与到法律援助服务提供过程中,为当事人提供法律咨询、意见以及代理等服务。(4)县级法律援助中心。县级法律援助中心属于我国法律援助组织中最低层级的组织,组织本辖区法律援助工作的开展,直接受理法律援助案件,安排专业的人员开展实施法律援助工作。

规定严格的法律援助审查受理范围。对于刑事当事人,除了经济困难,具有其他原因也可以享有法律援助,如我国《刑事诉讼法》中规定对于可能判处死刑、未成年人、盲人、聋哑人等特殊群体不考虑经济因素可以享有法律援助。但是,《法律援助条例》对于民事和行政案件作出了相应的限制范围,这样的审查条件较为严格,一般情况下当事人因为不符合其中的情况就无法享受到法律援助,特别

---

① 参见李海明:《法律援助制度的重构——法律援助社会保障化路径分析》,中国政法大学2007年硕士学位论文,第18页。

是让处于无助的农民更加处于绝望的状态。这样严格的审查条件难以满足社会的实际需要,不能充分发挥法律援助的公共性能。

以诉讼为主的受援方式以及以政府财政为主要来源的资金保障,在一定程度上体现我国法律援助的援助方式单一化和资金来源的单一性,充分而深入地反映了我国当前法律援助发展水平处于初级阶段。

二、经济发展阶段决定了以需求为导向的重要性

公共产品的选择以经济社会发展阶段中的供给与需求之间的关系为基础,公共产品供给应当与所处的经济社会发展阶段的需求相适应,公共产品不能盲目选择,必须经过多次调研论证和试点的基础上广泛吸收人们的意见,充分深入了解社会公众的实际需要,结合经济社会发展的水平,作出公共产品最优的选择。改革开放以来,我国经济取得了重大突破,总体上实现了由温饱向小康社会的过渡,在党的十八大报告中提出在2020年全面建成小康社会。但目前我国的阶段性特征没有发生改变,我国的经济结构和发展方式仍然存在一系列问题,不能完全符合科学发展观的要求,社会矛盾依然突出。

改革开放以来,农村实现了土地制度改革,打破人民公社的大锅饭模式,创建家庭联产承包责任制度,农民的积极性被激发,农民收入逐年增加,生活水平有所提高,但是与城镇居民的生活水平相比较存在巨大差距,城镇居民在收入、医疗、教育等方面远远超过农民,城乡差距随着经济的发展日益拉大。

三、农村法律援助具有特殊职能

农村法律援助的供给应当考虑其作为公共产品的基本属性,同时也应当注重发挥其在城乡社会经济事业中的特殊职能。法律援助作为一种产品,其生产和消费由其基本属性所决定:大多数的法律援助都不是在私人之间进行的,世界各国从制度上所确立的法律援助也都不包括个人之间直接提供的免费的法律服务,制度化的法律援助不是一般意义上的商品,不可能按照自由竞争实现供需平衡,法律援助不是由市场自发形成的,需要在第三方力量的推动和平衡之下实施。同时,法律援助也不是一种行政产品,不能依靠行政给付来实现。虽然说法律援助是政府的责任,政府应发展和推动法律援助并为其提供制度、机构建设、人员配备、资金等方面的基本保障,但是政府发展法律援助的典型模式是政府购买私人产品和服务,供应商提供产品和服务,受援人为符合条件的社会公众。因此,法律

援助作为行政产品与私人产品之间的公共产品从实践中得到了证实。[①]

同时,农村法律援助时还具有社会保障的属性和功能,承担着统筹城乡发展和法制社会的重要职能。从某种意义上讲,我们创新和发展农村法律援助的另一个重要目的就是通过农村法律援助的有效推动,建设和推动农村法治建设以及其他社会经济事业,从根本上实现城乡统筹。法律援助从狭义上讲,就是司法救助,是社会救助的基本内容。传统意义上的社会救助是指国家对生活在贫困线以下的公民,或因灾害而遇到困难的公民提供的一种物质帮助。从救助的内容上看包括金钱救助和食物救助,如最低生活保障金与自然灾害救助金的发放以及住房救助、灾害物资的配发和保障等。但是随着社会的不断发展,救助的内容也不断地发展和多样化以满足贫困者的实际的生存和发展需求。如教育救助、医疗救助以及对失能人员的生活照料都是社会救助的重要内容。传统的社会救助以施舍和帮扶为基本理念,社会救助逐步地被确认为公民的一项基本权利。[②] 而且,在现代权利体系中,生存权、发展权(劳动权)、教育权、社会保障权被视为人权的基本内容。在社会救助中作为一种权利保障,法律援助在这方面的功能表现尤为突出。在构建现代社会中,平等和公平被视为最为重要的基本要素,保障社会的平等与公正当然首先就是在法律上人人平等的实体权利必须得到确认,其次就是对权利必须有效地进行救济,否则我们说平等和公正就是自欺欺人的。对权利进行有效的救济,司法保障就成为必需。但是在市场经济条件下的有偿法律服务中,对于经济困难以及其他社会弱势群体在无力支付相应费用购买专业化的私人有偿法律服务时,政府和社会有责任和义务为其提供法律援助,以确保司法公正和社会正义。法律援助是以保障人权、司法公平、公正的社会保障制度。在当前构建城乡社会保障体系中,分析和论述法律援助的社会保障属性和功能,对于在正确的理论指导下创新和促进中国特色社会主义农村法律援助体系的发展具有深远的意义和价值。

四、创新和发展农村法律援助体系应当以农村公民的实际需求为基础

中国特色社会主义农村法律援助体系的建立应当以农民的实际需求为导向,通过调查研究以及走访的方式,探究农民的权益保障现状,农村法律资源配置情况包括法律宣传人员、法律咨询人员等人力资源以及物质资源。全面深入地了解

---

① 参见李海明:《法律援助制度的重构——法律援助社会保障化路径分析》,中国政法大学2007年硕士学位论文,第18页。

② 参见种明钊:《社会保障法律制度研究》,法律出版社2000年版,第433页。

农民的实际需要,对于不同的需求分类制定相应的对策,特别是在涉及农民群体性利益的问题时,应探究问题产生的原因,制定应急措施和方案,将问题控制在法律范围内,通过法律途径来解决问题,避免问题的复杂化和社会化。农村法律援助体系由谁来构建和完善?政府作为法律援助的提供者,其有责任构建需求导向型的农村法律援助体系,只有当作为公共产品的法律援助符合农民的需求并且能够帮助农民维护自身的合法权益,这样的法律援助才发挥了其存在的价值和意义。政府有责任构建需求导向型的农村法律援助体系,但是政府的能力是有限的,法律援助是一种社会保障,作为社会保障就具有社会广泛的参与性,社会主体应当积极地为法律援助工作的开展提供帮助与支持,包括资金支持、人力支持、行为支持,在构建需求导向型的新型农村法律援助体系的过程中,政府应当充分发挥其组织和号召能力,制定相关的政策来吸引和鼓励社会主体积极参与到法律援助制度的构建与完善中来,充分发掘社会的潜在力量。

当然,作为一种公共产品的供给,有外部保障型和需求导向型的区别。从特点上来说,当前的农村法律援助模式可以归结为外部资源保障型:政府通过设立法律援助机构,对需要法律援助的当事人提供的法律援助申请进行资格和受案范围审查,对符合条件的指派机构工作人员或者社会律师为其提供法律服务,受案范围有严格的限定。其次,我国农村法律援助严重存在人员不足和资金匮乏的问题。

我国农村地区普遍存在法律意识和法律权威不强的问题,这与法律宣传不到位和传统习俗、习惯、文化与法律文化相抵触有关,法律宣传不到位是导致农民法律意识不足的直接原因,内在的传统乡村文化是本质原因,特别是在少数民族地区,具有宗教信仰的少数民族解决纠纷的方式大多采取向连接人与神的长者调处解决矛盾,如在伊斯兰教地区需找阿穆解决纠纷。传统乡村文化体现更多的保守、息诉、忍让的文化,这一文化有其积极的因素,能够避免和化解矛盾,但是这以牺牲自身权益为代价换来暂时的缓和,矛盾和纠纷只是被暂时搁置,并没有得到实际解决,反而会引起更大的矛盾,这种保守的文化与法律文化所追求的自由、平等、公正、公平等价值相抵触,导致在农村法律权威难以树立和信仰。政府部门应当加大法律宣传力度,让农民感受到法律所带来的自由、平等、公平、公正,切身体会到法律解决纠纷的彻底性和公平性,培养农民的法律意识和法律信仰,构建新型法治新农村。

我国城乡法律援助工作都是以政府为主导,体现在法律援助人员的配置、经费投入与运行、案件办理等全方面由政府主导,缺乏社会的参与性。城镇法律援助机构在组织、设施、资源控制、案件办理等方面享有优势资源,其发展程度、水平以及法律援助的服务质量远远超过农村法律援助机构,城镇法律援助机构具有充足的人力资源和资金保障,而农村法律援助机构存在人员不足和资金匮乏的问题。城镇法律援助工作取得较大成就,城镇居民法律意识和法律信仰逐渐提高,而农村法律援助机构刚刚开始,缺乏人员保障和资金保障,需要加大农村法律援助的组织建设和资金保障建设,培养农民的法律意识和法律信仰。

我国当前法律援助事业必须提高对城乡均衡发展重要性的认识,要优先发展农村法律援助。在城乡统筹发展中突出"以城带乡"和"城市支持农村"。农村法律援助的价值是维护社会正义和司法公正,保障农民的土地权益、财产权益以及人身权益等合法权益;农村法律援助的终极目标是培养农民的法律文化和法律意识,在农民中形成法律影响力,形成全民学法、守法、用法的局面,实现农村法治化。

五、以需求为导向符合国际法律援助发展趋势

从国际范围来看,法律援助的改革与发展都是以当事人(公民)的实际需求为核心,不断地扩大法律援助范围,采取多样化服务方式满足公民不同的法律援助需求。

比如,采用私人律师模式的英国,随着其法律援助制度的发展与完善,法律援助中出现并存在"倾向农村"的因素。英国法律援助制度源于19世纪40年代,政府提供财政支持,通过给予专业律师经济上的支持,让律师为广大经济困难群体提供法律援助。在1945年,英国认可穷人可以不用支付诉讼费用。英国的法律援助按照案件的性质可以区分为刑事、民事和特别诉讼法律援助。19世纪七八十年代中期,英国法律援助的范围有所拓展,包括提供咨询、值班律师。为了保障法律援助的援助范围和服务质量,政府增强了对法律援助的财政资金投入。英国法律援助发展呈现扩大的趋势,为了满足现实需要,法律援助不断扩大受援助的对象,这是由法律援助的特征所决定的。来自政府的源源不断的资金保障了法律援助的援助范围和服务质量,改变法律援助单一的援助方式,实现法律援助方式的多元化。英国法律援助在发展的过程同样出现过一系列问题。由于法律援助的对象随着社会的发展逐渐扩大,直接的后果就是法律援助资金不足,出现法律援助资金赤字,并且存在法律援助资源分配不合理的问题,法律援助资金在使用的过程中存在使用不当和浪费的问题。1987年英国司法部出台了《1998年法律援助法》,规定设立法律援助委员会,主要负责对法律援助工作的管理和人力资源、物质资源的分配职能。法律援助委员会成立后,采取相应的措施加强对法律援助资金的管理。英国民事法律援助领域的改革充分体现了围绕当事人需求的必要性。2007年4月英国引入了民事统一合同制度,规定法律服务机构需要通过招投标的

方式签订民事合同。法律服务委员会具有可选择的范围,促使其选择优质的法律援助实施主体。2008 年 10 月法律服务委员会在法律援助工作中引入调解机制,号召和鼓励当事人通过和解来解决纠纷,从而减轻法律援助的经济负担。民事法律援助改革的重心在于完善法律援助提供者的选择制度,由法律服务委员会按照市场化模式进行选择,有助于实现法律援助主体和方式的多元化,同时提高法律援助的服务质量,通过公平竞争,法律委员会站在当事人的角度,为当事人选择“物美价廉”的法律援助提供者和实施者。刑事法律援助改革的重心在于实现法律援助渗入刑事案件的各个环节,为当事人提供全方位的法律援助,全方位保障当事人的合法权益。

在采取混合模式的法国,法律援助机构包括官方性质的机构和非官方性质的机构,官方性质的机构包括在就业、住房、消费等部门成立专门的法律援助机构,社会组织法律援助机构包括消费者协会、妇女儿童维权组织等机构,官方性质的机构与非官方性质的机构都体现了为专门的弱势群体提供法律援助,虽然在人员配置和资金来源上有所不同,但是其目的在于为弱势人群提供法律帮助。法国法律援助制度最早出现在 6 世纪中叶。法律援助的发展经历了三个时期,分别为:(1)慈善事业时期,这是法律援助的启蒙时期,法律援助的提供是一种慈善行为,并不是政府的责任,主要由教会、法庭和律师提供,提供援助的驱动力只是来自道德和信仰。(2)人权时期的法律援助,资产阶级建立资产阶级共和国,主张天赋人权,每个人生而平等,平等享有法律所赋予的权利。经济贫困的主体享有法律援助的权利,只要在经济标准上符合条件,即可享有律师提供的免费的法律援助,此时的法律援助已经转换为国家行为。(3)政府责任时期的法律援助,这一时期法律援助已经成为政府的主要责任,政府组织律师、官方机构以及社会组织积极参与法律援助工作,为法律援助的开展提供资金支持,保障每一位公民平等地享有法律援助,制定了专门的法律援助保障制度。法国法律援助的范围随着社会发展不断扩大,申请的主体既有自然人,同时也包括法人。自然人不需要法国国籍,外国人、无国籍都可以在外国申请法律援助。1993 年颁布的法令首次对 1966 年的法律进行了一定范围的修改,扩大了法律援助的范围。法国法律援助的经济审查由税务机关根据申请人的纳税情况出具经济状况证明,证明申请人符合法律援助的条件。由税务部门出具的证明与实际情况较为符合,通过对申请人历年的纳税情况进行审查,能够较为科学,便于实际的操作。

同样采取混合模式的德国,法律援助工作的形式包括主要提供意见和代理诉讼,形式较为单一。德国设立严格的法律援助启动条件和程序,法律援助受案标准和条件较高。在德国,申请法律援助咨询的程序包括两个步骤:第一,需要法律援助的人可以向当地的法院提出法律援助的申请,申请人需要承担证明责任,证明自己处于经济困难,没有剩余的资金支付法律咨询的费用和相关的律师代理费用、诉讼费用。第二,由受理申请的法院进行审查核实,对于符合法律援助申请条件的当事人发放相关的证明材料,当事人拿着证明材料可以向律师进行法律咨询和聘请律师提供法律意见,由此而产生的费用由国家承担,德国将法律援助工作完全赋予市场主体来实施,政府部门只负责承担最后的费用。在德国,申请不同内容的帮助所要求的程序步骤也不同,申请人需要向对诉讼具有管辖权的法院提出法律援助代理诉讼的申请,而申请法律咨询和意见可以向任意法院提出,没有专属法院的限制,这一规定限制了申请法律援助代理诉讼的启动程序,申请人需要通过经济状况的证明和对所涉及的诉讼的概述,法院进行严格的审查,只有符合法律援助代理诉讼的受案标准,才核实予以法律援助。

美国官方设立的公共辩护人法律援助机构,所有涉及刑事方面的案件由公共辩护人来组织实施。民事方面的法律援助与刑事方面的法律援助有所不同,政府设立法律服务公司,实现公司化管理,由服务公司代表政府管理法律援助经费的使用和运行,选择适宜的律所和普通民间法律援助机构,通过订立合同的方式购买私人的法律服务,为经济困难的人群提供法律援助。以政府为主导,全社会广泛参与。美国民事法律援助经费来源非常广泛,包括政府财政拨款,律师信托基金、检察长基金等各类基金。[①] 美国法律援助服务的方式呈现多样化,包括和解、调解、代理诉讼、咨询、教育等方式。优先适用非诉的方式解决纠纷,民事案件通过和解和调解的方式解决纠纷,一方面,能够节约司法成本和提高纠纷解决的效率,同时减少法律援助的成本;另一方面,可以彻底地解决纠纷,双方当事人本着包容互谅的态度进行协商解决纠纷,这一过程中就存在双方相互退让,在解决纠纷的同时,化解双方的矛盾,彻底解决纠纷。

我国香港特别行政区法律援助制度最早可以追溯到《1844 年最高法院条例》首次规定法律援助制度,规定了只有财务状况(财务资源)不超过 50 元港币的人可以向法院申请获得法律援助的权利。经过 100 多年后,随着香港特别行政区人民生活水平的提高,1954 年香港特别行政区申请法律援助的经济标准由原来的 50 元港币增加到 500 元港币。1965 年 11 月 24 日香港特别行政区立法会颁布了《法律援助条例》,第一次将法律援助制度通过法律的形式确立下来,并且为了保障《法律援助条例》的实施,制定了《法律援助规则》配套实施。随后,香港特别行政区政府成立法律援助署,管理法律援助工作。

---

① 参见朱昆:《美国法律援助制度》,载《北京政法职业学院学报》2011 年第 2 期。

我国香港特别行政区法律援助采取混合模式,包括政府法律援助机构和民间法律援助机构,这是根据其管理主体的性质来确定的。我国香港特别行政区政府法律援助机构包括法律援助署、服务局和法定律师代表处。法律援助署负责审查申请人是否符合法律援助的标准和条件,并对服务局和律师代表处进行管理,包括人员配置、经费的使用、案件分配等管理工作。法律服务局对法律援助工作进行监督,接纳公民的意见和建议以及投诉,将相关意见反馈给法律援助署。法定律师代表处专门实施法律援助。民间法律援助包括律师公会和大律师公所,律师们出于公益目的免费提供法律援助的房屋。我国香港特别行政区法律援助的资金主要由政府财政拨款和法律援助辅助计划基金提供,我国香港特别行政区政府拨款保障法律援助资金充足,根据实际需要可以适当增加拨款数额,保障法律援助工作的正常开展。辅助计划基金独立于我国香港特别行政区政府,不受法律援助署和法律服务局的管理,实行自我管理,并且实现专款专用。法律援助署为不断提高法律援助的工作和保障服务质量,采取下列方法:(1)员工培训制度。定期对法律援助工作的员工进行职务和服务培训,一方面要提高员工的法律职业水平和案件办理能力,另一方面需要提高服务水平,给当事人提供全心全意的充满微笑和暖意的服务。(2)顾客意见调查表。法律援助署给申请人提供意见调查表,由当事人对法律援助工作进行评价,包括办案质量、效力以及服务质量的综合评价,并可以对法律援助署、法律服务所提出工作改善意见,形成外部监督。

第四节　构建需求导向型农村法律援助体系的总体思路

我国现阶段属于外部导向型法律援助体系,政府设立法律援助机构,对申请人法律援助资格和条件进行审查,对于经济困难或者符合其他法律援助条件的给予法律援助,而资金来自政府,法律援助的外部供给性质由此彰显。由于我国农村法律援助处于起步阶段,不能盲目地把城市和农村的情况混为一谈,应当立足于农村本身,以需求为导向,建立合乎农村实情的法律援助机制,缩短城乡法律援助体系所存在的差距,不断提高农村法律援助的范围和服务质量。加强法律援助的宣传,从人员配置到宣传方式、内容、效果统筹考虑,设置法律援助宣传效果反馈机制,根据宣传效果及时改进宣传方式和调整宣传模式。需求导向型法律援助体系中的需求不仅体现为农民的切实需求,同时需要符合科学性,科学性就要做到科学分配法律资源和具体案件根据实际情况提供适宜的法律援助方式。

在需求导向型农村法律援助体系的构建过程中,必须坚持政府的主体地位,逐步形成以政府主导的社会主体多元参与的格局,发挥共青团、妇联、残联等事业单位的资源优势,充分利用法学院校的大学生资源和村里能人作用。大力开展咨询、和解、调解、代写诉讼文书、代理诉讼以及其他非诉方式相结合的多样化法律援助方式。调研的广度和深度应当进一步扩张和深入:广度体现在将法律援助调研的对象根据不同的主体进行分类,可以从男女角度,或者老人、未成年人和成人,或者农民和农民工,或者病人、残疾人、精神病人、盲人、聋哑人和正常人;深度体现在农民在民事、刑事、行政案件方面的需求,或者在土地纠纷、宅基地纠纷、家庭邻里纠纷、拆迁纠纷、农业生产纠纷等,实行全方位定时调研制度,充分了解农民的实际需要以及权利保护状况,及时根据调研结果调整法律援助工作的方针和方式。在构建需求导向型法律援助体系建设过程中,需要从以下几个方面开展工作。

一、模式选择——政府主导的多元参与混合模式

法律援助作为一种社会保障,其体现了社会共同性,全社会都应该给予相应的支持。构建政府主导的多元参与的混合模式,政府主导是指由政府发起并组织社会公众参与法律援助工作,政府需要做好法律援助管理、监督工作,提供资金保障。多元参与体现为社会公众积极参与法律援助工作,社会公众包括个人、机关、事业单位、社会团体、法人以及社会组织。个人可以通过提供法律咨询、意见、代写法律文书等法律援助工作,同时个人在资金方面可以提供帮助,特别是对于律师群体,在律师有能力、有条件的情况下可以通过提供免费代理的方式来参与到法律援助工作中。机关、事业单位、社会团体、法人以及社会组织可以通过其掌握的信息以及其在某些领域的专业方面提供法律咨询、意见和帮助诉讼等方式参与到法律援助工作中,如工会、妇联、消费者协会等社会团体利用其团结所形成的地位和获取的信息能够帮助劳动者、妇女、消费者维护自身的合法权益,改变其弱势地位。发挥法律专业的大学生团体的作用,使其结合其课堂所学法律理论知识,通过为需要帮助的当事人提供法律咨询、答疑、代写诉讼状、调解、参与诉讼等方式提供法律援助,一方面帮助大学生参与社会实践锻炼法律应用能力,另一方面充分利用大学生资源。如西北政法大学与陕西省农民工维权总站合作,在学校开设法律诊所课程,定期安排学生去法律诊所接待当事人、提供法律咨询和参与案件代理,实现理论与实践相结合。社会公众可以通过捐款、捐物的方式参与到法律援助工作中,为法律援助工作的顺利开展提供资金保障。社会公众应当积极参与到法律援助工作的监督过程中来,从法律援助的资金管理、使用、结算到法律援助监督等法律援助的各个方面、各个环节都应当阳光下运行,做好信息公开工作,社会公众积极行使监督权利,实现法律援助工作正常、健康、有序地开展。

二、拓展非诉讼业务

我国目前的法律援助方式仍然以诉讼为主，而需求导向型法律援助要求扩大非诉援助的运用。通过非诉方式解决法律纠纷，一方面，可以介绍法律援助工作的办案经费，可以节约法律资源，节约的资料可以用于进一步扩大法律援助的范围，帮助更多的农民；另一方面，可以降低农民对法律援助的抵触，在广大农村地区普遍存在息诉和厌诉的情结，并且受到农村熟人文化氛围的影响，诉讼的时间长、成本高甚至会影响自己与对方当事人的邻里关系，因此当事人更加愿意采取和解和调解的方式解决纠纷，并且通过非诉的方式解决纠纷能够彻底地解决纠纷，让当事人再无后顾之忧。非诉的方式解决纠纷能够实现法律援助的社会效益，同时能够实现社会主体的参与多样化，能够发挥基层法律援助工作者、大学生、农村的老者的积极作用，减轻法律援助工作人员的工作负担。

三、加强农村法律援助组织机构建设

区县法律援助机构直接负责援助工作，如指派法律援助工作人员通过法律援助、协调法律援助资源配置等工作。建立乡镇法律援助工作站，作为区县法律援助机构在各个乡镇的联络点，为农民提供更为方便的服务，成为区县法律援助机构与农民之间的桥梁，将农民的需求及时反馈给区县法律援助机构，同时将法律援助制度要求向农民传达，让农民知道申请法律援助的标准、条件和方式。

首先，需要不断加强区县法律援助机构建设，区县行政部门要承担起监督职能，保障监督制度正常、有序地运行。其次，加强乡镇法律援助工作站建设，包括办公设施建设、队伍建设、规章制度建设、服务制度建设、人员专业能力培训制度建设、当事人投诉与反馈制度建设。根据各个乡镇法律工作站的需要合理配置人力资源和法律援助资金，满足农民基本的法律援助需求。最后，实现农村法律援助资源共享，包括专业人员、资金、办案设备、办案经验、办案指导等法律资源，需要建立起法律援助网络服务平台，充分发挥法律援助服务平台的统筹功能。

四、增加法律援助人员储备

律师具有实施法律援助的义务，但是仍然难以满足我国法律援助的实际需要，并且由于律师从事法律援助的无偿性，存在法律援助质量不高的问题，所以实现法律援助主体的多元化，充分发挥社会主体的资源优势，进一步拓展法律援助人员的储备力量。发挥政法院校在校大学生、退休教师以及司法部门退休人员、农村老者的作用，补充法律援助人员不足的短板，实现法律援助的社会化。

首先,设立法律援助激励制度,鼓励城镇律师从事法律援助案件的办理,为律师办理法律援助案件办理给予适当的经济补贴。其次,建立律师、志愿者值班制度,安排律师和志愿者在乡镇法律援助机构值班,为当事人提供法律咨询、法律意见、代写法律文书等法律援助,志愿者可以是大学生、退休的法律工作人员、村里道高望重的老者,可以为志愿者提供适当的经济补贴,保障志愿者值班的可持续性。

五、拓展法律援助资金来源,完善专项资金管理制度

我国法律援助资金存在来源单一的问题,资金主要源于财政拨款,一方面财政拨款数额有限,另一方面加重政府财政负担,需要进一步拓展法律援助资金来源,逐步实现法律援助来源多元化。我国法律援助资金在运行过程中存在流失、滥用和浪费的问题,加强法律援助资金专项管理,保障法律援助资金充分用于法律援助各项工作的开展。

首先,改变政府独自承担法律援助全部资金的格局,通过采取各项激励政策,鼓励和号召社会主体给予资金支持和人力支持,形成政府主导、社会参与的格局,资助的方式不局限于资金捐助,可以包括设备、资料、办公用品的资助,还可以是志愿行为的提供,这些支持在一定程度上可以减轻法律援助成本。其次,加强对资金的管理,实现专款专用。专项管理就要求对法律援助资金的收入、使用支出和结余进行专项管理,由审计部门定期对法律援助资金进行审计检查,对于发现的问题要求法律援助机构及时作出改正,防止法律援助资金被滥用和浪费。法律援助资金的使用支出都应当按照法定的程序进行,确保每一笔资金的使用都有据可查,保障法律援助资金全部用于法律援助。

六、加强管理

加强对农村法律援助工作的管理,完善法律援助监督制度,强化部门协调工作。我国法律援助机构建设的大体布局已经完成,区县法律援助机构实现了大范围的覆盖,乡镇、残联、工会等社会组织普遍建立法律援助工作站,在人口较多的村委会建立法律援助工作联络点,法律援助机构在广度上已经基本实现全覆盖,但是在深度上仍然有待进一步提高,特别是在机构设施、人员、经费等方面仍然存在一定差异,需要进一步缩短差距,实现法律资源合作与共享,不断提高法律援助资源利用率。

加强农村法律援助工作管理,体现在组织机构管理、资源管理、案件流程和质量管理三部分。组织机构管理包括农村法律援助机构的设置、乡镇法律援助工作

站村社区法律援助工作室的工作及运行、人员编制等；资源管理包括政府法律援助专项资金的管理和使用、社会法律援助资金的吸收及管理和使用、农村法律援助人力资源的开发、区际法律援助人力资源的统筹分配、合同制法律援助服务的开展；案件流程及质量管理包括法律援助申请的受理、审查、委派律师、案件跟踪和卷宗归档、案件质量评估和反馈等。但是，对于农村法律援助、法律援助人力资源以及经费的开发与管理是重中之重。不断提高法律援助工作人员的专业水平和服务水平，加强资金管理，充分利用法律援助资金，保障法律援助资金全部用于法律援助工作，防止法律援助资金流失、滥用和浪费。加强业务管理，重点在于案件质量管理和当事人反馈、投诉管理，通过制定严格的法律援助办案流程和程序，要求办案人员按照程序办案，充分保障法律援助的质量。将法律援助的各个环节都纳入法律援助质量评价体系，充分保障当事人的投诉权，实现以当事人为中心的法律援助制度。

完善农村法律援助监督制度，实现管理与监督分离，由法律援助机构行使管理权，由司法行政机关行使监督职权，建立司法体系内部监督体系与外部社会监督体系。司法行政机关从法律援助资金分配、使用和结余 3 个方面对法律援助资金进行监督，从法律援助的办案数量、质量和当事人评价、投诉等方面对法律援助实施进行监督。外部社会监督包括律师协会、大众媒体、社会大众、当事人的监督，对于发现法律援助存在的信息不透明的问题，可以要求法律援助机构进行信息公开，并且可以向有关部门反映相关问题。重点加强当事人监督工作，当事人参与法律援助的全过程，对法律援助的工作效果最有发言权，法律援助的效果直接涉及当事人的合法权益，充分发挥当事人的监督作用。

强化部门协调工作，在农村法律纠纷中涉及较多的是土地纠纷、医疗纠纷、家庭纠纷、邻里纠纷等，需要相关部门的协作，如土地局、卫生局、妇联、村委会和交通局等部门配合法律援助，为法律援助工作的进行提供便利条件，减少各项手续和成本。加强与司法部门的协作，司法部门及时通知法律援助机构，强化部门之间的协调性，提高信息交流和资源利用率。

七、完善立法体系

我国法律援助的规定在《刑事诉讼法》《律师法》《法律援助条例》中，我国法律援助框架基本建立，但是仍然缺乏实际的可操作性，需要通过制定行政法规和地方性法规将法律援助制度具体化和标准化，由各个地区结合当地的经济发展水平等实际情况根据我国《法律援助条例》将法律援助制度地区化，突出地方特色，形成重点发展法律援助规划，满足广大人民群众最基本的权益保障需求。

我国法律援助体系基本形成,法律援助在促进社会和谐方面取得重大的成就,在保障人权,维护穷人、老人、儿童、残疾人、盲人、聋哑人和劳动者等弱势群体的权益,树立法律保障社会公平的权威等方面发挥了不少作用。法律援助主体的法律关系存在不明确的问题,包括法律援助机构与受援人、办案人员之间的关系不明确,国家与公民之间的关系不明确。需要通过立法来明确法律援助主体之间的法律关系,明确各自的权利与义务,保障法律援助工作正常开展。

首先,需要进一步明确国家与公民之间的法律援助关系。在社会主义法治建设中,我国需要发挥社会主义的优越性,实现全覆盖和高水平的法律援助。国家如何履行义务?通过哪些途径?需要在法律援助制度对国家的法律援助义务中明确,体现在人员配置和培训、经费保障、案件办理、法律资源配置等相关工作中。其次,需要进一步明确受援人与法律援助机构的关系。法律援助机构在确立自身的援助条件和援助范围后,应当依法为符合条件的申请人提供法律援助,受援人要积极配合办案人员开展法律援助工作,不得提供虚假的信息、证据影响办案人员开展工作。法律援助机构应当保障法律援助服务质量,充分维护受援人的合法权益。最后,需要进一步明法律援助中各个个体之间的关系。办案人员与援助机构的管理与监督关系,定时向法律援助机构汇报工作开展情况和当事人反馈意见,严格按照程序办理案件。法律援助机构应当为办案人员开展工作提供工作场地、设施以及必要的办案经费,保障办案人员全身心投入法律援助工作中。

八、结合城乡一体化公共法律服务体系建设,统筹城乡法律援助资源

党的十八大报告提出构建中国特色社会主义社会管理体系,加快形成政府主导、覆盖城乡的基本公共服务体系。司法部《关于推进公共法律服务体系建设的意见》规定加强完善法律服务网络。合理配置地区法律专业人员资源分配,特别是律师资源,重点解决贫困地区的法律专业人员不足的问题。加强城乡社区和村委会法律援助便捷服务窗口建设。改革开放以来,城乡二元结构并未改变,并且出现城乡差距进一步扩大的局势,近年来农村环境污染、土地纠纷、宅基地纠纷等问题频繁发生,农民权益受到严重侵害,农民缺乏法律意识,无法通过法律武器维护自身合法权益。城乡一体化化公共法律服务体系时包括法律援助体系,由于城镇居民收入与农村村民收入存在巨大差距,在构建城乡一体化公共法律服务体系中必须重点统筹城乡法律援助体系一体化建设,在城乡经济收入存在巨大差距的情况下,通过优先建设农村法律援助机构,实现法律援助资源共享。法律援助作为公共服务产品,在同等条件下,必须保障城镇居民和农村村民平等地享有接受

法律援助的权利,并且在适当的条件下优先考虑农村村民,这是构建城乡一体化法律援助体系的重要理论基石。要在法律援助机构设置、资金投入、人员配备等法律援助工作开展必不可少的条件上实现平等分配,城乡一体化要求城乡相互协作,以城促乡,实现城镇帮助农村的局面,进一步缩短城乡法律援助工作中存在的差距。

第八章　需求导向型农村法律援助模式选择

第一节　农村法律援助供给的核心关系、核心要素与基本框架

一、我国农村法律援助供给的核心关系

世界上任何一个国家都有维护司法公正的责任和义务,但该义务的履行必须要通过形式有效的途径,建立有效的法律援助体系是维护司法公正的重要手段和工具,是对国家司法体系的进一步完善和补充。但是,法律援助又是一种存在2个契约、1对(双层)责权关系的公共服务形式,与其他公共产品存在极大的不同,具有自身的特殊性。同时,涉及我国农村法律援助体系,也必将表现出中国特色的特殊性。

契约1:国家与法律援助实施者之间的委托代理契约。这里所说的“委托代理”概念源于企业组织研究,由美国公共服务律师阿道夫·伯利(Adolf A. Berle, Jr)与理论经济史学家的加德纳·米恩斯(Gardiner Means)在《现代公司与私有财产》(1932年)提出。委托代理理论(Principal-agent Theory),倡导所有权和经营权的分离,所有者作为委托人与经营者签订契约,委托经营者代理企业进行“专业化”经营,所有者获取企业利润,经营者获取相应报酬,从而解决企业组织中所有权与经营权由同一主体享受和行使的弊端。这一理论为当代公司法理论及其发展奠定了坚实的基础,成为现代公司治理模式选择的逻辑起点,

并逐步广泛运用于社会生活的各个领域,包括国家政策层面。我们这里所说的法律援助,实质上,也是国家将其所有的部分权力和责任委托给法律援助实施者,二者之间形成一种委托代理关系。也就是说,国家通过一种特殊的契约关系,指派法律专业群体提供法律服务,并根据其服务状况向其支付相应的报酬。

在这种情况下,合理的农村法律援助体系就必然包含国家(委托人)对法律援助实施者(代理人)的监督和激励问题,才能更为有效地开展农村法律援助。在非对称信息(asymmetric information)的情况下,国家可以借助国家力量拥有更多的信息;可以自主选择对法律援助实施者的激励政策,从而最大限度地激励法律援助实施者开展工作;可以自主选择法律援助的深度和广度,从而实现法律援助的真实有效。当然,信息的获取和使用又都是需要成本的,国家由此面临着最优监督力度和最优激励方案的问题。

契约 2:法律援助实施者(提供者)和农民群众及其相关团体(需求者)之间的"准"交易关系和"准"交易契约关系。之所以说是"准"交易关系是因为交易的单向性,法律援助实施者单向向需求者提供法律服务,而需求者不需要向法律服务提供者支付任何形式的相应报酬,这种报酬由第三方(国家)提供。之所以说是"准"交易契约关系,也正是因为交易的单向性和委托代理关系的片面性,国家是援助实施者的委托人,实施者是代理人。众所周知,在一般的商品交换中,交易双方都必须拥有自身商品的所有权,并承认对方商品的所有权,才能保证商品交易得以顺利进行。但是,法律援助作为一种商品,实施者对法享有所有权,而自身不需要提供所有权商品进行交易,所以二者之间不存在直接的、有效的权利义务关系。从这种意义上来说,法律援助实施者和需求者并没有实现真正意义上的"交易"和"契约"关系。由此,双方权责关系的约束性就较差,服务的质量也有可能会大打折扣。而且,需求者在寻求法律援助过程中的弱势地位,加上本身法律知识和相关素养不足,也往往难以对法律援助服务进行有效监督。

在此双重契约关系中,必须厘清权责关系。在法律援助的权责关系中,必须坚持"权责一致"原则,就是组织中的参与者拥有的权力应当与承担的责任相适应。就我国农村法律援助而言,国家在相应范围内享有行政和司法的权力,也就有维护行政公平和司法公正的义务;法律援助实施者享有国家为自身提供法律服务而得到相应报酬的权利,也就有为需求者提供法律服务的义务;法律援助需求者有遵守国家法律、服务国家的义务,也就有享受国家司法公正、得到相应法律援助的权利。

这两种契约中,契约 1 对(双层)责权关系构成了我国农村需求导向型法律援助体系的基本框架。要建立符合我国国情、人民群众满意、促进社会发展的农村法律援助体系,必须深刻认识、认真思考、严格把握这几者之间的关系。

二、我国农村法律援助供给的核心要素

从上述已详细说明的核心关系(基础性关系)上看,我国农村法律援助体系理应有三方参与,即国家——法律援助主体,法律工作者及其相关人员——法律援助实施主体,农民及其相关群体组织——法律援助的需求者。

国家在我国农村法律援助体系中占据主导地位,其对农村法律援助的支持理应是全方位覆盖的。首先,国家必须承担农村法律援助体系建设以及运行的各种相关成本及费用,原因在于农村法律援助是国家的责任和义务,是国家应当提供的公共产品和公共服务;其次,国家必须提供维护农村法律援助体系存续和发展的制度保障,通过相应制度的建立或者立法等形式,为农村法律援助体系提高运行效率、发挥相应职能提供必要保障;最后,国家必须优化农村法律援助体系的外部环境,包括法律环境、政治环境等,以奠定优质的社会基础,从而保证其良性运行,保证其运行效率和质量。

法律工作者及其相关人员是我国农村法律援助的具体实践主体,承担着以自己的法律专业知识服务农村法律援助需求者的实际工作,主要由拥有相关法律专业知识、能够提供法律服务的社会律师及其他法律工作者组成。具体包括:一是律师,有专门从事法律援助的专职律师和普通社会律师。这些拥有律师执业资格和律师执业证书的法律工作者,基本上就接受过系统法律专业知识的学习和培训,熟悉法律法规和司法程序,享有一定的司法权限,在农村法律援助实践中具有相当的优势。二是各级工、青、妇、老、残等社会团体设立的法律援助组织和民间非营利组织(Non-Governmental Organization & Non-Profit Organization)中从事法律援助工作的相关工作者。三是高等院校、科研院所从事法律相关教学与研究的研究人员,还有在校的学生志愿者。四是基层法律服务工作者,指那些符合《基层法律服务工作者管理办法》规定的执业条件,拥有《法律服务工作者执业证》,在基层法律服务所中执业的工作人员。五是其他法律工作者,包括企事业单位中有意愿的志愿工作人员和民办的援助组织等。

有法律援助需求的农村居民及其相关群体组织,是我国农村法律援助体系的目标主体,也是法律援助的具体受益对象。2010 年第六次全国人口普查结果显示,居住在乡村的人口为6.74 亿,占全国总人口的 50.32%,社会的经济困难群体和弱势群体大多集中在农村,对法律援助的需求在数量上极为巨大,在形势上极为迫切。同时,我们要看到,我国农村法律援助的风险性也很大。究其原因,可以归结为:中国农村相对封闭条件下的信息闭塞,农民文化程度不高所诱发的保守

意识，根深蒂固的宗族意识容易将个体矛盾激化为群体矛盾，对国家法律法规的狭隘理解所导致的法制观念淡薄，等等。这些特性都极大地增加了法律援助的风险，在实际法律援助过程中，一旦法律援助没有达到援助对象的预期目标或结果，援助对象很有可能怀疑援助人员的专业素养或工作态度，甚至怀疑其援助的目的，直接影响其对法律援助的客观评价，并在家族或农村社区的熟人社会模式下，此种消极态度可能进一步扩大，感觉被欺骗之后的农民可能会形成上访或群体性事件，农民接受法律援助的意愿和行为将会大大削弱。

三、我国农村法律援助体系的基本框架

国家作为我国农村法律援助的主体，有责任、有义务在国家范围内设立各级法律援助机构和组织，这些组织和机构也就是各级“法律援助中心”。法律明确规定了这些法律援助机构的工作职能，具体地说，就是法律援助中心可以代表国家受理来自法律援助对象的援助申请，经过审查、甄选指派适当的组织或个人去实施法律援助；在法律援助行为实施后，法律援助中心及时接受受援对象的反馈信息，把握服务效率，追踪服务质量，并根据服务成果对法律援助实施者支付相关费用；日常工作中，了解区域内有能力、有意愿实施法律援助的组织和个人，充分掌握信息，统筹安排沟通，建立稳定的合作关系；积极引导相对独立、散漫的志愿者类型的法律援助实施主体，对其法律援助行为进行合理规范。

目前，我国农村法律援助实施主体主要可以划分为两种形态：一种是与国家设立的各级法律援助机构和组织构成“委托代理”关系的援助实施主体，他们接受国家法律援助机构和组织的委托向提出申请的受援对象实施法律援助，并以此获得国家支付的一定费用，这个群体主要以专业律师为主；另一种是以志愿性质开展法律援助的其他法律工作者及其相关人员，他们不与国家设立的各级法律援助机构和组织构成契约关系，通常以个体、无偿的形式直接接受法律援助对象的请求而开展援助工作。

符合受援条件的农民及其相关群体作为法律援助的援助对象，大致可以从两个渠道获取相应的法律援助：一是向国家设立的各类法律援助机构和组织提出援助申请，获取由国家法律援助机构和组织委托的“契约”型法律援助实施主体提供的法律援助服务，此时的受援对象有权利、有义务向援助申请机构和组织反馈提供法律援助服务的主体的相关服务信息，方便法律援助机构和组织对法律援助实施者（代理人）进行考核并支付报酬。二是向“志愿”型法律援助实施主体提出援助申请，由这些志愿者直接提供援助。

我国农村法律援助体系秉承需求原则，其运行起点是广大农民群众及其相关

群体的法律援助需求。根据法律援助实施者的两种类型，法律援助需求者获得法律援助的路径也有两种：

第一种，需求者向各类法律援助组织提出申请，援助组织审核后选择适当的、与机构有法律援助"契约"的法律援助实施者，向其发出实施援助的指令，接收到指令的实施主体实施法律服务。法律援助需求者在获得法律援助服务之后，依据自身对法律援助的体验经历，将此次法律援助服务的相关信息如服务态度、服务质量、服务效果、服务满意度等反馈到之前提出申请的法律援助机构和组织，法律援助机构和组织根据需求者反馈的信息和之前签订的委托代理法律援助服务合同向具体实施法律援助服务的法律援助实施者支付相关费用。

第二种，法律援助需求者直接向"志愿"型法律援助服务实施者提出法律援助请求，志愿者法律援助服务主体直接向需求者提供法律援助服务。国家设立的各类法律援助机构和组织可以对其实施引导、鼓励和规范。

第二节　以政府主导多元参与的混合模式为基础，积极推行合同服务机制

一、政府主导

(一)我国法律援助制度建立的主体责任首要在政府

西方资产阶级的启蒙思想家对于国家与政府的思考，形成了社会契约论的国家观和政府观。资产阶级思想家尊崇天赋人权，政府是生而平等的每一个人让渡出自己所享有权利中的一部分共同组成一个权利的集合体，这个集合体因此具备了权力的属性和色彩，社会公民把整个权利的集合体交给一个人或者组织——国家行使，国家又组成政府来具体行使这个由所有公民所授权的权力。当然，国家和政府是代表所有公民共同意志的，不能违背授权于她的所有公民的公意，并负有保护公民其他未让渡权利不受侵害的义务，如果政府的行为损害公民的意志或者政府不再能够代表公民的意志，那么公民可以共同作出决定更换政府或者重新任命政府。

欧洲启蒙运动后期，随着资产阶级新兴思想的普及以及经济的发展，国家对于公民义务观念深入人心，经济发展成果为社会化福利制度提供了坚实的经济基础，法律援助的义务开始逐渐由国家来承担并形成制度化。总结法律援助制度的演变历程，经历了慈善阶段、社会化阶段、国家福利阶段 3 个阶段。有且只有当法律援助最终上升到国家责任层面的时候，法律援助才真正成为保障和实现社会公

平正义的司法保障制度。从这种意义上说,国家责任是法律援助的内在动力和内核。①

"国家的义务是满足公民权利的需要。"②我国《宪法》第45条规定了国家对于公民在处于弱势时的救助义务,③这体现了国家对于公民的义务,但我国《宪法》并没有明文规定国家对于公民的法律援助的义务,但即便如此,我们也可推导出国家对于公民法律援助的义务。大前提:国家对于公民基于其权利的需要负有义务;小前提:公民在经济困难时无法通过正常的司法和准司法途径实现自己的权利;结论:国家负有对公民在其因经济困难无法实现自己权利的时候对其进行救助的义务——法律援助。另外,虽然我国现如今没有法律层面的法律援助法,但是行政法规层面的立法已经出现,根据我国《立法法》以及法律渊源中各效力位阶法律之间的关系可以引申出如下逻辑判断:宪法是母法,是国家的根本法,国家的法律体系是根据宪法制定并不得与宪法相冲突,而行政法规是对于宪法和法律的具体实施,因此,我国行政法规的颁布实施反向推证了我国法律层面对于法律援助的原则性规定和确认。理论层面的思想和制度层面的法律法规,皆阐明了国家的法律援助义务和责任。因而,我国现行体制下的法律援助理应成为国家司法制度的重要内容,理应是我国政府的一项重要职能,理应维护司法公正和保持社会稳定,其实践和拓展也理应由政府来主导与推动。④

当前,我国正处于社会发展与变革的攻坚期,城乡社会发展还存在一定差距,贫困人口在一定范围内还未彻底改变现状,市场经济带给人民的挑战还在加深,人民的法律意识还有待进一步加强。在这种前提下,建立和落实法律援助制度,就是要在法律面前一律平等的宪法原则的指引下,为那些需要获得法律援助的弱势群体提供无偿的法律援助,使其最大限度地享受到社会的公平和正义。这种制度的设立,具有深刻的政治意义,是国家为了保障本国公民依法享有平等的法律地位而创建的必要的司法救济机制,是法治社会重要的人权保障制度,因此,也被世界上许多国家写入相关法律乃至宪法性文件,甚至在一系列国际文件中也得以确立。⑤

---

① 参见王俊民、孔庆余:《反思与超越:论法律援助之政府责任》,载《政治与法律》2006年第6期。

② 陈醇:《论国家的义务》,载《法学》2002年第8期。

③ 我国《宪法》第45条第1款规定:中华人民共和国公民在年老、疾病或者丧失劳动能力的情况下,有从国家和社会获得物质帮助的权利。

④ 参见吕涛、杨江红:《政府主导的法律援助现状与拓展——基于实践与基层的视角》,载《云南大学学报》(法学版)2011年第3期。

⑤ 参见林凤章:《论法律援助制度建立过程中的政府责任》,载《福建师范大学学报》2006年第5期。

仅仅把法律援助作为一项政府责任,在学界广受诟病。很多学者认为,把法律援助作为一项政府责任,其实是限缩了法律援助的主体范围。约翰·洛克(John Locke)在其《政府论》中指出:“政府是国家最核心的部分。”[①]从本质上看,法律援助制度是受国家法律保护的一种国家义务,是服务型政府要承担的国家责任。[②] 从国家和政府的不同内涵出发,法律援助不能仅仅局限于一种政府责任,而应当是一种国家责任。在法律援助制度中,不仅要设定政府的法律援助责任和义务,还要提供广阔空间以促使民间组织在法律援助中发挥应有的作用。

在这个问题上,我们还有很长的路要走。目前,我国立法的大体思路是将法律援助定性为“政府责任”,这在很大程度上限制了社会力量发挥作用的空间。[③] 虽然我国《法律援助条例》第8条对社会主体参与法律援助提供了法律上的支撑,但这只是一种潜在的可能性。而法律援助作为一种具有一定公益性质的司法制度和社会服务,社会主体的参与应当具有一定的义务性。比如,法律援助资金筹集方式之受援主体的分担部分就不纯粹是受援主体的仁慈之心使然,而在很大程度上具有作为与对其进行援助的对价性质。因此,当前我国的法律援助从实施主体上应为一种国家责任,而非仅仅是政府责任,应该是政府主导下的发展多元社会主体共同参与的法律援助机制,需要社会主体在法治化的道路上共同追求。

(二)我国法律援助制度设立中政府责任的体现

(1)政府是设计者

我国是一个中央统筹地方的单一制国家,国家只有一部宪法,除自治地方根据自己文化、历史和发展的特殊情况可以对部分法律法规的实施作出变通规定外,全国范围内共用一个法律制度体系。因此,作为广义司法制度重要内容之一的我国法律援助制度也必须纳入整个法律制度体系中进行统筹设计,注重制度之间的协调性。对于法律援助制度的制定和实施要在我国经济社会发展全局和总体情况的基础之上,进行统一的设计。这一方面是统筹城乡发展的需要,另一方面是我国法律制度和法律体系有机统一的要求。作为一项全国性,甚至适用对象也有外国人的国际性法律制度,我们首先要从法统上对其进行确立,制度架构首先要进行顶层设计。

正如上文所说,法律援助是一项国家责任,国家司法机关在内的所有行政机

---

① [英]洛克:《政府论》(下),叶启芳、瞿菊农译,商务印书馆1964年版,第60页。

② 参见王俊民、孔庆余:《反思与超越:论法律援助之政府责任》,载《政治与法律》2006年第6期。

③ 参见孙文恺、李卫东:《对中国法律援助制度之“政府责任”的反思》,载《学习与探索》2009年第4期。

关的责任。[①] 目前,我国政府设立的法律援助机构和组织主要是在政府司法行政机关内设置的、由专职律师和相关法律工作者开展法律援助服务的法律援助中心;在少数边远地区,也有由基层司法行政机关设立的、由基层法律工作者开展法律援助服务的司法所。[②] 因此,作为法律援助制度设计者的政府,其作为是必不可少的,从行政行为角度分析是一种行政给付,[③]其对法律援助的作为首要就体现在对法律援助机构和组织的设置上。

同样,法律援助作为我国广义司法制度的重要内容之一,其运行要实现与狭义司法制度在运行中的协同,司法要在资源分配上给予法律援助制度适当的照顾。另外,法律援助案件的处理要严格依照司法程序处理。

(2)政府是法律援助实施的保障者

首先,法律援助实施的资金保障。2004 年 9 月国家部委联合下发了《关于贯彻落实〈法律援助条例〉切实解决困难群众打官司难问题的意见》(以下简称《意见》),《意见》第二部分规定,各级人民政府要根据区域经济发展及财政收入的增加安排经费。法律援助制度作为中国特色社会主义建设事业中的一项重要内容,国家有义务进行公共财政的支持;国家作为法律援助的责任主体,具有从财力、物力等方面支持法律援助事业的义务。由于国家财政资源的稀缺性,国家应当发展多元主体和资金多渠道。

其次,在司法上的保障。"无救济无权利",司法作为当代社会权利救济的最后一道程序,经济困难公民无法实现自己权利又得不到法律援助的情形时,可以诉求于司法途径实现权利救济。

(3)政府是法律援助实施的管理者

我国《法律援助条例》明确了政府的责任,包括政府在法律援助实施中的管理责任。政府对于法律援助的管理具体又包含 3 个方面的内容:法律援助机构的行政管理、业务行政管理和资金管理。

法律援助机构的行政管理。法律援助的责任主体中体现的是政府主导,社会多元参与的主体结构模式。我国《法律援助条例》中的政府责任具体表现为政府法律援助资金的投入和政府对于法律援助管理机构的设置。在当前及以前的一段时间,我国政府法律援助的管理机构往往也是法律援助的实施机构,管理职能和实施职能混杂不清;但在今后,为了公平、有效地实施法律援助,政府应该把法

---

① 参见王俊民、孔庆余:《反思与超越:论法律援助之政府责任》,载《政治与法律》2006 年第 6 期。

② 参见林莉红、黄启辉:《民间法律援助与政府法律援助之关系研究》,载《环球法律评论》2005 第 6 期。

③ 同上。

律援助机构的管理职能和实施职能适当分开。我国目前从中央到省、市(设区的市)和区(县)已经建立起了四级法律援助机构。政府对于法律援助机构管理的职责就体现在精简机构、提高效力、团结协作,加强交流。

关于业务的行政管理。整个业务具体包含了申请、受理、指派律师和案件处理以及相关数据统计等众多内容。对于业务的管理是一项烦琐复杂的活动,需要政府建立起专门的部门机构和信息统计系统。对于由此而产生的经费也应当由国家承担。

关于资金管理。首先,法律援助是政府的责任,法律援助经费主要由政府承担,政府必须确保基本法律援助资金的供给。其次,在对法律援助资金的使用和管理上,政府具有监督和管理的基本职责。法律援助是政府的责任,政府有责任确保法律援助资金和人力资源的配备,同时对于社会组织提供的募捐以及捐赠性质的法律援助资金,政府也有责任监督其的使用情况。

二、多元参与

我国《法律援助条例》第8条为社会主体参与法律援助工作提供了法律基础。

国家是法律援助事业的责任主体,国家包含了政府和民间主体两种力量。政府是我国法律援助事业建设和发展的主导性力量,而民间主体则是我国法律援助事业发展的重要补充。所谓民间主体,就是指民间为相对处于弱势地位的当事人免费提供法律援助及其相关服务的私人或社会团体,这些主体人群来源往往比较复杂,其援助方式也较为灵活,其援助目的大都是公益性质。① 发展多元化的非政府组织和民间力量投入我国法律援助事业,对于统筹我国城乡社会的发展,完善司法制度内容,实现实质的公平正义具有重要的意义。为了繁荣我国的法律援助事业,在政府主导之下,我们应着力发展多方民间主体的参与。

首先,律师是农村法律援助的主力军。我国经济飞速发展的背后是社会纠纷数量的几何式增长,但是我国法治国家和法律制度建设的时间并不长,积淀并不深,这对我国法律专业人才的需求不管是从质量上还是从数量上都提出了很高的要求。经过十几年的发展,我国高校培养了一批法律专业人才,在一定程度上缓和了经济社会发展对于专业法律人才急需的局面。基于我国法律人才资源的匮乏,以及律师维护社会公平正义的使命,赋予其一定程度的公益性义务,无论对于社会来讲,还是对于律师个人的专业素质提升、法律信仰的培养、服务为民理念的

① 参见林莉红、黄启辉:《民间法律援助与政府法律援助之关系研究》,载《环球法律评论》2005年第6期。

强化都有很重要的意义。因此,要强调律师的社会责任,使之参与到法律援助中,壮大人力资源力量,担负起维护社会公平和正义的神圣使命。①

其次,基层法律服务工作者是法律援助队伍中不可或缺的重要力量。与通过全国统一法律职业资格考试、取得律师执业证书的律师的条件和要求不同,符合《基层法律服务工作者管理办法》所规定的执业条件,并经核准职业登记,取得法律服务工作者执业证,并从事法律规定范围内的法律事务,收取一定费用的人员才能成为基层法律服务工作者。在我国20世纪80年代初中期,律师人才匮乏,法律资源不足,基层法律服务工作者为我国社会经济的发展做出了重大的贡献。如今,基层法律服务工作者依然是我国法律实务界的一支重要力量,在发挥作用。《基层法律服务工作者管理办法》建立的规范的执业资格和职业准入控制制度保证了基层法律服务人员的综合素养和专业法律知识,应该纳入法律援助事业的人力资源范畴,发挥其应有的作用。

最后,还要充分利用司法行政系统外的社会资源开展法律援助工作。目前,全国各地、各企业已相继建立起了工会。工会作为劳动者组成的维护其权益的自治性团体,对于困难职工进行法律上的帮助更具现实性和可行性。全国各地的残疾人联合会对于残疾人这一社会弱势群体提供法律援助应当作为其基本职责内容的一项加以贯彻落实。目前,高等法律院校依然掌握和保留了大批的高级知识分子,具有理论的优势,要用理论指导实践的发展,让高校的知识分子“走出去”为社会服务,同时用所掌握的理论指导法律援助的实践。发挥高校法科专业教职人员和学生的优势,为我国法律援助事业贡献应有的力量。在此之余,其他社会组织和个人,只要有法律援助的意愿和能力,并且不违背法律援助的宗旨,都应当得到有关部门的支持。

三、以混合模式为基础,积极推行合同服务机制

世界范围内的法律援助模式大致可以总结为三种模式:第一种是专职律师模式(或称为带薪律师团),就是政府财政拨款成立专门机构、聘请专职律师开展法律援助。这种模式下专职律师过分依赖政府的财政支持,容易被视为政府工作人员,缺乏高度的公信力,给政府带来的财政压力也较大;同时由于缺乏竞争力,其工作的积极性不高,工作态度时常受到公众质疑。② 第二种是司法保障模式(或称为朱迪凯尔模式),就是私人律师开业与政府形成“委托代理”关系从事法律援助

---

① 参见张福森:《法律援助:公民的权利 政府的责任》,载《人民论坛》2004年第12期。

② 参见李智慧、王杏飞:《法律援助的模式选择》,载《当代法学》2002年第8期。

工作。这种模式虽然能够保证法律援助案件由专业的律师处理,但由于法律援助的管理和法律援助的处理是分别由政府和私人律师分别进行,私人律师处理法律援助案件需要国家支付一定的费用,但这项费用往往较低,导致私人律师的积极性不高,并且会在法律援助服务质量、时间及政府支付的费用上斤斤计较,算起经济账,导致法律援助的效果会打折扣。第三种就是混合模式,占据了司法保障模式(朱迪凯尔模式)和专职律师模式(带薪律师团)各自的优点和长处,因而也是许多国家法律援助制度的最终选择。

总结我国法律援助的具体实践,借鉴国外发达国家和发展中国家法律援助的发展道路和经验教训,并扎根落实于我国经济社会发展的本土环境,“政府主导、民间参与”的混合模式应当是我国法律援助可以采取的切实道路和发展模式。我国《法律援助条例》第 3 条规定法律援助是政府的责任,第 8 条强调国家支持和鼓励社会组织提供法律援助,由此可以说,我国法律援助模式在很大程度上其实也就是混合模式。其一方面是国家行政机关和事业性质的法律援助管理机关,另一方面是社会市场主体的法律援助实施机构,有时法律援助管理机关会通过专职律师提供法律援助服务,有时会在审查合格后指派律师(包括与私人律师或者律师事务所建立法律援助合同),由社会律师完成法律援助工作。

在我国推行合同服务机制也是有必要的。所谓合同服务机制,就是法律援助机构和组织通过与律师事务所或者独立律师签订契约的方式,委托他们为申请法律援助的当事人提供法律援助服务的一种运行机制。这种运行模式是美国公共辩护人体系之外的重要法律援助手段,主要适用于办理刑事法律援助。在美国,法律援助合同服务项目主要是由州、县或特定区域内政府或相关司法机构与律师事务所、私人律师等以合同的形式约定由他们按照双方达成的条件去完成相关数量的法律援助案件,并为此支付一定数额的经费。主要是承担以下几类刑事案件的法律援助:第一类是与公共辩护律师有利益纠纷、不适用于公共辩护人体系的所有案件,以免损害司法公正;第二类是针对青少年犯罪;第三类是针对犯罪行为恶劣、罪刑较重的案件;第四类是适用于罪刑较轻但具有某种特定性质、具有广泛社会影响或具有较大争议的案件。其合同定价方式主要有两种:一种是固定定价,就是合同双方约定在一定时期内,提供法律援助服务的具体实施者收取固定的费用,不论此一时间段内所要提供的法律援助服务的数量多少;另一种是个案定价,就是合同双方约定在一定时期内每个法律援助案件的定价,提供法律援助服务的具体实施者按照援助案件的数量和约定的单价收取相关费用。

合同服务模式的最大优点就在于能够在保证法律援助服务质量的同时最大限度地节约费用。在美国,合同服务模式已经成为部分经济不发达和人口分散地区办理刑事案件所采取的法律援助的主要形式。与传统的司法保障模式(朱迪凯尔模式)和专职律师模式(带薪律师团)相比,合同服务模式不仅可以通过费用的总体控制而有效地降低法律援助成本,还可以通过合同、契约的形式联合相应的律师事务所、律师协会保障法律援助服务的质量,其他援助实施者也可以通过援助实践提升自身能力和素养,探寻出法律援助的专业化道路。因而,我国的农村法律援助体系也可以采用这种成本低质量高的模式,最大限度地降低固定定价和个案定价,从而破解经费难题;同时,法律援助机构可以通过一段时期的合同来较为确切推算此一时期法律援助经费的支出,有利于政府作出预算,资金保障得以稳固。

第三节　结合城乡一体化法律服务体系建设,统筹城乡法律援助资源

一、构建城乡一体化法律援助体系的提出

法律服务业作为现代服务业的重要组成部分,是全面推进依法治国、建设社会主义法治国家的重要力量,是保障公民基本权利的必要力量。

《关于推进公共法律服务体系建设的意见》强调,要推动法律服务网络向基层和经济欠发达地区延伸,加强基层法律援助工作站建设,帮助群众敢打、打得起官司,用法律武器维护自身的合法权益。

构建城乡一体化公共法律服务体系必然包含法律援助体系建设,在构建城乡一体化公共法律服务体系中必须重点统筹城乡法律援助体系一体化建设。改革开放以来城乡二元结构并未改变,并且出现城乡差距进一步扩大的趋势,近年来农村环境污染、土地纠纷、宅基地纠纷等问题频繁发生,农民权益受到严重侵害,广大农民却缺乏法律意识。因而,在城乡经济收入和法律意识方面存在巨大差距的情况下,必须实行政策倾斜,优先建设农村法律援助机构,引导城镇及其居民参与援助的开展。城乡一体化法律援助体系要求城乡相互协作,以城促乡,实现城镇帮助农村的局面,从而缩短城乡在法律援助工作上的差距,保障城乡居民能够在法律上乃至实质上平等地享有法律援助的服务。

二、构建城乡一体化法律援助体系的具体措施

(一)健全法律援助服务网络

实现法律援助村村通、户户通,推动法律援助机构进一步走向农村、深入基层。同时,扩大法律援助的覆盖面,法律援助应当面向包括农民工在内的广大农

民。如陕西省西安市长安区结合实际情况和需要,截至2014年7月底,全区有区级公共法律服务中心1个,社区服务室643个,街道工作站22个,三级法律服务网络已经全面建成,基本实现了城乡全覆盖,在预防和化解乡村纠纷及严重影响社会和谐发展的重大突发性事件和群体性事件中起到独特作用。

(二)加强法律援助的相关宣传

建立联络员制度,负责与法律援助工作站联系并协助进行法律宣传等方面的工作,让更多的人知道法律援助,了解法律援助相关制度、进行法律援助申请。就目前看来,我国大部分农民群众对法律援助服务的认识大都停留在申请法律援助就是打官司上,由于受到传统文化、能力素养的影响大多数农民不愿意打官司,认为打官司会得罪人,如果对方在政府、司法部门有人缘关系,就算打官司也不好胜诉。因此,法律援助联络员必须向农民说明法律援助的方式,包括法律咨询、公正业务、法律意见、法律调解等多元化纠纷解决方式,通过展示法律援助机构成功办理的相关案件让农民认识到法律的权威性以及对法律援助的期待性。

(三)建立援助经费保障机制

通过本级政府财政预算为城乡法律援助提供坚实的资金保障,有关的经费保障制度要尽快拟定和付诸实践,对于经济欠发达地区法律援助工作要加强重视,重点予以建设,加强对法律援助资金的收支监督工作。同时,积极建立多渠道法援资金筹措机制。充分动员社会各方力量筹措资金、争取社会最广泛的支持来解决资金不足的问题。

(四)建立城乡法律援助工作监督检查机制

由上一级或本级党委政府和法律援助机构对法律援助实施者提供法律援助服务情况进行指导、检查、监督和评估的活动,从法律援助的咨询接待、受理申请、审查指派、代理辩护、监督管理等环节进行规范完善。加强对案件办案规范的检查,确保提升法援服务质量;加强对案件办案过程的跟踪和监督,增强办案人员的责任意识;加强对案件卷宗质量的检查,做到及时归卷。建立城乡法律援助工作的服务质量评估标准,根据服务质量支付法律援助实施者的相关费用,提升服务质量。

(五)建立法律援助联动机制

加强城乡法律援助机构与各级部门的联系,以法律援助机构为主导,各级党委政府,各级公安机关、人民检察院、人民法院等部门相互配合,共同参与,合力推动。比如,公安机关、人民检察院、人民法院可以及时通知法律援助中心相互协调,简化法律援助申请、受理、审批、复核程序,为法律援助工作顺利开展提供便利条件。公安机关、人民检察院和人民法院可以定期安排人民警察、检察官和法官到各基层法律援助机构提供法律咨询和法律援助服务。加强法律援助机构与工会、团委、妇联、残联等社会组织之间的交流与协作，这些社会团体的服务对象有一部分属于社会弱势群体，社会团体拥有专业的法律人才，了解成员的现实需要，能够及时帮助需要法律援助的相关成员解决问题。

（六）建立城乡法律援助服务平台

要依托现代信息技术，建立协同办公网络系统，逐步完成公共法律服务网络信息通道，建立各级既独立又统一的法律援助资源数据库，城乡之间、各级之间共享法律援助资源，促使优势资源在区域内的合理流动，避免优势资源的不合理聚集，实现法律援助资源共享，使贫困落后地区也能享受到优质法律援助服务，缩小城乡差距。当前，重要的任务就是按照司法部《关于推进公共法律服务体系建设的意见》加强"12348"热线平台建设，使之更好地为广大群众服务。

（七）建立城乡法律援助人员培训和交流制度

积极开展各种业务学习、培训、教育和交流活动，逐步提高法律援助管理人员的管理能力和法律援助实践人员的法律援助技巧和能力。对法律援助人员进行行为规范、文明用语、接待礼仪、心理学知识、职业道德培训，提高法律援助人员的服务态度。适时举办法律专业知识的中短期培训班或组织一些法律援助研讨会，组织相关工作人员到高等院校科研院所进行法律知识和业务知识的培训和教育，加强机构间人员的交流学习，开阔专业视野。通过市级法律援助中心统一安排城乡法律援助人员进行相互交流，促进城乡法律人员相互学习、相互补充和相互帮助，通过交流制度将先进的管理经验、办案经验和服务经验在城乡法律援助平台上传播，共同提高工作服务水平，建立城乡法律援助人员交流制度，定期研讨借鉴，彼此学习，进一步缩短城乡法律援助工作在人力资源上和业务水平上的差距。

第四节　扩大农村法律援助范围

一、取消农村法律援助事项范围限制的可行性研究

（一）取消农村法律援助事项范围限制的理论分析

（1）法律援助的本质要求

为弱势群体服务乃是法律援助的本质，这就要求，在弱势群体有法律援助需求时，法律援助机构都应当给予他们相应的法律援助。农村法律援助作为我国法律援助的一个类型，也应该遵从这种本质的要求。

首先，法律援助作为国家对经济困难人员的一种救济手段，本身就决定了它的服务主体是特殊的。就这些特殊群体而言，他们本身是不希望和他人产生社会

纠纷的,一旦他们有法律援助的需求,那么绝对是与他们自身的利益息息相关,才会使迫切地想要得到国家的保护和社会的帮助。

其次,法律援助之所以会有受案范围的限制,是因为我国2003年《法律援助条例》开始实施之时,我国的经济发展水平还不高,国家的财政能力负担不了所有的弱势群体的法律需求。但是,经过十几年的发展,我国经济高速发展,国家财力不断增长,对法律援助事业的财政支持力度也逐年加大,法律援助机构建设不断完善,法律援助队伍不断壮大。因此,依照我国目前的经济发展趋势,曾经制约法律援助范围的因素已经得到了解决,经济发展水平、法律援助队伍等都不再是限制法律援助事项范围的理由。

(2)农村法律援助独有功能的要求

第一,维护公平正义,促进法治中国、法治农村的建设。在当今社会,随着法制建设水平的不断提高,平等观念已深入身心,社会成员的法制观念也日渐增强,法律在解决纠纷过程当中的地位也越来越重要。但是,贫富差距的客观存在已是无法改变的现状,这就必然会使部分贫困群众无力偿付法律服务费用而遭受利益损害。而在农村地区开展的法律援助工作,恰好为那些经济困难的又想通过法律途径解决问题的农民扫除了障碍,在一定程度上改善了因贫富差距造成的不平等待遇。可以说法律援助在农村的广泛开展,不仅有助于帮助弱势群体摆脱当下的困难,而且弥补了由于经济水平不均衡而导致的人民群众的实际地位的不平等,这种不平等明显是与"法律面前人人平等"的法治、人权理念相背离的。

第二,社会救助功能。所谓社会救助,是指社会成员在不能维持其基本生活需求、保障其最低生活水平时,根据人权原则,按照有关法律规定,有权要求国家和其他社会主体按照法定的标准向其提供实物援助或精神救助的一种社会保障制度。法律援助的主要作用就是在经济困难的人需要法律帮助时,为他们提供免费的专业性法律服务。这就是一种社会救助形式。农村法律援助的作用就在于普及法律知识,让广大农民认识法律、了解法律、学会用法律武器解决问题。除此之外,农村法律援助的一个重要功能就是为那些懂法用法的人免费提供法律上的帮助,即使他们经济困难,也同样能享受到法律带来的益处。"法律援助实质就是国家通过制度化的形式……保障贫弱残疾者……平等地获得法律帮助"。①

第三,统筹城乡发展,维护社会稳定。当前我国正处于全面建成小康社会的决定性阶段,诸多矛盾和问题的解决都需要一个稳定的大环境,只有当社会稳定了,发展才成为可能,问题的解决才有保障,小康社会的战略目标才能实现。农村

---

① 宫晓冰:《各国法律援助理论研究》,中国方正出版社1999年版,第178页。

法律援助的实施，对新的社会关系引起的纠纷给予了恰当的处理，从而有效地避免了因区域经济发展水平高低不同、贫富悬殊差距所引起的社会动荡和矛盾冲突。因此，从维护社会和谐、社会稳定的角度出发，只要存在弱势群体或需要救助的群体，就必须建立健全法律援助制度。美国著名学者米歇尔·麦卡恩(Michel McCann)曾说："穷人看到自己也能像富人那样享受司法体制的保护，因而更支持依法治国。"①

(二)取消农村法律援助事项范围限制的实践可行性分析

从各地对待法律援助范围的实践情况来看，很多地区已经在实践中扩大了其受案范围，有的甚至直接在操作中取消了农村法律援助的案件范围限制，仅以经济困难与否作为是否开展法律援助的唯一标准。如2006年在广东省审理或者经过广东省相关机构处理的事项，只要法律权益受到侵害的经济困难者均可以获得法律援助。② 上海市在《法律援助条例》的基础上增加了有关劳动合同、人身损害的事项。③ 河南省也对法律援助范围进行了扩充，有的地区甚至取消了当地法律援助受案范围的限制，其中以商丘、济源、漯河为代表，农村法律援助范围事项不受限制。④ 2015年3月30日修正后的《山东省法律援助条例》也正式取消了法律援助范围的限制。⑤ 这种趋势的形成是由多方因素综合作用的结果。首先，我国的改革正处于社会转型期，影响治安秩序和社会稳定的突出问题频现，困难群众对法律援助的需求不断增加，需要法律援助为维护社会秩序、社会稳定再做贡献。其次，我国经济发展水平不断提高，对于法律援助事业的财政支持力度不断加大，能够满足当前法律援助范围扩大化的现实需要。根据司法部统计的数据，2013年中央补助的专款增至15亿元，中央彩票公益金增至1亿元。⑥ 法律援助工作的顺利开展，同时也离不开组织机构的建设。截至2013年，全国法律援助机构总数达3249个，法律援助工作人员共计14,548人；⑦全国共处理法律援助案件955,841件，而其中农村法律援助工作获得很大进展，受援人总数达到1,279,202人次，同

① 司法部法律援助中心：《各国法律援助理论研究》，中国方正出版社1999年版，第159页。

② 参见《广东省法律援助条例》，载《人民之声》2006年第12期。

③ 参见上海市人民政府：《上海市人民政府关于调整法律援助对象经济困难标准和扩大法律援助事项范围的通知》，中国上海网：http://www.shanghai.gov.cn/，2015年3月31日最后访问。

④ 参见漯河市政府：《法律援助范围限制基本取消，不再设置门槛》，载河南省人民政府网：http://www.henan.gov.cn/，2010年6月23日最后访问。

⑤ 参见《山东拟取消法律援助范围限制，经济困难就能申请》，载新浪网：http://www.sina.com.cn/，2015年4月1日最后访问。

⑥ 司法部法律援助工作司：《2013年全国法律援助工作统计分析》，载《中国司法》2014年第9期。

⑦ 司法部法律援助工作司：《2013年全国法律援助工作统计分析》，载《中国司法》2014年第6期。

比增长11.7%。[①] 截至2013年年底,全国共建立法律援助工作站65,069个,其中基层法律援助工作站就达到38,901个,相关工作人员达到14,548人。[②] 最后,我国《法律援助条例》授权省级人民政府可就法律援助事项范围作出补充规定,目前,诸如因征地、拆迁引起的补偿或赔偿纠纷或者是医疗事故、交通事故、工伤事故赔偿等常发的社会纠纷在部分省市均可获得法律援助。地方立法有关法律援助事项范围的扩大,较好地涵盖了弱势群体的迫切需求,使经济困难的当事人在遇到常见多发的社会纠纷时都可以申请法律援助。

二、经济困难标准的科学认定

对于经济困难标准的认定,常见的都是将其等同于最低生活保障水平的标准。[③] 笔者认为,这种经济困难标准的认定背离了法律援助制度的立法本意,同时这也不符合困难群众的客观需求。事实上,那些需要依靠国家救助制度才能维持自己基本生活水平的低保户,他们几乎都没有工作,除了能够按时从政府那里领到自己的救济金之外,就没有别的需求了,所以他们寻求法律援助救济的概率是非常低的。[④] 而在实际生活中,真正对法律援助需求较大的群体是那些收入不高,但已经过了国家规定的最低生活保障水平的人,他们有一定的收入来源,但相比于其他能够支付得起律师费的人来说,他们仍属于贫民阶层,而这部分人恰恰是申请法律援助的主要群体,农村法律援助要想取消事项范围的限制,关键的一点就是让更多的中间阶层也能够享受到法律援助机构提供的免费法律援助服务。

因此,从农村法律援助的本质和独有的特征出发,认定是否符合经济困难条件时所应遵循的总的指导原则就是以最低的法律服务市场价格为准,根据地区经济发展水平程度的高低,在最低法律服务市场价格的基础上适当调整。具体来说,首先,就是要由立法统一规定经济困难的标准,然后各地政府以本地财政负担能力为限作出相应的调整。其次,在经济困难标准的制定上,应综合考量目前区域经济社会发展水平、律师及相关法律工作者收费指导标准、最低工资标准、居民人均家庭支出标准、法律援助的社会需求等,以求将更多的有法律援助需求的经济困难的主体都纳入进来,最大限度地维护其合法权益。最后,可以尝试将经济困难标准与社会诚信体系衔接,综合运用个人存款账户实名制和财产管理相关的

---

① 司法部法律援助工作司:《2013年全国法律援助工作统计分析》,载《中国司法》2014年第9期。

② 参见司法部法律援助工作司:《2013年全国法律援助工作统计分析》,载《中国司法》2014年第6期。

③ 参见杨泳:《论法律援助的可持续发展》,中山大学2005年硕士学位论文,第33页。

④ 参见高贞:《法律援助审查中的若干问题探讨》,载《中国司法》2008年第2期。

法律制度，法律援助机构只需查询公民诚信记录，就能真实地判断申请人的经济状况。网络信息技术的发达确保了法律援助机构与其他部门及社会团体信息共享机制的健全，这为建立相对合理的、多层次的法律援助经济困难标准提供了可能。①

这样，实施动态的经济困难标准不仅可以最大限度地将对法律援助有需求的人及时纳入救助对象的行列，而且另一方面又能对提出法律援助申请的个体的经济情况进行审查，防止受援人提出无理的法律援助请求，造成法律资源的浪费。

① 参见郭婕：《论法律援助标准的建立与完善》，载《法治研究》2013 年第 2 期。

第九章　需求导向型农村法律援助服务方式探索

长期以来，普遍的观点认为，法律援助是国家在诉讼环节上为社会弱势群体减免费用并提供法律服务的一种司法制度。但是，从目前国内外发展状况和趋势来看，这种认识是极为片面的。就本质而言，法律援助的根本在于维护社会正义和司法公正，其外在表现是保护弱势群体的合法权益。诉讼法律援助仅仅是法律援助的部分内容，多种形式的法律援助服务已经随着现代社会矛盾纠纷解决方式多元化悄然兴起，非诉讼性法律援助需求日益增长。在法律援助比较发达的美国，已经基本摆脱以诉讼为主的思维模式，更多的是采取非诉讼服务方式，有 90% ~95% 的民事案件是通过调解解决的，既有效节约社会成本，又为法律援助对象带来更多收益。

在我国的广大农村，农民受传统习俗的惯性影响以及农村社区固有的“熟人社会”现实，对纠纷的解决方式更多偏重于非诉讼方式的选择。吉尔伯特·罗兹曼（Gilbert Rozman）提出：“在中国社会中，形成的一种小纠纷诉诸于非诉途径解决的习俗，这种方式很符合中国实际，成本低而且有效。”[①]因此，对满足法律援助条件又能够采用非诉讼方式解决的案件，我们就应该给予相应的非诉讼法律援助，通过非诉讼方式解决纠纷，以最小成本保障受援人的合法权益。但是值得注意的是，在我国基层法律援助工作

---

① ［美］吉尔伯特·罗兹曼：《中国的现代化》，江苏人民出版社1988年版，第129页。

站中,非诉讼法律援助服务与人民调解工作存在相似之处,两者很容易混淆。因此,在基层法律援助工作站开展非诉讼法律援助服务的具体操作过程中,"要经过事先审批或事后追认,并将审核归档后方可成为法律援助案件"。① 在形式要件上,法律援助服务人员必须是代理受援方调解而不是居间调解;在法律要件上,代理人符合《法律援助条例》的要求,必须要达成许可调解的协议。

从我国的实际情况来看,农民群众对法律援助的认同度正在逐步上升,以非诉讼法律援助方式解决纠纷也占有极大比重。据陕西省法律援助中心《关于农村法律援助工作的调研报告》显示,2006 年陕西省农民遇到的法律纠纷总数约 13.15 万件,通过基层调解组织调解的 9.8 万件,约占 74.5%;通过政府有关部门处理的 1.1 万件,约占 8.4%;通过诉讼解决的 1.28 万件,约占 9.7%;申请法律援助的 0.97 万件,约占 7.4%。2006 年陕西省办理法律援助案件 5483 件,其中涉及农村 1360 件,通过诉讼形式解决矛盾纠纷约占 9.2%,通过非诉讼形式解决矛盾纠纷的约占 90.8%。由此可见,我们应该将法律援助与人民调解紧密结合,大力发展非诉讼法律援助业务。

正是基于此种认识,本章在分析、论证非诉讼法律援助优势的基础上,结合我国农村现行非诉讼法律援助中存在的问题和遇到的障碍,提出构建中国特色农村法律援助非诉讼服务方式。要不断地丰富法律援助形式,使法律援助机构处理好诉讼与非诉讼法律援助制度的衔接工作,探索完善法律援助与人民调解、司法鉴定、公证等服务手段的衔接配合机制,通过构建非诉讼法律援助工作体系,为农民提供多样化的法律援助服务。

第一节 非诉讼法律援助优势分析

一、非诉讼法律援助功能

(一)弥补我国法律援助适用范围狭窄的问题

我国《法律援助条例》规定了法律援助的范围。② "一些地方扩大了这一范围,将一些人身损害赔偿、工伤赔偿、请求劳动补偿、赔偿以及因遭受家庭暴力、虐待或者遗弃要求离婚、变更或解除收养、监护关系等也纳入法律援助的受案

① 刘琳:《乡镇法律援助工作站工作运行模式初探》,载《黑河学刊》2007 年第 5 期。

② (1)依法请求国家赔偿的;(2)请求给予社会保险待遇或最低生活保障待遇的;(3)请求发给抚恤金、救济金的;(4)请求给付赡养费、扶养费、抚养费的;(5)依法请求支付劳动报酬的;(6)主张因见义勇为行为产生的民事权益的;(7)符合特定条件的刑事诉讼;(8)人民法院因特殊情况为被告人指定辩护的。

范围。”①诉讼性法律援助适用范围是较为狭小的，与之相对应的是社会对法律援助的巨大需求。但是，我国《法律援助条例》也给法律援助留下广阔的发展空间，即它没有对非诉讼法律援助作出范围限制，而且就当前我国的法律规定也没有对其作出限制。因而，我们可以通过非诉讼性法律援助，最大限度地为申请人提供法律帮助，逃避受案范围狭窄的弊端，从而最大限度发挥法律援助的社会效益。

（二）减轻诉讼负担，降低司法成本，缓解法律援助经费不足矛盾

诉讼法律援助往往存在成本大、时间长、难执行、效率低的弊端。诉讼法律援助工作成本大，农村地区民间纠纷中大部分是标的额较小的纠纷，“如果因小纠纷而诉讼，所需要的花费以及误工费等费用往往超过当事人所要维护的经济利益的总量”。② 诉讼法律援助工作要消耗时间，办案周期较长。

非诉讼法律援助却有着天然的优势。非诉讼调解的法律援助案件，具有经济和时间双成本均较低的特征，可以采用灵活的服务手股，快捷、经济的工作方法，从案件受理到办结，最快只需 3 个工作日，高效率化解矛盾，减轻援助对象的负担，维护援助对象的合法权益。同时，采用非诉讼方式解决双方矛盾和纷争，缩短办案周期，提高办案效率，避免小纠纷、小矛盾的诉讼行为和过程而形成对国家有限司法资源的占用，使司法工作发挥更大社会经济效益，从而降低国家的司法成本。由此看来，大力开展非诉讼法律援助也是减少费用支出、推动我国司法改革发展的重要举措。

另外，采取非诉讼的方式解决纠纷，可以缓和因诉讼引发的社会矛盾，充分发挥法律援助的社会效益。农村的法律纠纷往往是婚姻家庭纠纷、邻里纠纷、土地承包纠纷、宅基地地界纠纷等，大都是亲人、朋友、邻里之间的小纠纷。采用非诉讼方式，避免了与熟人对簿公堂的尴尬，有利于邻里和谐。如在赡养纠纷中法律援助实施者在掌握情况后对案件相关人予以劝诫，非诉讼法律援助符合和谐社会建设的要求，在既可以通过诉讼方式也可以使用非诉讼的方式解决农民群众的问题时，应该遵守中国传统文化中“和为贵”的思想，以非诉讼的方式化解矛盾，降低矛盾的尖锐程度。通过非诉讼的方式解决问题，处理结果的稳定性一般要高于通过诉讼方式处理获得的结果，由于诉讼方式处理纠纷存在一方当事人的非自愿性，而非诉讼方式一般处理后获得的结果都是双方当事人自愿遵守的结果，纠纷就此解决。

---

① 义乌市司法局：《开展非诉讼法律援助的研究》，载义乌市人民政府网：http://www.yw.gov.cn/，2009 年 4 月 24 日最后访问。

② 李保民：《非诉讼解决农村民事法律援助案件探析》，载《法制与经济》2010 年第 3 期。

二、农村法律援助中开展非诉讼法律援助的必要性分析

从效益原则来看，在农村法律援助中开展非诉讼法律援助是极其必要的。澳大利亚弗林德斯大学（The Flinders University）教授弗朗西斯·瑞根（Francis Roqan）根据在英国进行的实验得出结论：除了诉讼方式的法律援助，对于那些具有非诉法律问题的申请同样应该得到援助。根据效益原则，非诉讼法律援助与诉讼法律援助相比，非诉讼法律援助能够在短时间内帮助当事人解决问题，分担了诉讼法律援助工作的压力，能够实现最大的效益，不仅包括时间、成本效益，而且还包含法律援助工作的质量效益。

从发展趋势来看，非诉讼法律援助日益重要。其模式主要有两大类：其一是已过诉讼时效的案件，由于进入诉讼程序也得不到法律的胜诉支持，因而非诉途径就成为化解纠纷的首选。虽然诉讼时效已过，但是实体上的权利义务仍然存在，为了化解实体的权利和义务就只能通过非诉的方式来完成。其二是由于缺乏证据等原因无法进入诉讼程序的案件，必须以非诉的方式解决。"如工伤事故发生后，当事人无法提供和用人单位存在劳动关系的书面证明，因而事故无法被认定为工伤，导致案件不能进入劳动仲裁及以后的诉讼程序，这时非诉讼法律援助的参与显得成为必要，在援助代理人的帮助下为当事人做好相关的前期准备工作。"[①]在缺乏相应证据的情况下无法进入诉讼环节，只能通过非诉讼法律援助方式，这是结合受援对象所处的环境所决定的，这时非诉讼法律援助就起到补充诉讼法律援助工作，为受援对象提供法律意见、法律咨询以及调查取证等方面的帮助。对于已经过了诉讼时效的案件，进入诉讼环节不仅法律援助成本高、时间长，且由于已经过了诉讼时效只要对方当事人提出时效抗辩，法官就会作出驳回诉讼请求的判决，因此，选择非诉讼法律援助工作方式是最经济、最有保障的援助方式。

美国著名法学家罗斯柯·庞德（Roscoe Pound）认为，国家有责任健全一种体制去解决人们之间产生的纠纷，从而提升国家化解纠纷的能力，实现公平正义；如果过多采用诉讼方式，弊端是极为明显的，诉讼所带来的直接对抗性质不仅会损害当事人的人际关系，而且会破坏当事人的商业合作关系，并对社会秩序的稳定造成不良影响，进而阻碍社会经济的健康、平稳发展。[②] 资源具有稀缺性，司法资

---

① 戴其武、沈树萍：《构建非诉法律援助的工作机制》，载《法律援助》2015 年第 1 期。

② 参见[美]罗斯柯·庞德：《现代西方法理学》，北京大学出版社 1992 年版，第 176 页。转引自沈宗灵：《现代西方法理学》，北京大学出版社 1992 年版，第 291 页。

源亦不例外。由于司法资源的稀缺,导致不可能所有的纠纷都由司法程序解决,加之我国传统文化中的息讼观念以及儒家"和为贵"的思想,导致在农村地区调解成为纠纷解决的主要方式,而且我国在历史上很早就有了非诉讼的解决方式。

当前社会纠纷数量膨胀,法律关系错综复杂,社会治理需要多元化的纠纷解决机制。由于我国法治传统较为稀薄,导致中华人民共和国成立后我们的法治在很大程度上都依赖于诉讼,从而导致诉讼的方式被封为法治,而传统的民间调解等不被视为法治的范畴,从而导致民间调解的能力在下滑。[①] 这种局面必须得到遏制和扭转,造成这种现象的原因在于没有充分把握我国农村社会和农民法律心理状况。

在中国农村社会中,农民的法律意识深受中国历史传统"礼治"大于"法治"思想影响,大都秉承非诉讼方式解决矛盾纠纷的主观意愿。这种意愿的形成也与中国传统宗法制度在农村的延续有着千丝万缕的联系。以血缘关系、人情关系为纽带的宗法制度,一方面强调道德约束与监督,以约定俗成的宗族内部规则处理矛盾纠纷,在很大程度上取代了国家法律代为行使法律职能;"另一方面在宗法制度中,农民很难成为独立个体——自由民的可能,从而使农民自动解除了以个体进行争讼的权利"。[②] 在历史传统和传统宗法制度的双重影响下,农民解决矛盾的基本理念和行为方式大多是非诉讼的。在实际农村社会生活中,农民群众一旦发生矛盾或者纠纷,首先想到的大多是请本村或本区域内年龄较长、辈分较高、颇具声望的长者以礼俗、人情、宗法(宗族内部的自然法)等来协调、缓解、处理矛盾纠纷,矛盾双方往往并不太注重具体的物质利益或法理上的合法权益,其注重点在于是否符合乡风民俗、是否占据道德优势、是否缓解矛盾等。这种方法已经发展成为我国农村纠纷解决机制的一种范式。

以江苏省扬州市为例,2008 年 1 月至 7 月,扬州市法律援助中心共受理案件 352 件,民事申请类 320 件,占 90.9%;其中,请求给付赡养费、抚养费的 2 件;请求支付劳动报酬及社会保险待遇的 296 件;请求享受工伤待遇的 7 件;因遭受家庭暴力请求离婚的 4 件;因身体遭受严重损害请求赔偿的 11 件。"从已办结案件的情况来看,通过非诉讼调解方式结案的已达 15 起,涉及受援人数 210 人,占民事申请类案件的 66%。"[③]另据湖北省武汉市青山区法律援助中心统计,该中心近年来受

---

① 1989 年中国民间调解组织调解纠纷 734 万件,1998 年降为 527 万件。这与同期法院受理案件数量的快速上升形成了鲜明对比。参见何兵:《纠纷解决机制之重构》,载《中外法学》2002 年第 1 期。

② 张耕:《中国法律援助制度诞生的前前后后》,中国方正出版社 1998 年版,第 234 页。

③ 徐立桐、陈桂兰:《浅议非诉讼调解在法律援助工作中的积极运用》,载江苏扬州人民政府网:http://www.yangzhou.gov.cn/,2009 年 3 月 5 日最后访问。

理了较多农民工法律援助案件,2006 年 25 件,占全部案件的 19.8%(全年为 126 件);2007 年 47 件,占全部案件的 34.3%(全年为 137 件);2008 年上半年 35 件,占全部案件的 50%(上半年为 70 件);“2006 年 25 件中,有 12 件是调解结案的,占 48%;2007 年 47 件中,有 25 件是调解结案的,占 53%;2008 年上半年 35 件中,有 20 件是调解结案的,占 57%”。① 由这组数据可知,包括农民工在内的广大农民寻求法律援助的数量越来越多,他们大多是寻求民事案件的法律援助,在这些案件采用非诉讼方式解决矛盾纠纷的比例逐年上升,非诉讼法律援助大有可为,必须大力开展。

第二节　非诉讼农村法律援助在实践中存在的问题

面对农村非诉讼法律援助的需要,针对当前农村社会生活的实际,我国部分区域已经展开了非诉讼法律援助的有益探索和具体实践。虽然有国外的一些经验和教训可供参考,但是要适应中国特色的农村社会环境,要在我国现行的法律规定框架下有效运行,还是存在许多需要破解的难题以及诸多的现实困难。

一、认知和重视程度不够

这种不够在法律援助工作的管理者、实施者和援助对象三个群体都有所体现。“管理者往往重诉讼案件轻非诉讼案件,由于没有相关规定,有些地方法律援助中心认为在没有调解、和解可能性的情况下,才会提供法律援助,将非诉讼法律援助排除在正常的法律援助事项之外,严重影响非诉讼法律援助的开展”。② 有的地区法律援助机构对非诉讼法律援助案件的法律援助服务不予以认可或只给予部分认可,只支付部分甚至不支付非诉讼法律援助实施者有关的报酬费用,极大地挫伤了非诉讼法律援助实施者的工作积极性;部分法律援助实施者对非诉讼法律援助案件的认知和重视程度也不够,在接受委托之后,往往是敷衍了事,单纯应付,服务质量大打折扣;部分援助对象不能正确理解非诉讼法律援助,在一定程度影响了非诉讼调解工作开展。

---

① 范新起:《非诉讼办理农民工法律援助案件之我见》,载青山司法行政网:http://www.qssfxz.com/news_look.asp? id=544&tid=69,2009 年 4 月 3 日最后访问。

② 比如,义乌市法律援助中心长期以来就认为,只有在没有调解、和解可能性的情况下,才会提供法律援助。这种认识在法律援助实践中较为普遍。参见义乌市司法局:《开展非诉讼法律援助的研究》,载义乌市人民政府网:http://www.yw.gov.cn/,2009 年 4 月 24 日最后访问。

二、代理人(非诉讼法律援助实施者)地位作用定位不准

在工作实践中,代理人(非诉讼法律援助实施者)对自身的地位和作用的定位不是非常准确,造成非诉讼法律援助陷入困境。实际上,司法调解与非诉讼法律援助是有着本质区别的。从处理方式上,非诉讼法律援助具有行政调解、人民调解、司法调解的共性之处,即均通过调解和和解的方式来处理双方当事人的矛盾纠纷。但是值得注意的是,行政调解、人民调解、司法调解都是居中调解,而非诉讼法律援助不是。此时,法律援助的代理人在代理内容上有非常强的倾向性,其代表的是法律援助的申请人,而非居于中立位置为双方化解纠纷而协调。法律援助的中心在于为经济困难和特殊群体提供法律援助,保障受援人与对方当事人在法律上处于对等的地位,非诉讼中法律援助调解是一种法律援助方式,这种调解是为了实现受援人的合法权益,因此,在非诉讼法律援助调解中法律援助机构倾向于受援人。

第三节 完善中国特色非诉讼农村法律援助业务的具体措施

一、实行非诉讼调解前置,加强后期调解工作

(一)实行非诉讼法律援助前置

以需求为导向能最有效地为农村公民的现实需求提供多样化服务,提高农村法律援助的质量,非诉讼调解是农民最期望获得的解决纠纷的方式。考虑不同法律援助案件的特点,从方便受援人出发,对法律援助案件实行非诉讼调解前置。由于法律援助实施者并不向援助申请人收取费用,而是完成国家职能,具有一种公益色彩,这种定位使在与对方当事人协商时矛盾并不那么尖锐,使调解促成协议的概率很大。因此,法律援助的代理人应该抓住机遇,于案件进入诉讼程序之前先行进行调解,减少诉讼的概率。在此调解过程中,要充分利用农村社区“熟人社会”的特点,将非诉讼法律援助任务重点指派给熟悉当地民情社情、为当地老百姓熟悉接受的基层法律援助工作者;适当考虑中国农村社会宗法制传统,将农村有声望的“老人”“能人”吸纳到农村非诉讼法律援助工作中来。进入非诉讼程序之后,要积极沟通协调,尽快达成和解与调解协议,减轻援助对象的经济和精神负担,减少法律援助的成本支出,降低司法成本,维护援助对象的合法权益。

(二)加强诉讼程序之后的后期非诉讼调解

后期调解是指法律援助结束之后诉讼案件和非诉案件的履行问题。法律援助同样是化解纠纷,纠纷经过诉讼阶段形成法院判决或者经过调解阶段形成协

议，但无论是判决还是协议都要履行才能最终使得权利得到保障，纠纷得以化解。如宁波市法律援助中心为一起结案而未得到分文赔偿的当事人提供非诉讼法律援助，当事人在律师帮助下争取了7万元的给付。[①] 诉讼程序之后的后期调解是对诉讼法律援助工作的完善，由于诉讼法律援助获得的判决对对方当事人而言是一种非自愿的结果，涉及一些长期给付内容的援助案件必须通过后期调解来保障给付的持续性。

二、实行法律援助实施者的专业化服务

在法律援助的实施过程中，以事实为依据、以法律为准绳的原则必须始终贯彻。法律援助工作涉及土地宅基地纠纷、人身损害、医疗损害、行政诉讼、刑事、婚姻家庭、未成年人维权、追索劳动报酬（经济补偿、最低生活保障、社会保险待遇）等不同类别的农村法律纠纷案件，而不同类别又涉及不同的法律法规和相关政策性规定。而每一个律师、法律工作者或其他法律援助实施者都有自己的专业特长，可能在某一个或几个领域是专家能手，但要求他们对每种法律事项的相关法律法规及其相关规定都有高度把握显然强人所难，基本上也是不可能实现的。因而，为了提高法律援助的质量，促使非诉讼调解的合法、合理、合情，应该按照非诉讼案件的分类进行法律援助实施者的专业化分工，将法律援助案件分类指派到熟知相关法律法规的、有丰富经验的、专业对口的法律援助实施者手中，使每一个法律援助实施者的专长能够得到合理使用，克服“专业不对口”带来的种种弊端，确保法律援助服务的效率和质量。

三、建立农村法律援助值班制度

农村非诉讼法律援助案件的数量极大，涉及的事项比较繁杂琐碎，需要大量人力支撑，而法律援助机构和组织的工作人员往往是有限的，巨大的工作量往往使其顾此失彼，不仅降低了法律援助服务的质量，还影响了法律援助服务的声誉。在目前难以增加法律援助机构管理者的前提下，要改变这一不良局面，就必须鼓励、引导区域内外的城镇法律援助人力资源向农村流动。一方面，可以整合城乡法律援助资源，促使城镇律师及相关法律工作人员服务农村，破解农村人力资源难题。另一方面，借助城镇工作者专业知识，结合基层法律工作者的经验化和生活性优势，共同提升农村非诉讼法律援助服务质量；同时，城镇法律工作者通过在农村的法律援助实践，不断提升自身的专业化知识和实际操作能力，总结经验与

---

① 参见戴其武、沈树萍：《构建非诉法律援助的工作机制》，载《法律援助》2015年第1期。

教训,以便更好地提供法律援助服务。

四、变更法律援助工作统计口径

虽然非诉讼法律援助的需求和供给都在逐年上升,但是现行的法律援助却没有将其纳入统计范围,以调解、免费代写法律文书以及提供法律意见等非诉讼法律援助服务是很难获得相关费用补贴的。目前,法律援助工作大多是统计诉讼类法律援助服务,在诉讼类法律援助中,在结案相关文书中,援助案件数量、援助对象人数、直接挽回或避免的经济损失(标的额)等都是显而易见、方便计量的,在效率和质量的评估上也是易行的,从事法律援助服务的相关费用也是较为清晰的,发放相关补贴也就局限在这个范围之内。如此,法律援助实施者在非诉讼法律援助服务中,得不到认可,得不到相应的报酬,工作热情被挫伤,服务质量也得不到根本保障。

为了改变这一现状,就必须改变法律援助的统计方法,从思想上重视非诉讼法律援助服务,引导非诉讼法律援助实施者树立价值认同感,树立工作责任感和荣誉感,将非诉讼法律服务纳入考核与统计口径中,要参照诉讼法律援助服务补贴标准对非诉讼法律援助服务进行相应的适度补贴,调动广大法律援助相关人员开展非诉讼法律援助的积极性和主动性,不断满足农民群众日益增长的非诉讼法律援助意愿。

五、加强法律援助工作人员的培训工作

相对于诉讼法律援助,非诉讼法律援助对法律援助实施者(代理人)的要求更多,不仅要求代理人拥有专业的法律知识,还要求代理人对当地的乡风民俗、村规民约有所把握,要求代理人掌握援助对象的社会关系、行为方式、思维习惯,才能形成提供非诉讼法律援助服务的相关能力。现在在农村开展的非诉讼法律援助应该说存在一定的问题,有些代理人的非诉讼法律援助的具体方法是有偏差的,认为能解决问题的办法就是好办法,甚至采用威吓、压迫等一些社会手段来解决矛盾纠纷;有些代理人在具体的援助过程中错误地运用法律知识,法律援助既不合法,也不规范。

在这种背景下,加强法律援助相关人员的业务培训和经验交流,提高法律援助相关工作人员对非诉讼法律援助的重要性认知,提升非诉讼法律援助服务能力,就是极其必要的且时机恰当的,需要及时办理。由于农村法律援助相关工作人员较少,工作任务又极其繁重,能够参加相关培训和交流的机会很少,时间也难以得到保证。笔者建议,上级法律援助机构或国家相关主管部门应该根据农村非诉讼法律援助工作的实践,结合本地本区域内社会生活实际,有针对性地总结出

符合区域特征、适合区域非诉讼法律援助服务实际的经验与教训,并编印成册,发放到具体工作人员手中;尤其要根据农村非诉讼案件的不同分类,汇总、总结某类非诉讼案件办理的注意事项,援助实施者(代理人)在服务中可以以此为指导结合个案具体操作。在充分总结经验和不断实践论证之后,合理制定非诉讼法律援助业务的基本流程规范,具体指导实践工作。

六、完善非诉讼法律援助工作机制

非诉讼法律援助与诉讼法律援助共同构成法律援助工作,要发挥非诉讼法律援助在经济效益、文化效益、长期效益等方面的价值,必须完善非诉讼法律援助工作机制,保证非诉讼法律援助工作的顺利开展,保障非诉讼法律援助服务的质量,强化非诉讼法律援助的便民性和利民性。

非诉讼法律援助的案件受理时除了要做好与诉讼案件同样的工作之外,还应严格按照法定的程序进行。一般的程序如下:(1)搜集证据。法律援助的管理人在受理案件时,要了解案件的法律关系,掌握并向申请人搜集能够证明相关法律关系存在的证据材料,为下一步做准备。(2)集体讨论。讨论的目的,一方面在于对援助案件进一步审查,确保其符合法律援助的条件,另一方面在于对证据进行审核,在形成充足证据的条件下增加案件调解成功的概率。(3)向当事人明确法律援助的范围,以此确定提供法律援助的范围和内容。(4)“与代理人进行沟通,案件经指派之后代理人与办理律师要进行沟通,使律师对案件有全面了解。”①集体讨论是决定案件能否采取非诉讼法律援助的关键,必须对当事人提供的证据的真实性等方面进行详细的审查,分析证据的证明效力以及证明力大小来判断采取非诉讼法律援助的可能性,结合当事人的意见,如果当事人不配合也无法进行非诉讼法律援助工作的开展,在符合非诉讼法律援助的条件下通过沟通说服当事人接受非诉讼法律援助。制作笔录是为了防止当事人对事后处理结果没有达到期望值,将所有的责任推给法律援助工作人员和法律援助机构,笔录记载就能够保存相应的证据来应对无理取闹的当事人。在非诉讼法律援助案件中最重要的是和当事人的沟通,只有通过全面的、深入的沟通,才能对案件进行全面的把握和掌控,进而实现非诉讼法律援助工作的预期效果。

---

① 戴其武、沈树萍:《构建非诉法律援助的工作机制》,载《中国司法》2015 年第 1 期。

第十章　需求导向型农村法律援助组织机构建设

按照2003年我国《法律援助条例》的规定,县(区)法律援助机构是现行法律援助体系中的基层机构,承担着向区域内包括农村居民在内的弱势群体提供法律援助服务的实际工作。2014年2月《关于推进公共法律服务体系建设的意见》提出要建设五级网络,推行农村法律服务入村入户工程,法律服务网络覆盖面进一步扩大。在此前提下,要搞好基层法律援助组织机构建设,就要搞好县(区)级法律援助机构和农村乡(镇)级法律援助机构建设。

第一节　加强和改进县(区)级法律援助工作的主要途径和方法

县(区)法律援助机构是法律援助工作的根基。其中,县(区)法律援助机构建设是一项重要的工作。

一、准确定位

长期以来,理论界对县(区)法律援助机构的性质众说纷纭,莫衷一是。笔者认为,必须从性质、职能等层面进行准确定位。首先,从性质上看,县(区)法律援助机构是同级政府设立的法律援助工作专门机构,应属于其管理下的行政事业单位;从管理上看,依据《法律援助条例》第4条的规定,受县(区)人民政府司法行政部门监督管理,但有独立组织实施援助的职权;从职能上看,工作包括接受法律援助申请、审查、委托服务、管理实施过程、接受反馈、支付费用等。

二、加强规范化建设

必须加强县(区)法律援助工作规范化建设,主要手段是积极开展组织机构、内部管理等方面的规范化建设,以管理提高县(区)法律援助工作能力。

(一)加强组织结构规范化建设

我国各级政府均设立了法律援助机构,但是却存在组织结构不协调的问题,机构性质也不统一,在一些县(区)存在法律援助中心律师事务所之类的名称,一方面导致人们对法律援助的公共性产生误解,另一方面多个法律援助结构在实际运行中存在不协调的问题。根据我国《法律援助条例》规定,县(区)政府要设立法律援助机构负责组织实施区域内的法律援助工作;按照《关于推进公共法律服务体系建设的意见》要求,县(区)政府设立县(区)司法行政法律服务中心。县(区)司法行政法律服务中心的设立有利于解决我国法律援助组织机构不协调的问题,将县(区)法律援助机构纳入县(区)司法行政法律服务中心的组织结构,从而解决县(区)法律援助结构的性质问题,将县区法律援助机构定位为公共法律服务网络体系中的网络织点,区分公共法律服务与私人法律服务。避免法律援助律师事务所的出现,即公共法律服务与私人法律服务不分,可以通过合同制等方式与法院、检察院、律师事务所、高等院校、公证处、工会组织、妇联、残联等组织进行合作提供法律咨询、法律援助、公正服务、人民调解等公共法律服务,实现公共法律服务由政府独立承担向同社会共同承担的转化,充分利用社会法律资源,保障县(区)法律援助工作顺利有序开展。

(二)加强队伍建设

我国县(区)法律援助工作队伍中存在诸多问题:首先,“我国县(区)法律援助工作队伍人员供给不足”,[①]法律援助队伍整体趋势是“供不应求”,人员难以满足现实需要,司法行政机关人员兼职法律援助工作是解决人员供给不足的一种方式,但是这种兼职模式难保质量。[②] 其次,县区工作队伍中人员专业素质参差不

---

① 郭婕:《关当前法律援助面临的问题与对策》,载《中国司法》2014 年第 2 期。

② 目前,我国县级法律援助机构平均只有 3.98 人,有些县级法律援助机构负责人还由司法行政机关负责人兼任,实际从事日常法律援助工作的人数平均为 2.98 人,另外据统计全国还有 200 多个县没有律师。

齐,有文凭没有办案资格,有资格没能力的人大量存在。① 为了保障正常运作,发挥应有职能,必须加强法律援助队伍建设。第一,解决人员不足和人员准入门槛低的问题。② 要根据法律援助工作的需要配给相应的工作人员,严格限制人员准入标准,减少人员录用失误,避免将不具备管理或办案能力的人员纳入法律援助队伍,确保学历、资格与办案能力相匹配,不是盲目地扩大人员数量,而是在扩大队伍的同时提高队伍的专业素养,配置法律援助专业律师。第二,加强队伍结构建设,根据队伍人员的专业素质和办案能力确定工作岗位、工作内容、工资待遇等工作福利,将法律援助工作的工作结果和受援助人的评价作为人员考核的重要标准,调动工作队伍的积极性,避免"新人"的"练手"和"老人"的"退休",通过将工资福利与工作能力挂钩,激发"新人"和"老人"的工作动力,实现"老人"帮助和指导"新人"进行法律援助工作。第三,拓展法律援助后备力量。法律援助中心可以同社会团体以及高等院校科研院所的法律类院系合作,充分利用社会法律资源。高校法律类院系拥有专业的老师和大学生,这部分人群理应是法律援助工作的后备力量,既可以通过老师、大学生为法律援助机构提供法律咨询、法律意见,代写法律文书等工作,同时法律援助机构为老师和学生提供实习和实践的机会,无形中在大学生队伍中进行法律援助的宣传,吸引优秀的法学类大学生投入法律援助工作。

(三)加强管理体制建设

我国县(区)法律援助机构存在政事不分、管办不分、职责不明的问题。所谓政事不分,就是说法律援助机构性质差别大,截至2013年年底,全国共有3249个法律援助机构,其中行政性质机构1544个(占总数的47.5%)、参照公务员管理的事业单位633个(占总数的19.5%)、全额拨款的事业单位(不含参公管理的事业单位)1010个(占总数的31.1%),业务经费纳入财政预算机构数2922个(占总数的89.9%),东、中、西部法律援助机构建设存在一定的差距。实际情况比统计数据还要复杂得多,这种机构性质不明直接带来诸多困难。法律援助机构对于符合援助条件的向申请人指派法律援助实施者提供专业法律援助服务,但一些地方的

---

① 全国县(区)法律援助机构中有法律专业文凭的占到人员总数的67%,但本科以上学历的只占51%,执业律师数量则只占39%;部分法律援助机构存在把关不严现象,一些不具备管理或办案能力的人员进入法律援助队伍,而优秀人才因为待遇等原因严重流失,往往是"新人将法律援助机构作为练手场所,老人将法律援助机构作为退养场所,人员不稳定问题也普遍存在,难以形成稳定的专业人员队伍,不利于提高法律援助质量"。

② "据测算一个县(区)法律援助机构要有效地完成日常咨询接待及组织办理法律援助案件、业务指导、经费使用与管理、统计及档案管理等各项工作,至少需要5名工作人员"。参见贾午光、郑自文:《关于加强和改进县区法律援助工作的思考》,载《中国法律援助》2007年第9期。

法律援助机构被赋予了指导、协调和监督等本该属于政府的行政职责，造成政事不分。事业单位履行行政职能，管理起来也很有问题，既要防止公共权利滥用，又无法分清事业单位与市场的万般关系。所谓管办不分，就是法律援助机构既是管理者，又是实施者，也办理法律援助案件。目前，在许多地方，通过司法部门组织的考试获得法律工作证的机构工作人员也都可以直接办理法律援助案件。2013年全年办理法律援助案件955,841件，诉讼案件5,211,917件，非诉讼案件433,924件，法律援助机构工作人员办理195,555件，较2012年同比增长4.5%。法律援助机构一般管理人员与办案律师没有分开，身份上身兼数职，工作上相互交叉。一方面，这种管办不分将机构的社会管理职能弱化，即弱化了负责受理审核申请、指派律师、质量跟踪控制这样一个满足国民基本需要的法律援助广告服务职能；另一方面，强化了法律援助机构工作人员的趋利化倾向，引发危机。所谓职责不清，指有关的职能部门与法律援助机构之间的职责权分配不清。我国《法律援助条例》对司法行政部门、法律援助机构以及律师的职责规定过于原则，不是很具体，缺乏可操作性。如法律援助的决策机构是谁？法律援助监管职责到底谁应当承担？谁应当对其进行什么样的责任追究？这些问题都没有具体的规定。为了保障县（区）法律援助机构的正常运行，必须做到政事分明，实现管办分离，明确县区法律援助机构的职责范围。首先，法律援助其实是政府责任的具体落实，理应定位为政府的行政行为；其次，法律援助其实有其自身的职责范围、内容和程序，是以其自身名义开展工作，而建立起完整的"权利—义务—责任"机制，更有利于法律援助制度的完善；最后，法律援助机构应该为相对独立的行政机关。这是有我国《法律援助条例》为根据的。① 广州模式基本实现了四个统一，广州模式很好地体现了政府的责任，但缺陷在于缺乏外部监督，法律援助机构统一对法律援助案件办理情况的监督仅仅是内部监督，这种监督的作用具有局限性，并且排除了司法行政部门对法律援助机构的工作开展、人员机构变化、经费使用情况和案件处理情况的监督，从而滋生法律援助机构的内部腐败，出现工作人员工作动力不足，办案能力不高，经费滥用、流失等问题。因此，在法律援助机构运行中必须实现管办分离，明确法律援助机构的职能范围；同时，强化司法行政部门的监督职能，将人员考核、案件考核等评价性工作由司法行政部门承担。

（四）加强业务工作和内部管理建设

我国法律援助工作中存在业务网络体系不完善、申请渠道不完善和业务水平

---

① 该条例第5条规定："直辖市、设区的市或者县级人民政府司法行政部门根据需要确定本行政区域的法律援助机构。法律援助机构负责受理、审查法律援助申请，指派或安排人员为符合本条例规定的公民提供法律援助。"

不高的问题。我国县(区)法律援助机构业务网络体系不完善、申请渠道不完善,需要不断扩大网络体系加强内部管理工作,实现全面覆盖,加大社会团体、高等院校的工作站和工作点建设,依托县(区)妇联、工会、残联、青联等社会团体和高等院校科研院所设立法律援助工作站,建立“绿色通道”和便民法律援助模式。对于农民工、残疾人、老年人等社会弱势群体,尽可能简化法律援助申请和审批程序,最大限度、最高效率地为其提供法律援助。不断提高业务水平,通过加强培训,举办法律专业知识培训班或组织一些法律援助研讨会,组织工作者到院校进行法律知识和业务知识的培训和教育,加强机构间人员的交流学习,提高综合素质。

三、完善法律援助经费保障机制

积极争取各级政府对县(区)法律援助的财政投入,拓宽资金筹集渠道,加强县(区)法律援助经费管理,基本的经费保障得以落实。

在发达区域经费往往能够得到有效保证,而在一些经济欠发达地区地方政府的法律援助经费很少甚至根本就无力拨付,受指派的实施者得不到费用支持,甚至要用自身收入去开展援助服务。

这种法律援助经费短缺主要可以从三个方面来考察:第一,渠道比较单一。在很多地区,援助经费的唯一来源就是财政拨款,而财政拨款往往只够供应机构的日常开支,开展法律援助工作还是囊中羞涩,无以为继。第二,法律援助经费滥用、流失现象时有发生。财政专项资金和社会捐赠法律援助经费的使用固然有其监督措施,但是由于监督管理部门信息不畅,基层法律援助机构组织单一,法律援助机构负责人监督意识薄弱,财务人员匮乏且缺乏制衡,财会制度得不到应有的执行,内控机制无法落实,经费管理缺乏透明度,在内外监督都失位、错位的情况下,直接导致经费的短缺。① 第三,法律援助所需经费逐年提高。援助案件的增多使经费的缺口日益扩大;而法律援助个案也日益复杂,所需要的经费也随之攀升。

近年来,我国法律援助专项资金的增长幅度较小,社会捐赠数额也不大。许多基层法律援助机构采取两种方式来节约开支:一是提高法律援助案件审核的“门槛”,减少案件数量;二是减少法律援助实施者的个案办案补贴。这样运行的弊端在于,一方面使许多需要法律援助的农村弱势群体得不到相应的法律援助而大失所望,法律援助的权威和信任丢失;另一方面则使许多法律援助实施者(代理人)得不到应有的报酬和认可,影响到代理人的援助热情,继而直接影响援助质量。

---

① 参见蒲皆祐:《关于解决法律援助经费问题的思考》,载《中国法律援助》2004 年第 3 期。

为此,我们有以下几项工作要做:

首先,加大国家投入力度。第一,建立中央财政拨款制度。参考西方国家法律援助的经验,作为国家的责任和义务,中央政府应该直接拨款给相应的法律援助机构,并按照各省市贫困人口数量以及机构数量进行区别分拨。第二,确保同级财政直接拨款。政府建立实行有效的最低经费保障机制,[①]将法律援助工作所需经费纳入每年的财政预算专项拨付,经费数额要参考法律援助案件数量根据当地经济发展水平来确定,包含但不限于法律援助办案人员办案补贴、办公经费等,对于当年所需经费的预算可以结合上年度法律援助案件的数量以及所花费的经费金额,参考经济增长水平进行编制。第三,建立用于扶持贫困地区法律援助专项经费。拓宽资金来源和途经,摆脱我国作为人口众多的发展中国家的财政能力局限,广泛吸纳社会资金。第四,设立政府性专项基金。设立政府性法律援助专项基金,其来源是政府罚款、没收款,公用基金和律师税收,还可以接受法律行业的资助,接受律师协会、律师事务所和律师的资助用作法律援助基金。[②] 基金会可将资金进行投资运营,其收益的全部投入法律援助工作。我国的四大民营基金会大都设立在经济发达地区,为了实现法律援助的均衡化发展,各地应鼓励更多的企业和个人积极捐款,特别是和中央电视媒体、地方媒体以及网络媒体合作扩大法律援助影响力。建立办案经费收益返还法律援助经费制度,当经济方面法律的援助对象胜诉并获益后拿出少量收益来支付部分费用。我国援助对象一般是社会弱势群体,从其收益中硬性要求支付成本是不恰当的,但是可以考虑自愿原则和奖励原则相结合,对于自愿返还部分援助费用的援助对象,可以享受包括子女入学、信贷、相关税费减免等优惠政策,其返还的费用纳入法律援助经费管理体系。另外也可以由未接受法律援助的败诉方承担费用,[③]因为,对于接受法律援助的胜诉方虽然获得一定经济利益,但是其经济情况仍然处于困难状态,这点在农村法律援助案件中更为突出,如果按照一定比例收取相应费用,会让人们对法律援助产生误解,认为法律援助也是一种有偿的行为,同时人们就可能会认为委托社会律师和接受法律援助都需要付出一定的费用,社会律师可能会更加专业,委

---

① 参见郑自文、左秀美:《强化政府财政拨款责任构建法援经费保障机制》,载《中国司法》2004年第4期。

② 目前,我国已经成立4家非营利法律援助基金会,分别是:中国法律援助基金会、北京市法律援助基金会、江苏省法律援助基金会和重庆市法律援助基金会。

③ 1999年,我国最高人民法院和司法部发布《关于民事法律援助工作若干问题的联合通知》作出司法解释:受援方将承办律师在办理法律援助案件时所产生的差旅费、交通费、通讯费等必要开支列为诉讼请求的,人民法院可以根据具体情况判处由非受援的败诉方承担。

托社会律师获得经济收益可能会远高于通过法律援助所获得的收益，从而削弱人们接受法律援助的信心。因此，应该按照自愿原则来返回援助费用，这样能够让接受法律援助的人员放心接受。司法解释只是规定了办理法律援助案件时所产生的差旅费、交通费、通信费等必要开支，这一规定存在一定的局限性，“目前我国规定的败诉分担的费用还不是全部的法律援助费用，只是限于办案的成本费”。[①]对此，我国《合同法》规定债权人向第三人行使代位权时产生的律师代理费用由债务人承担，因此，在涉及这类案件就可以向败诉方主张社会律师代理费用，这样就可以增加法律援助资金。

其次，充分发挥社会团体组织在法律援助中的积极作用。[②] 所以说，应积极开发利用社会资源，大力发挥社会团体的补充作用。在很大程度上，“我国法律援助事业得到各类社会团体的大力支持，如工会、共青团、妇联、残联等社会团体组织都在积极为组织内部特殊困难的成员提供多方面的帮助，维护困难成员的合法权益，在各自相关的领域发挥了积极的作用”。[③] 社会团体可以充分利用其掌握的信息资源以及团体优势，节约成本，同时也是变相地为法律援助资金做出贡献，社会团体组织在资金富余的同时可以适当地捐助部分到法律援助基金。

最后，我国目前已经初步建立了以政府财政拨款为主、社会捐助为辅的法律援助资金体系，逐年加大对法律援助的经费投入。2012 年中央补助地方法律援助办案专款已经高达 2.2 亿元，但是法律援助经费开支去应付工作人员的工资和福利待遇、日常办公费用、业务经费等 3 个项目是却显得捉襟见肘。业务经费包括：办案费、劳务费、装备费、培训费、宣传费、培训费、会议费、邮电费、交通费、电话通信费等。在经费如此紧张的情况下，我们在资金的使用上也还存在一些问题：首先，法律援助经费管理不公开透明，经费预算、使用情况、剩余情况不透明；其次，法律援助资金使用不当。2009 年全国法律援助经费支出总额为 7.05 亿元，相关费用分配不合理，[④]法律援助资金大多数都用于法律援助机构的日常经费，业务经

---

① 韩雨欣：《我国法律援助制度存在的问题及其完善——以淄博市张店区法律援助中心为研究基点》，山东大学 2011 硕士学位论文，第 32 页。

② 以德国为例，其法律援助制度就肇始于教会、贸易组织等社会团体向其成员及其他社会成员提供的法律援助，时至今日，德国 3 个港口城市（汉堡、不来梅、吕贝克）由有关社会团体设立的法律咨询局仍然发挥着显著的作用。

③ 王策：《法律援助问题研究——对我国法律援助制度的思考和建议》，吉林大学 2011 年硕士学位论文，第 10 页。

④ 其中，人员经费、基本公用经费和业务经费分别为 28，004.42 万元、7978.46 万元和 34，517.9 万元，在经费支出总额中所占比例分别为 39.7%、11.3% 和 49%。

费不足,其他费用总额超过业务经费。① “法律援助资金应当主要用于办理案件,而目前各地法律援助资金中用于法律援助办案经费的比例偏低,未能充分发挥法律援助应有的社会功能和价值,同时还将导致法律援助专业人员的流失。”②

因此,在保障法律援助经费的同时,要完善法律援助经费的管理和监督。要搞好法律援助经费的分配,充分保证业务经费,并统筹培训费、宣传费等其他辅助性费用;要将经费预算、使用情况、剩余情况及时通过公开栏、媒体和网站全面公开经费信息,法律援助机构提出的预算建议由司法行政主管部门报同级财政部门审核,检查预算编制是否科学、规范,是否符合相关法律法规的要求,并监督检验经费使用效果;要及时处理经费使用过程中的各类问题,保障经费正常使用到法律援助工作中。

第二节　加强乡镇法律援助工作站建设的思考

一、加强乡镇法律援助工作站建设的必要性分析

乡镇法律援助工作站,是县(区)法律援助机构在乡镇的站点,是法律援助机构服务农村社会的窗口,是法律援助生根发芽、茁壮成长的根本。乡镇法律援助工作站植根农村,贴近农民,能够满足广大农村公民的现实需求:(1)乡镇法律援助工作站基本都是依托乡镇司法所建立起来的,主要工作人员也大多是乡镇司法所的工作人员,这些人员拥有开展农村法律援助服务的众多优点,他们在多年的司法所实践中已经熟练掌握各项法律法规,在乡镇多年工作中已经基本把握党和政府在农村的方针政策,与农民群众的多年交往锤炼出较为娴熟的农村工作思路经验,多年的乡村生活经验使之熟知当地的民俗民风,他们参与法律援助工作就能做到“知民情”“解民意”,也必然能够“合民意”“得民心”,为乡镇法律援助工作站的建立和发展提供极大便利。(2)“乡镇法律援助工作站为广大农村公民提供

---

① 办案补贴及支出为23,983.67万元,占业务经费支出的69.5%,占法律援助经费支出总额的34%,法律援助案件的律师以及其他专业法律服务人员(法律援助实施者)的经费补贴明显偏低。在办案补贴及支出中,法律援助机构工作人员、社会律师、基层法律服务工作者、社会组织人员和注册法律援助志愿者的办案补贴数额分别为5252.9万元、11,880.1万元、6156.86万元、336.25万元和357.56万元,分别占办案补贴及支出总额的21.9%、49.5%、25.7%、1.4%和1.5%;根据上述五类人员办结案件情况计算,平均办案补贴或支出分别为339元、644元、329元、263元和563元。由此可见,法律援助经费中法律援助业务经费支出所占比例过低,法律援助实施者的补贴额度较低。

② 王雨静:《法律援助资金保障机制建设研究》,载《北京政法职业学院学报》2013年第1期。

法律援助成本低廉,便民利民"。[1] (3)"乡镇法律援助工作站法律援助工作灵活高效,惠泽百姓。"[2](4)乡镇法律援助工作站负责办理法律援助案件,进行非诉讼民事案件的调解时,如果双方自愿接受调解并达成一致意见形成书面调解书,这份调解书是具有法律效力的。在此,乡镇法律援助工作站成为落实政府责任、承担政府职能的行政事业单位,是我国法律援助网络的基层环节。

据统计,2006年"全国依托司法所设立法律援助工作站40,237个,在工、青、妇、残等社会团体和监狱、劳教所、军队等设立工作站11,528个,工作站总数51,765个,比2005年(32,322个)增长60.2%,一个深入乡镇、村(社区)、横向涉及多个有权益保障需要部门的法律工作站网络已经初步形成";[3]2007年,"全国共设立法律援助工作站54,976个,其中有专门工作人员的工作站34,951个,占63.6%,依托乡镇司法所设立工作站34,377个,在工、青、妇、老、残、信访、高校、监狱、劳教所等设立工作站20,599个";[4]2008年,全国共设立法律援助工作站55,708个,比2007年增长1.3%,"其中有专门工作人员的工作站是33,802个,占60.7%。依托司法所设立工作站36,499个,在工、青、妇、老、残、信访、高校、监狱、劳教所等设立工作站19,209个"。[5] 乡镇法律援助工作站的设立,在广大农村地区或特定场所起到了息诉止争、化解矛盾、调和矛盾等积极作用,取得了良好的社会效应。

但是,当前我国乡镇法律援助工作站也存在诸多不足:(1)乡镇法律援助工作站管理人员和相关法律工作者相对不稳定,工作站正常运转面临多重考验。工作站的工作人员与乡镇司法所多有重叠,而乡镇司法所的工作人员一部分是县(区)

---

① 其一,乡镇法律援助工作站一律实行无偿服务,相对律师事务所和基层法律服务所门槛较低,服务范围广泛,不受经济利益驱动,能帮则帮,能调则调,能援则援。其二,相对市、县法律援助中心而言,广大农村居民到乡镇申请法律援助熟门熟路,用时少,劳动强度低,既节省路费,降低诉讼成本,又方便快捷。其三,乡镇法律援助工作站熟知农村生活,了解贫困人员的情况,有利于对申请法律援助人员经济困难的审核,既能起到严格落实法律援助制度的作用,又能起到降低法律援助成本的作用。

② 一是不受时间的制约。困难群众随时都可以到法律援助工作站,咨询有关法律政策问题或申请法律援助。二是不受场地的限制。无论是庭堂场院、田间地头,法律援助工作者都能进行调解、接受咨询或接收法律援助申请。三是咨询的事项不受限制。到工作站咨询,无论是什么人、无论是什么事项,法律援助工作者都能一一接待,能当场解答或办理的当场解答或办理,不能当场解答或办理的,经请示或研讨后再解答、办理。

③ 司法部法律援助中心:《2006年全国法律援助工作统计分析》,载《2006中国法律援助年鉴》,中国民主法制出版社2007年版,第204页。

④ 司法部法律援助中心:《2007年全国法律援助工作统计分析》,载《2007中国法律援助年鉴》,中国民主法制出版社2008年版,第155页。

⑤ 丛卉:《2008年全国法律援助工作统计分析》,载《中国法律援助》2009年第3期。

司法局派驻人员，一部分是乡镇政府调配人员，由于乡镇工作繁多而人员不足，工作调动事项较多，造成司法所人员调换频繁，导致法律援助工作站面临人员困境。工作站相关法律工作者的流出更是明显，由于城乡经济发展的不平衡，我国的法律专业人才主要集中在城市，因为在城市中拥有大量的案源能够为法律人提供足够的经济来源，很少有人愿意回到基层的县（区）、乡镇，就算由于各种原因留在基层，也大多是一个过渡，都期望向北京、上海、广州、深圳等大中城市流动，“农村留不住法律人才，即使是中专生这样的中小知识分子也一样，他们通过自学或法律培训也会毫不犹豫地奔向城市”。① （2）乡镇法律援助经费不足。到目前为止绝大多数乡镇法律援助经费尚未列入财政预算，乡镇一级所能取得的社会捐助也十分有限，在此情况下，乡镇法律援助工作站工作人员甚至无法取得满足其基本生活的收入，相关法律工作者开展法律援助服务的经费和补贴也难以保障，经费短缺严重影响了办案数量和质量，挫伤了乡镇法律援助工作者的积极性。乡镇法律援助经费存在不足的同时，还有将法律援助经费与其他经费相互混同使用，甚至挪用、截留法律援助经费，这给本身就存在不足的法律援助经费雪上加霜。（3）乡镇法律援助工作站人员素质与农民群体法律援助需求矛盾突出。一方面，是农民群众的要求日益增高，农民寻求法律援助的问题包罗万象，涉及婚姻、家庭、劳动报酬支付、人身损害赔偿、征地拆迁补偿、土地承包、农副产品购销运输纠纷、相邻权（宅基地、耕地、道路等）纠纷、农村厂矿企业相关纠纷等，这就需要基层法律工作者全面掌握相关法律知识和政策规定。另一方面，是优秀的基层法律工作者大量外流，法律援助力量不断削弱；由于人员流动频繁，工作站很多新上岗的人员，他们对法律援助的相关内容还处于摸索阶段，无法快速进入工作状态；部分工作站人员本身就是非法律专业的，法律法规知识面相对狭窄，无法胜任现实的需要；留在工作站的基层法律工作者，由于精力和能力的局限，不可能对所有涉法领域都有所学习和研究，对所有事务都能给予准确的回答。两者之间的矛盾极大地影响了工作站工作的顺利开展。

二、加强乡镇法律援助工作站的具体措施

（一）推动乡镇法律援助工作站的规范化建设

目前，在全国上下一致、齐心协力构建公共法律服务体系的过程中，各地纷纷开展乡镇法律援助工作站建设。“但是，各地的法律援助工作站建设缺乏管理，连

① 张丽萍：《试论我国农村法律援助制度的完善》，山东大学2013年硕士学位论文，第20页。

统一的标志都没有”,[①]乡镇法律援助工作站建设缺乏相应的基本规范,农民群众难以对其形成正确的认知,更谈不上接受,害怕上当受骗,不敢向其申请法律援助服务。所以说,乡镇法律援助工作站的建设至少应该达到“四个统一”的基本要求,就是要“统一标牌,统一公示栏,统一规章制度,统一格式文书”。所谓“统一标牌”,就是各乡镇法律援助工作站要采取统一格式制作标牌,统一悬挂,标牌应显示为“(某某)县(区)法律援助中心(某某)乡(镇)工作站”,农民群众能够一目了然地知道这是何种机构;所谓“统一公示栏”,就是要设立统一的公示栏,将工作站的工作内容、工作职责、办事程序等进行公示,对法律援助的申请范围、申请流程、申请材料等作出明示,对本工作站组织构成、工作人员相关情况等列入公示栏内容,方便群众正确认识工作站性质,合理选择法律援助相关服务;所谓“统一规章制度”,就是要在县(区)法律援助中心和乡镇司法所等相关机构的管理、监督和协助下,制定合法、合理、合适的内部管理规章制度,统一办事程序,加强内部管理,提高法律援助服务能力;所谓“统一格式文书”,就是要求乡镇法律援助工作站要制作统一的法律文书,比如,在非诉讼民事案件中,法律援助工作站为当事双方提供的书面调解书是具有法律效力的,这就要求这个调解书必须是统一格式,以免无意或故意的人为因素的干扰。

当然,在实际工作中,各地乡镇法律援助工作站的实际情况是有差别的,不是所有的工作站可以利用自身能力开展准确的法律咨询和符合法律规定的代书服务等法律援助。这就需要我们本着实事求是的原则,综合考量法律援助事务的性质和现有工作力量的法律援助能力,具体情况具体对待:对于具有专业法律援助能力的工作站,在接受援助对象的援助申请后,可以报送县(区)法律援助中心,得到批准和委托后,可以对援助对象开展援助服务,法律援助实施者或相关工作人员要对援助实施过程进行认真登记和详细记录,保证法律援助行为及其相关服务内容的合法性。

由于我国东中西部经济发展水平不同,对于中西部地区法律专业人员少,特别是具有法律职业资格的法律专业人员更加匮乏,在统一办事内容和办事程序上需要一定的过渡期,在过渡期内整合地区法律资源,合理配置相关人力资源,有计划、有步骤地实现乡镇法律援助工作站向“四个统一”的过渡。

(二)整合资源,完善乡镇法律援助工作站的人力资源配备

乡镇法律援助工作站,每天都是直接面向基层群众。而 1 个乡镇少则几千人,一些人口大省一个乡镇多则十几万人,平均乡镇人口数也在 3 万人左右,以法

① 程卫、丁红霞:《规范乡镇法律援助工作站的实践与思考》,载《建设信息》2006 年第 12 期。

律援助工作站有限的人手,对应 3 万甚至十几万的农民群众,人力上是极其不对称的。况且,要搞好农村法律援助工作,工作站不仅需要部分工作人员留守在工作站中等待困难群众上门申请法律援助,还需要派出更多的人员走入村庄、走入田间地头、走入老百姓的家中,为老百姓释疑解惑,了解老百姓的法律援助需求,及时调解农村纠纷,大力宣传与农民群众生产、生活息息相关的各种法律法规。为保证这些工作的顺利开展,建设一支稳定的、壮大的、有战斗力的法律援助队伍就迫在眉睫。为此,我们要充分整合社会各类资源,优化乡镇法律援助工作站人员配置。

首先,在经费开支、办公条件等方面实行政策倾斜。要以财政拨款为主,保障乡镇法律援助工作站经费支出,保障相应工作人员的工资福利待遇,明确基层法律援助工作人员编制性质,解决他们职务晋升、工资福利、养老保险等基础保障问题,用合理的工资待遇留住人,用事业发展进步的空间激励人。要通过积极的财政政策,由上一级或同级党委政府组织协调,由政府相应司法行政部门直接领导,由社会各界协力支持,妥善解决好乡镇法律援助工作站的办公场地、办公设备、办公用品等现实问题,以良好的工作环境吸引人。

其次,积极搞好乡镇司法所工作人员的兼任工作。"乡镇法律援助工作站工作人员可以由县区法律援助中心委派,也可以由乡镇司法所工作人员兼任。"①乡镇司法所工作人员兼任乡镇法律援助工作站工作人员,一方面可以解决乡镇法律援助工作站人员相对不足、工作强度较大的问题,另一方面司法所人员已经从财政领取工资福利待遇,可以适度减少其从事法律援助工作的相关补贴。当然,乡镇司法所工作人员兼任的过程中也容易导致乡镇司法所工作人员职责不清,如果其办理的法律援助案件存在质量问题,该责任是否由该乡镇司法所工作人员承担呢?法律援助作为司法行政的重要组成部分,作为司法所的司法工作人员应该履行自己的职责,司法所应该对司法所工作人员进行明确分工,可以分配专职人员负责法律援助工作,在人员不足的情况下可以兼职,对于兼职出现的案件质量问题,兼职人员应该承担责任,司法所负责人也应当承担相应的责任。

再次,要积极通过合同方式或其他合作形式,将包含社会律师在内的法律工作者纳入到乡镇法律援助人力资源队伍中。可以与社会律师、律师事务所、律师协会等机构或个人签订法律援助合同,购买相应法律援助服务;可以通过税收减免、司法合作等政策倾斜和精神奖励、名誉奖励等手段,吸引和鼓励经营性律师事

---

① 有学者认为,目前在我国,基于农村特殊的法律服务市场,应当将县区法律援助中心和乡镇司法所共同定位为面向农村社区的法律服务公益机构,即县区法律援助中心和乡镇司法所均不得开展收费性法律服务,为符合条件的社区居民提供免费的法律援助服务。参见陈荣卓、唐鸣:《农村社区法律服务的资源整合与体系构建》,载《当代世界与社会主义》2009 年第 4 期。

务所和社会律师无偿进行法律援助;可以与高等院校科研院所建立学习实践基地,鼓励教师和学生来到乡镇开展法律援助实践工作,实现共赢,乡镇法律援助工作站获得人力资源,师生获得法律援助实践经验;可以开展帮扶、结对等合作模式,鼓励和支持社会各类法律工作者和志愿者服务乡村。

最后,要合理吸纳和使用好农村本土的人力资源。对于在本乡本土有经验、有威信、有意愿的农村"能人""前辈""老者""智者",特别是在少数民族中的"长者",如回族中的"阿穆"、土家族的"梯玛"、苗族的"理老"等,都要吸纳到乡镇法律援助的队伍中来。这些人在当地本民族中德高望重,精通风俗习惯和古理,又能言善辩,通晓当地的历史文化和风土人情,无论大小纠纷,他们都有合理解决的能力,通过一定的法律培训后,他们都必将成为优秀的乡镇法律援助实施者。这些"老者"通过调解的方式解决纠纷,可以减轻法律援助工作站工作人员的压力。要特别关注大学生村干部在乡镇法律援助工作的积极作用,这些大学生村干部中不乏优秀的法律专业人才,他们可以以志愿者的身份进入乡镇法律援助工作站提供法律咨询等志愿活动,使农村乡镇法律援助人力资源获得充分的保障。

(三)完善机制,提高工作站服务质量和效率

1. 完善法律援助相关立法,制定农村法律援助工作站相关规定

具体来说,就是要从法理层面,为农村法律援助工作站的工作开展提供法律基础和法律保障,以立法的形式确定乡镇法律援助工作站的办事规则,规范农村法律援助的相关流程,规定农村法律援助工作站工作人员的权力和义务;积极发挥政府司法行政部门的监督指导作用,加强工作站工作人员培训,制定形式规范和岗位职责及其相应绩效考核办法;建立健全农村社区(村居)法律援助联络员制度,对他们展开相应的法律知识和法律援助知识培训。

2. 建立健全工作检查监督制度

要提高乡镇法律援助的工作质量,就必须不断加强检查与监督,这种监督应该是包含事前、事中、事后在内的全程监督。所谓事前监督,就是要明确告知援助对象他们在接受法律援助过程中应享有的权利义务,同时,将法律援助案件信息在区域内进行公示,使得法律援助工作从一开始就处于社会的广泛监督之下。所谓事中监督,就是对法律援助实施者的法律援助过程进行全程监督和同步考核,"建立案件质量定期通报制度,将检查中发现的问题及时予以通报,以示警醒",①严格规范法律援助工作站及其工作人员的行为。所谓事后监督,就是通过援助对象对法律援助的信息反馈、社会其他人群的相关反馈来严格控制乡镇法律援助案

① 盛红斌:《法律援助质量管理战略与实现——应援优援》,载《中国司法》2013年第4期。

件质量,在群众监督中提高乡镇、村社法律援助的工作质量。

3. 完善补贴及津贴制度

制定案件补贴标准要考虑的第一个因素是案件可能需要支出的成本,考虑到当地经济社会发展水平如何、是民事还是刑事法律援助案件等,这些要素的不同也会导致成本的不同。因而,就这个角度而言,有四种模式:(1)仅考虑是否跨行政区域;(2)仅考虑案件类型(刑事还是民事法律援助);(3)综合考量法律援助案件是否跨行政区域、案件类型、区域经济发展水平,广东省就根据本省的经济发展水平将本省划分为三种地区,法律援助补贴标准各异,同时根据案件类型、是否跨行政区域作出总的判断;(4)具体案件给予具体补贴。① 第二个因素就是能否调动律师的积极性。同时,很多法律援助机构还根据案件的质量评价和援助对象的评价,以此来确定法律援助案件咨询、代书、调解等非诉讼法律援助案件补贴和津贴,与经济挂钩的方式可以促使法律援助实施者及时、保质、保量地完成任务。

4. 建立健全乡镇法律援助工作站的审查制度

乡镇法律援助工作站要对援助申请人递交援助申请进行初步审查,确定其是否符合法律规定的法律援助受案范围,之后报送审查,审查该案件是否需要报送县(区)法律援助中心审批,确定法律援助工作的代理人(法律援助实施者),是由本工作站接受县(区)法律援助中心委托开展法律援助,还是委托给相关社会律师。按照案件类型,这种审查也可以分为两种情况:第一种是刑事案件的法律援助审查。只需要进行刑事审查,看是否符合刑事诉讼法的规定情形;第二种是民事、行政法律援助审查。其中的形式审查,就是审查申请人是否符合法律援助的相关规定,审查申请人申请的援助事项类型是否属于法律援助的案件范围。实质审查是形式审查的更进一步,除了要符合形式要件,还要对其诉讼请求和理由进行审查,审查请求诉讼的法律援助是否有相应的证据、是否属于当地法院受案范围以及是否超过诉讼时效等,对符合的则准许援助,对不符合的则不予准许。2006 年修订后的《广东省法律援助条例》就确立了 6 种情形不予法律援助,“法律援助机构可以指导当事人自行诉讼,比较符合实际操作的需要”。② 将刑事法律援助的审查与民事、行政法律援助的审查区分,这是由其各自的案件性质所决定的,刑事案件中当事人相对于民事、行政案件中的当事人所处的境况更加严峻,法律援助能否及时提供,关系到刑事案件当事人是否受到刑事处罚以及处罚的程度,

---

① 对于个别成本支出较多的法律援助案件,湖北、云南、河南、浙江、山西等省作出了适当增加补贴的决定,广东、山东、江苏、甘肃等省就规定在法定标准的两倍之内给予补贴,四川、辽宁、陕西、黑龙江等省则规定可以适当增加或者给予据实报销。

② 程文欣:《完善我国法律援助制度途径的探究》,安徽大学 2007 年硕士学位论文,第 26 页。

因此,要对刑事案件中的当事人进行形式审查。

5. 建立乡镇法律援助工作宣传机制

首先,将法律援助宣传工作纳入政府年度工作计划,纳入考核体系,提升对法律援助机构宣传工作的监管力度。其次,扩大农村律援助工作的宣传渠道,根据当地的农村条件,要充分利用报纸、电台、巡回宣传车、电视、法律援助下乡、网络、短信平台等媒体宣传法律援助的相关内容,重点使用电台和电视,特别是利用广播电台,因为其费用低、携带方便、使用便捷,深受老百姓喜欢。在宣传中,要"以案说法,让农民群众了解法律援助的性质、机构所在地、联系方式以及法律援助的办案流程"。① 最后,设置法律援助联络员,开展法律援助知识宣传,了解农民群众的法律援助需求,帮助村民提出申请。"这样就能够让他们把法律援助的宣传和联络工作变为与基层群众茶余饭后和田间地头闲聊中就可以完成的工作,既不增加基层工作人员的负担,又达到了事半功倍的效果。"②

6. 建立乡镇法律援助机构与各级部门、社会团体的联动机制

乡镇一级的法律援助工作站与外界联系更是较少,这种局面必须得到根本改变。应该在县(区)法律援助中心的带领下,在同级司法行政部门的监督下,积极参与党委政府、社会团体组织的各项活动,与各级各部门、各级社会团体建立联动机制,形成齐抓共管、同心协力的良好发展局面。

7. 建立乡镇法律援助名册制度

《香港法律援助条例》第 4 条规定,律师名册上的这些律师,都是已经按照我国香港特别行政区《法律执业者条例》要求取得执业资格的律师,他们都有意愿为法律援助申请者提供法律援助,这种援助包括进行调查、作出报告及提供意见,甚至作为代理人行使法律行为。

8. 建立乡镇讼前调解机制

争议不大的、事实清楚的民事纠纷经确认可以调解的,可以由法律援助实施者(代理人)在征得援助对象同意后对双方当事人进行调解,使双方能够方便快捷、合法合理地解决纠纷,减少各方面的成本。

9. 建立法律援助激励惩罚机制

法律援助案件结案后,法律援助管理监督部门要及时按照各方面的反馈信息对案件进行结案评估,对于达不到评估标准的给予相应的惩处。对于服务量多质好的法律援助实施者给予更高的补贴、更多的嘉奖,以此激励法律援助工作人员

---

① 张彦华:《河南省农村法律援助制度的分析与完善》,载《法制与社会》2011 年第 3 期。

② 刘琳:《乡镇法律援助工作站运行模式初探》,载《黑河学刊》2007 年第 5 期。

的积极性和主动性。对于那些服务不认真、服务态度恶劣、损害法律援助对象合法权益且数额巨大、造成极大负面影响的法律援助实施者,要坚决清理出法律援助队伍,并向司法行政机关提出意见。

10. 建立乡镇法律援助案件质量反馈制度及救济制度

质量反馈制度是有效的监督和评价标准,可以通过结案评价、定期回访、抽样调查以及受援人投诉机制来做好案件质量反馈制度。救济制度是受援人投诉制度的延伸,受援人在法律援助工作开展过程中涉及法律援助方面的权益受到侵犯,受援人则可以投诉反映,要求法律援助机构采取相应措施或者自己主动采取相关措施来解决法律援助工作中存在的问题,保障受援人的合法权益。

第三节　建立农村法律援助服务平台,统筹区域法律援助资源

从目前我国的现实情况来看,农村人口众多,经济相对落后,专业法律工作者分布较少,依靠农村基层自身能力不太可能开展法律援助服务。因此,建立农村法律援助服务平台是极其必要的。这个平台就是要依托信息存储和信息交流技术,建立协同办公网络系统,依托三级法律援助机构建立乡(镇)、县(区)、地(市)法律援助资源数据库,这个资源数据库既在各级独立运行,又在各级之间资源贡献。

在服务平台中,笔者建议:在乡镇一级,有条件的地方可以设立乡镇法律援助工作站,条件不允许的地方可以考虑设立基层接待员或联络员,赋予他们权限,接受农民的法律援助申请,并对申请进行审查,审查通过后的法律援助案件输入到法律援助服务平台,寻求相应的、适合的法律援实施者(代理人)提供服务。在县(区)一级,设立法律援助中心,该中心在县(区)政府及其司法行政部门的协同下,建立相对独立的县区级法律援助资源数据库,统筹区域内的有意愿开展法律援助服务的职业法律工作者及相关法律工作者,并对县(区)数据资源库中的所有法律援助实施者具有支配权;在地市一级,设立地(市)级法律援助中心,并根据下属各县(区)的法律援助资源数据库汇总建立地(市)级资源数据库,并对本库内所有的法律援助实施者具有支配权。

这个服务平台的建立,好处在于:(1)实现了区域内法律援助服务资源的有效流通和合理配置,避免了部分地区由于资源丰富而引起的资源浪费,也避免了部分地区由于资源不足而导致的法律援助服务无法正常开展,还避免了部分地区由于法律援助需求的随机性而发生的暂时性人力资源不足,也可以使每个具体案件能够在全数据库范围内挑选专业的法律援助实施者进行服务,保证服务质量;

(2)有利于区域内法律援助服务的质量评估和控制,三级法律援助资源数据库的合一运行,使所有援助案件都会汇总到地市级总库中,按照统一的评估标准进行评估的可操作性就更强,运用统一的奖励惩罚机制就更具说服力,合理避开人为因素的影响;(3)方便了政府及司法行政部门的管理和监督,信息汇总到地市级总库,所有信息都记录在案,一目了然,节省了各级法律援助机构分别去管理、监督的人力和物力。

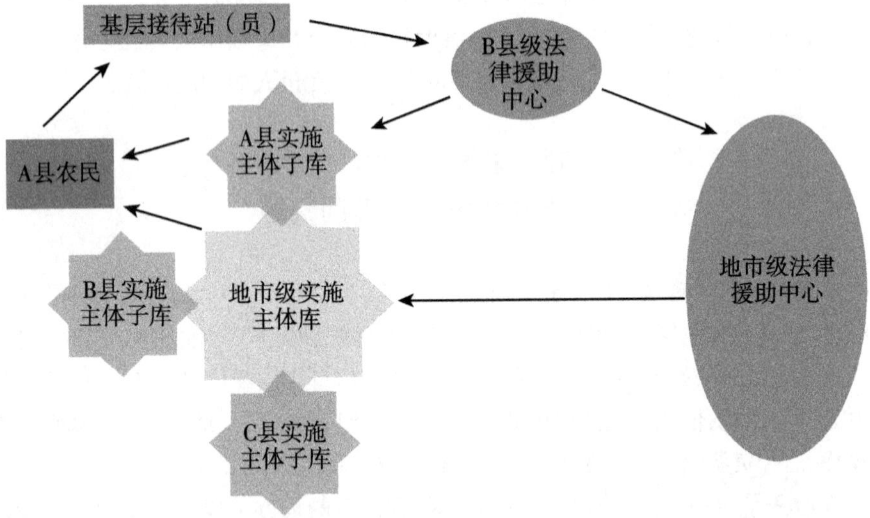

图10-1 农村法律援助实施主体平台运行模式

从图10-1可见,当A县某农民有了法律援助需求之后,他可以向基层接待员或乡镇法律援助工作站提出援助申请,工作站工作人员或接待员将援助申请和相关案件情况录入农村法律援助服务平台,此时在平台上的A县法律援助中心看到援助要求后,根据就近原则,在A县法律援助资源数据库中指派相应的、专业的法律援助机构或法律援助实施者,援助人员或机构收到委托指令后,前往实施法律援助服务。当发生A县数据库中没有契合的实施主体之后,便可以向市级援助中心发出"支援指令",市级援助中心在平台上看到"支援指令"之后,同样以就近原则和专业原则在数据库总库中选择合适的主体,这个主体可能是B县(区)的,也可能是C县(区)的,其他县(区)的主体在接到援助委托指令之后,对该农民进行援助。此时,A县农民接受的法律援助就是由其他县(区)实施主体所提供的。这样看来,农村法律援助服务平台能够在一定区域统筹资源,调剂余缺,更好地为农民提供更好的法律援助。

第十一章　中国特色农村法律援助体系的服务与管理

第一节　当前农村法律援助管理中存在的问题

一、管理者思想陈旧，服务意识薄弱

法律援助管理者的服务意识不强，官本位意识还比较浓厚，导致对于法律援助者的行政指令性内容较多，而服务性内容较少。我们说，农村法律援助管理的本意应该是为了更好地满足农民的法律援助需求，其管理制度设计、管理目标设定、管理措施应用等都应该体现这一宗旨，但是在实际操作中却往往不是如此。就拿法律援助申请表格来说，有些地方的表格没有考虑农民的受教育程度，出现很多学术化的书面语言，导致申请人无法填写；有些地方要求填写的资料过多过细，农民对填写的内容难以描述清楚，往往不能正确填写；有些地方要求部分填写内容必须有相关部门的确认盖章，对于盖章单位来说，往往由于职权和职责范围等问题，不愿或者不能盖章，就算愿意盖章，也可能需要跑一趟甚至好几趟。这些事情的发生，都给农民群众申请法律援助造成了一定的困难，也打击了农民申请法律援助的积极性。因而，要以需求为导向，简化办事程序，宁愿自己多做事，不让群众多跑路，要急事急办，特事特办，“及时受理并先行指派法律服务人员提供法

律援助,事后补办有关审批手续”。①

目前,我国农村法律援助实施主体主要是专职工作人员、社会律师和基层法律服务工作者,但服务意识不强,管理意识强烈,普遍存在重指派、重管理、轻服务的现象,没有将援助当成服务。在某些地区对法律援助实施者的相关服务除了支付相关补贴费用外,缺乏人性化的关怀,将实施者看作自己的下属,引起了法律援助实施主体的极大不满,人员流失严重;在经费保障薄弱的地区,一般既不对法律援助实施者进行监督管理,也不对其进行服务,法律援助实施者(代理人)在援助过程中多有敷衍了事的现象。这种服务意识的缺失极大影响了法律援助工作的效率和质量,极大破坏了法律援助在农村的生存与发展环境。近年来,各级党委、政府及有关部门对法律援助进行了大张旗鼓的宣传,实际的情况必须要能达到宣传的要求,如果经过多次申请仍然得不到援助,或者经过多次援助也得不到有效的服务,或者得到有效服务也是态度极为恶劣、过程极为艰难,人们就会误解为被法律援助宣传给欺骗了。

二、农村法律援助管理制度尚不完备

首先,评估标准尚未统一制定。目前,部分法律援助机构开展了评估工作,评估的标准由法律援助机构自行确立,往往体现地方色彩,主观性、随意性较强,科学性、完整性、合理性等方面都有所欠缺,法律援助质量评估的客观性、权威性受到挑战。造成这种局面的原因在于,我国到目前为止还没有出台一套行之有效的法律援助质量标准。缺少可供参考的标准,法律援助质量就只能依靠实施者的个人专业能力和职业道德。② 2004 年 3 月 20 日,第五届中华全国律师协会第九次常务理事会审议通过了《律师执业行为规范(试行)》,对律师执业行为进行了明确规范,但同时我们要注意到,这个规范是律师的基本执业标准,许多条款都是禁止性规定,也就是律师执业标准的下限(最低线)。因此,一方面我们要确认该规范对制定法律援助规范性标准的参考意义,另一方面要正视这一规范与高质量标准的差距。援助质量评估标准是判断法律援助质量的前提,如果没有统一的、具体的质量评估标准,质量评估也就无从谈起,制定一个科学的、可行的、可操作性强的法律援助质量评估标准势在必行。

其次,我国农村法律援助质量控制体系未建立。虽然一些地方建立监督机

---

① 陈思:《我国农村法律援助制度探讨》,湘潭大学 2010 年硕士学位论文,第 23 页。

② 参见沈英姿:《我国法律援助制度运行现状及其思考——基于广州市天河区法律援助实践的分析》,暨南大学 2011 年硕士学位论文,第 18 页。

制，但仍然存在大量的问题。一是仅仅集中在事后监督，依据法律援助案件卷宗作出评价缺乏全局监督思维，事后监督的人为可操作性更大，虚假成分含量高；二是监督措施落实不到位，重指派、轻管理的思想导致质量监督措施无法全面落实；三是没有事实上实现审批权与监督权的分离，实行的是法律援助机构的内部监督，没有外部监督机制，社会监督基本空白。

再次，法律援助案件指派制度有待完善。无论是我国《法律援助条例》还是相关法律法规都没有对其作出明确规定，但从目前实际操作的情况来看，大致有以下三种方式：一是轮流指派。二是志愿指派。就是结合法律援助实施者的志愿进行指派，对于一些主动要求多办案件的法律援助实施者，可以适当多指派案件，案件的类型也可以遵循法律援助实施者的专长。三是点援制。“由法律援助机构或者由受援人根据案件性质、援助人员专业等因素选择。”[①]目前，在许多地方尤其是法律援助资源不足的县（区）级，法律援助机构多采用轮流指派的方式，在指派的过程中，不考虑案件的类型和援助人员专业特长，也严重影响了服务质量。志愿指派能调动其工作积极性，保证援助服务质量，其缺点是法律援助人员完全按照自己的意愿开展工作，随意性过大。相较而言，实行点援制比较科学，可以根据案件性质和法律援助人员的专长以及距离当事人远近等因素综合，由法律援助机构确定具体法律援助实施者。

最后，农村法律援助业务管理体系不健全。目前，我国法律援助机构分为中央、省（直辖市）、地（市）、县（区）四级。业务上接受各上级法律援助机构的指导。我国现行的法律援助业务管理体系下，法律援助机构既是管理者，又是实施者，既是运动员，又是裁判员。要解决这一问题，必须实习管办分离，将受理、审查、指派律师、经费使用这些管理性工作与案件办理的工作相互分离，建立外部监督机制，对案卷归档、案件质量追踪与援助对象回访进行监督，实现业务管理制度的规范化运行。

三、法律援助管理人员不够专业，管理手段较为落后

法律援助对于援助对象来说是无偿的，所以援助对象会自觉或不自觉降低对法律援助服务的心理预期，对服务质量的要求也会随之降低；同时，农村法律援助经费相对较为困难，法律援助实施者出于低报酬等原因也不愿严格要求自身的服务质量。这种心理和行为严重影响了法律援助的服务质量。在此情形下，加强农村法律援助质量管理就成为保证法律援助质量的最后一道防线，直接关系到法律

---

① 参见沈英姿：《我国法律援助制度运行现状及其思考——基于广州市天河区法律援助实践的分析》暨南大学2011年硕士学位论文，第27页。

援助能否真实有效地发挥积极作用。要加强农村法律援助质量管理,就必须拥有一支专业的法律援助质量管理队伍,创新管理手段。

但通过调查,笔者发现,我国很多法律援助机构囿于认识和人数限制,往往把质量管理工作作为辅助性工作,没有设立专门的质量管理岗位,也没有配置专职的质量管理人员。2007 年浙江省平均每个援助机构 4 人,但有的地方只有 1 人,领取法律援助律师执业证的有 111 名,说明我国法律援助机构缺乏相应的专业人才,不仅仅在办案人员上缺少,而且在质量监管上也缺少相应的法律专业人才。

同时,我国农村法律援助质量管理手段落后,难以实现动态质量管理。我国农村法律援助质量管理手段基本停留在静态管理中,管理的重心在于立案和结案管理、案件投诉处理的质量管理,而实际上,法律援助工作最重要的莫过于办案过程和办案结果,过程中的热心服务和获得令受援助者满意的结果是法律援助工作成功与否的标志,这就需要建立动态的质量管理机制,加快法律援助业务软件的开发,[1]建立质量管理信息系统,并将案件办理情况在案件处理中及时录入质量管理信息系统,方便受援助者及时全面地了解案件的处理情况,建立案件过程中受援助者投诉机制,及时同办案人员沟通解决受援助者投诉的问题,及时矫正和解决办案过程中存在的各种问题。同时,强化办案信息公开,扩大办案的社会效果,接受社会监督。

第二节　农村法律援助的质量管理体系建设

一、农村法律援助质量控制目标

农村法律援助机构采取必要的、合理的、合法的质量控制措施,在法律援助机构、法律援助实施者、援助对象的共同努力下,就法律援助过程进行全程质量监督和管理,加大对法律援助结果的控制力度,实现援助案件的高效优质的目标。为了实现这一目标,我们必须作出以下努力:

首先,必须加强法律援助质量的全程控制和监督。方式上,可以采取受理审查、委派审查、听取汇报、抽样调查、参与庭审(适用于诉讼类法律援助)、援助对象反馈等多种形式;内容上,大致包括法律援助服务程序、法律援助案件办理、法律实施者遵守职业道德、行业规范和执业纪律、法律援助效果等相关情况。在这方面,内地可以借鉴香港法律援助署的法律援助服务质量保证措施。在此,当事人的监督和控制体

① 参见上海法律援助中心:《关于完善法律援助服务质量管理体系的思考》,载《中国司法》2013 年第 5 期。

现在申请法律援助、参与庭审、投诉、案件办理评价中。在案件办理之初，当事人可以通过是否申请法律援助来控制法律援助工作是否开始，当事人对法律援助的实施方式也具有选择权，当事人既可以选择诉讼方式，也可以选择非诉方式，及时有效地帮助当事人解决问题，从而提高法律援助的质量。在案件的办理过程中，当事人可以通过听取汇报、参与庭审、投诉和评价的方式进行监督，给法律援助实施者带来一定的外部压力，激发其工作热忱，进而提高法律援助工作的质量。法律援助机构通过是否受理来控制法律援助工作的开展，根据办案人员的实际情况结合办案人员的专业方向委派，做好提高法律援助工作质量的源头工作。在案件处理过程中通过调查抽样、接受投诉和回访当事人的方式，对法律援助工作质量进行监督。

其次，要赋予援助对象充分的质量监督权利。法律援助的目的就是帮助当事人解决法律问题，维护当事人的合法权益，必须将当事人的评价作为案件质量考评的重要准则，形成当事人质量监督和评估体系。当事人质量监督机制，应该包括当事人听取办案人员的汇报、当事人参与庭审、当事人投诉机制，通过这三个方面对法律援助工作的质量进行监督，特别是当事人投诉机制是当事人质量监督体系的核心，当事人在发现法律援助工作存在问题后只有通过投诉机制将自己的意见充分、真实地表达出来，法律援助机构应该及时处理当事人的相关投诉。当事人评估体系，应该包括当事人对法律援助工作人员的态度、效率以及案件办理情况的评价，当事人评价的重点在于案件的办理情况，但是也不能忽视法律援助工作人员的态度和效率，工作人员的态度和效率直接体现法律援助机构的形象，一旦法律援助机构存在形象问题，将会导致广大人民对法律援助失去信心。

最后，要提升法律援助实施者的质量服务意识。在法律援助过程中，要将职业道德落到实处，要将职业纪律深入人心，要将法律援助相关法律法规内容具体到每一个法律援助实施者的行为之中，通过科学的奖励惩罚机制，促使每个法律援助工作人员提高服务意识，坚定服务信念，自觉提高法律援助服务质量。每个工作者要认识到，对于需要法律援助的困难群众来说，法律援助带来的法律曙光的重要性比普通的法律服务要高，对法律援助需求者的意义更大。

二、农村法律援助质量控制模式

（一）预防

所谓预防，就是在法律援助实施者开展法律援助服务事实之前进行质量控制。其主要内容包括以下几项。

1. 条件审查

条件审查的目的是保证法律援助申请人法律援助申请的合法性。合法性审查是指根据申请人提交的材料判断是否合法,避免无价值的法律援助及其滥用,为世界上大多数国家和地区接受并使用。进行合法性审查时,只是要求有胜诉的可能性。法律援助机构应依照相关规定严格审查当事人的法律援助申请,符合法律援助条件的,给予援助,物尽其用。

合法性审查包括主体条件和范围条件。根据我国《法律援助条例》规定,法律援助申请人要符合经济困难这一条件,或者符合法律规定的特定的受援情形。法律援助机构在审查后作出是否给予法律援助的决定。

法律援助范围则需要从法律事项的不同分类来考察,①非诉讼法律援助,主要是指一些标的额较小、可以通过非诉讼方式解决的劳动争议案件、工伤待遇案件、人身损害赔偿案件等,在很多地方这些案件已经逐渐纳入法律援助的受理范围,如陕西省农民工维权总站受理农民工劳动争议的案件,对于工伤待遇案件不要求经济困难的条件,这是法律援助工作的进步。

实践证明,随着我国改革开放的不断深入,经济和社会快速发展,城镇化水平不断提高,在新旧体制之间,在城乡之间,社会利益格局不断调整,与困难群众利益直接相关的案件也不断增多,涉及困难群众生产、生活的方方面面,新生案件类型不断涌现,我国《法律援助条例》规定的现有受案范围已经远远不能适应新形势下的法律援助需求,有必要进一步扩大法律援助的受案范围。②

2. 强化法律援助人员的能力

开展各种形式的学习、培训和交流活动,提升法律援助管理人员的管理能力;加强法律援助人员的行为规范、文明用语、接待礼仪、心理学知识、职业道德培训,提高法律援助人员的服务态度;举办法律专业知识培训班或组织一些法律援助研

① 综合我国《法律援助条例》及相关法律条文的规定,主要可以总结为刑事法律援助、行政法律援助、民事法律援助以及非诉讼法律援助等范围。刑事法律援助包括:(1)犯罪嫌疑人在被侦查机关第一次询问后或者采取强制措施之日起,因经济困难没有聘请律师的;(2)公诉案件中被害人及其法定代理人或者近亲属,自案件移送审查起诉之日起,因经济困难没有委托诉讼代理人的;(3)自诉案件的自诉人及其法定代理人,自案件被人民法院受理之日起,因经济困难没有委托诉讼代理人的;(4)公诉人出庭公诉的案件,被告人因经济困难或者其他原因没有委托辩护人的,人民法院为被告人指定辩护的;(5)被告人是盲、聋、哑或者未成年人而没有委托辩护人的,或者被告人可能被判处死刑而没有委托辩护人的,人民法院为被告人指定辩护的。行政诉讼的法律援助包括:(1)请求国家赔偿;(2)请求给予社会保险待遇或者最低生活保障待遇;(3)请求发给抚恤金、救济金。民事诉讼的法律援助包括:(1)请求给付赡养费、抚养费、扶养费的;(2)请求支付劳动报酬的;(3)主张因见义勇为行为产生的民事权益的。法律援助的对象,根据《刑事诉讼法》和《法律援助条例》的规定,既包括我国的公民,也包括刑事诉讼中没有委托辩护人的外国人。

② 参见沈英姿:《我国法律援助制度运行现状及其思考——基于广州市天河区法律援助实践的分析》,暨南大学2011年硕士学位论文,第11页。

讨会,组织工作者到院校进行法律知识和业务知识的培训和教育,加强机构间人员的交流学习,提高综合素质。

3. 科学合理地进行法律援助实施者委派

英国律师事务所建立分案指派机制。我国的法律援助机构可以参考建立适合国情的、体现区域特征的分案指派制度,通过建立三级农村法律援助平台,加大区域内各法律援助机构的合作力度,综合考量案件的性质、地区、难易程度、各法律援实施者的专长等因素,合理地为每一个法律援助案件选择适合的办案人员,实现各机构之间人员的互通互用。

(二)控制

所谓控制,就是对法律援助实施者开展法律援助的具体过程进行质量控制。其主要内容包括以下几项。

1. 签订协议并监督执行

依据法律援助协议法律援助机构督促受援人与法律援助实施者签订委托协议,委托书内容要明示。受援人可以根据授权委托书内容,向法律援助实施者提出相应要求,向援助机构反映新问题,从而达到监督的作用。援助实施者与受援人签订的委托书(委托协议)大多是格式化的协议,受援人没有选择,也基本不能增减相关条款,大多只能被动签署。需要对委托协议进行改革,提供多元化的委托协议模板供受援人选择,并且能够添加受援人的要求,可考虑增加案件处理时间等办案人员可控制的因素条款,法律援助机构要对委托协议进行认真解释,使受援人能理解、能甄别、能正确选择。

2. 设立法律援助监督员

在这方面香港法律援助署走在前列,他们成立了一个专门监察外派律师的个案委员会,负责制定推广有关的制度和程序,在实践中进行适度修正,同时定期监督律师的表现。我国内地可以借鉴香港特别行政区经验,设立监督员,这个监督员可以是受援对象,也可以是法律援助机构的相关工作人员(专任、兼任皆可),还可以是愿意从事相关监督工作的志愿者、社会个人或第三方组织。早在1999年,司法部法律援助中心郑自文博士就曾建议成立专门的指派案件监管小组,认为必要时可以派专门人员随时了解和掌控法律援助案件的进展状况,决定是否需要采取相应的质量控制措施。设立独立的法律援助监督员,对法律援助实施过程进行全程监督,是实现高质高量法律援助服务的重要保证。如何设立好的监督员制度值得各级法律援助机构思考与探索。

3. 设立统一的法律援助质量标准

国外很多国家制定了相应的法律援助服务标准。借鉴国际经验并结合我国具体实践,我国要建立一套统一的法律援助质量标准,至少要包含的内容有:(1)服务能力的可靠性。(2)服务行为的合规范性。援助行为必须在法律法规的框架内运行。(3)服务行为的合道德性。法律援助工作者的援助行为必须符合社会基本道德规范,符合乡风民情。(4)服务行为的指向性。在法律援助服务过程中,援助工作者服务的目标指向始终要是援助对象,采取的各种措施和行为必须符合援助对象的需要和利益。(5)服务行为的有效性。(6)援助对象的满意度。制定不同的质量标准,在标准制定的过程中,要综合考虑能够影响和制约法律援助案件质量的所有因素,要符合法律援助工作的基本规律,要借鉴国内外先进的质量管理理念,要有利于量化评估。

4. 建立法律援助实施者向法律援助管理机构定期报告制度

英国、韩国等国家及我国香港特别行政区法律都明确规定,在提供法律援助工作过程中,法律援助案件的具体承办人必须进行必要的定期报告。通过这种定期报告,法律援助机构可以了解到法律援助案件的具体办理情况,根据具体情况决定是否继续开展法律援助工作或者应调整工作内容,考察法律援助实施者在具体办案过程中的行为是否正当,并决定是否要变更办案人员,等等。

(三)监督和评估

所谓监督与评估,就是对法律援助事项进行事后评估,其目的在于总结案件处理情况并进行相应监督。其具体内容大致包括:

1. 建立评估与奖惩机制

根据制定的法律援助质量标准,细化为具体的参数,评分为优秀、良好、合格、不合格四级,并将这种评估结果与奖惩相结合,所谓"奖罚机制就是根据对每个法律援助案件检查评估结果,对办理案件质量比较好的进行奖励,对做得比较差的进行惩罚,通过积极的和消极的两方面激励机制的运用,对法律援助工作进行总结和评估,保障法律援助质量"。① 因而,评估为不合格的,可以以适当形式通报批评;评估结果为合格以上等级的,确认该案件法律服务人员已经履行相关义务,可以核算其工作量,发放相应的办案补贴;"优秀的,由司法行政机关进行表彰奖

① 如北京市丰台区在广泛征询全区39家律师事务所意见的基础上,制定了《关于律师承办援助案件的考核及奖惩办法》。该办法规定,丰台区法律援助中心将对律师承办的法律援助案件从办案程序、归卷情况、当事人情况、监督员意见及办案思路5个方面考核律师的办案质量,量化考核结果,根据以上的考核内容评定出"优、良、中、差"4个质量等级。同时,根据律师的办案质量等级给予不同档次的补贴,实行办案补贴的差额给付。此外,每年年底将根据律师办案情况评选出一批优秀律师,给予物质和精神奖励,对办案质量差的律师给予相应的惩戒。

励”。[①] 同时,被评为合格或不合格等级,办案人员可以向评估组织提出异议,评估组织对于异议及时做出处理并且负责总结审查办案人员的法律援助工作的全过程,发现律师在办理案件过程中存在的质量问题,向办案人员提出合理的改善建议。惩罚的目的是提醒办案人员工作中存在的问题,希望通过惩罚和再培训、学习的方式解决这些人员身上所存在的问题,从而提高业务能力和服务能力,提升法律援助的工作质量和效率。

2. 建立援助对象评价机制

法律援助的宗旨是维护援助对象的合法权益,援助对象的评价是衡量法律援助质量好坏、成功与否的重要标志,在质量控制中必须认真发挥援助对象的作用。“我国在法律援助实践中有些地方也采取了一些措施听取受援人的意见,也收到良好的效果。”[②]如“建立申请人投诉制度”“健全案件考核细则”。[③] 这些与援助对象相关的质量控制方法的实践经验和成果,应当在法律援助质量考核和控制中以法律法规或规章制度的形式予以规定和规范。

3. 强化规范性法律援助格式文件的实施

法律援助格式文件包括法律援助申请表、案件具体情况登记表、审核(审查)决议书、指派律师(法律援助实施者)函、法律援助实施过程登记表,结案登记表等,这些表格都应具有一定的格式,要达到相应的规范性要求,不仅可以方便弱势群体的使用和监督,还可以方便业务主管部门和第三方的监督与管理,同时也方便法律援助机构和法律援助实施者自身的工作总结。可以说,实施法律格式文件规范性监督是实行质量控制的重要内容,加强法律援助格式文件监督能够从形式和内容两方面对法律援助办理案件情况进行广泛的监督与检查。

4. 积极发挥外部监督作用

《律师和基层法律服务工作者开展法律援助工作暂行管理办法》强调,律师和基层工作者的法律援助必须接受司法行政机关、律师协会和法律援助机构的业务

---

① 贺春云:《建立法律援助案件质量评估体系的初步构想》,载《中国司法》2011 年第 5 期。

② 如重庆云阳县司法局向受援人发放《法律援助案件质量监督卡》,印制的《法律援助案件质量监督卡》上,律师在办理援助过程中是否尽职尽责、有无违纪违规行为、受援人是否满意、投诉举报电话等内容都写得一清二楚。自 2001 年法律援助质量监督卡推行以来,云阳县共办理法律援助案件 213 件,受援当事人满意率达到 95% 以上。

③ 尹茂平:《中国内地与香港特区法律援助制度比较研究》,暨南大学 2010 年硕士学位论文,第 34 页。

指导和监督。[①] 这里所说的外部监督,包括行业监督、新闻媒体监督、司法部门监督、独立第三方监督等。行业监督,法律援助工作者行业协会及其相关组织对法律援助从业者进行的行业内监督和规范,律师事务所、律师协会都能进行监督工作,我国《法律援助条例》就规定律师协会应当对法律援助工作予以协助。媒体监督,就是加强媒体的法律援助质量监督与控制,在实践中我们发现受新闻媒体关注、社会关注的法律援助案件,法律援助实施者办案的质量意识往往也较高,取得的实际成效也较为明显,新闻媒体质量监督大有可为。司法部门监督,一方面司法行政部门作为法律援助管理监督机构有职责和义务对法律援助工作按照分工进行多维管理,"另一方面公检法部门作为司法实践部门,在具体的案件办理中对法律援助案件的办理律师或其他法律工作者有权进行监督,以维护当事人的合法权利"。[②] 独立第三方监督,就是与法律援助工作无直接业务往来和利益纠葛的个人或组织的监督,包括志愿者和志愿者队伍、社会普通成员等。他们的评价往往主观性较强,代表一定的社会声音,值得我们关注。

第三节 农村法律援助的经费管理体系建设

一、加强法律援助财政专项资金管理重要性认识

法律援助经费是法律援助机构的重要物质保障。如果说法律援助是一台机

---

① 司法部《律师和基层法律服务工作者开展法律援助工作暂行管理办法》第4条规定:律师和基层法律服务工作者承办法律援助案件,应当接受司法行政机关、律师协会和法律援助机构的业务指导和监督,接受受援人和社会的监督。第8条规定:承办法律援助案件的律师和基层法律服务工作者,应当根据承办案件的需要,依照司法部、律师协会有关律师和基层法律服务工作者执业规范的要求,尽职尽责地履行法律服务职责,遵守职业道德和执业纪律。第9条规定:对重大、复杂、疑难的法律援助案件,律师事务所、基层法律服务所应当组织集体研究,确定承办方案,确保办案的质量和效果。第13条规定,法律援助机构应当采取对结案材料审查、办案质量反馈、评估等方式,督促律师和基层法律服务工作者尽职尽责地开展法律援助工作,确保法律援助服务的质量。律师协会应当按照律师协会章程的规定对实施法律援助工作予以协助,指导律师和律师事务所不断提高办理法律援助案件的质量,维护律师在开展法律援助工作中的合法权益。

② 最高人民法院、司法部《关于印发〈关于民事诉讼法律援助工作的规定〉的通知》第13条规定:承办法律援助案件的人员在办案过程中应当尽职尽责,恪守职业道德和执业纪律。法律援助机构应当对承办法律援助案件的人员的法律援助活动进行业务指导和监督,保证法律援助案件质量。人民法院在办案过程中发现承办法律援助案件的人员违反职业道德和执业纪律,损害受援人利益的,应当及时向作出指派的法律援助机构通报有关情况。最高人民法院、最高人民检察院、公安部、司法部《关于刑事诉讼法律援助工作的规定》第21条规定:律师在办理法律援助案件过程中应当尽职尽责,恪守职业道德和执业纪律。法律援助机构对律师的法律援助活动进行业务指导和监督,以保证法律援助案件质量。公安机关、人民检察院、人民法院在办案过程中发现律师违反职业道德和执业纪律,损害受援人利益的,应当及时向作出指派的法律援助机构通报有关情况。

器,那么这台机器正常运转所必需的动力就是经费,国家要保证其所制定的法律援助制度能够顺利展开,达到预期的社会效益,就必须加大财政投入,确保法律援助机构拥有足额的法律援助经费。从近年来的实践来看,法律援助经费问题已经成为制约因素。

当前,我国的法律援助经费构成中,政府的财政专项资金是其主要来源。从性质上讲,法律援助具有社会救济的属性,是政府对于经济困难公民及其群体基于人权原则的行政给付行为,属于国家和政府的法定责任和应尽义务,国家财政部门为了实现责任和义务设立专项资金用于法律援助事业是理所应当的。在此情形下,国家设立了中央补助地方法律援助办案专款,主要面向经济不发达地区,由中央财政专项安排补助解决这些地区的法律援助经费困难问题。对于法律援助财政专项资金,各级党委、政府及相关主管部门领导和同志们都应当充分认识到法律援助经费在法律援助工作中的重要性,认识到法律援助专项资金的重要性,要将法律援助经费列入财政预算;要明确专项资金的使用范围,规范使用专项资金,严禁各种形式的挪用和挤占,合理有效地利用有限的法律援助资金,认真做好专项资金的使用工作;要科学管理法律援助专项资金,认真落实法律援助专项资金的各项管理制度,加强对法律援助专项资金的审计和监督,认真做好专项资金的管理工作。

二、通过立法规范法律援助资金的使用和支出

法律援助资金应当主要用于法律援助案件办理相关的业务开支,包括:(1)办理案件的合理开支。具体包括办案律师的调查取证费、交通通信费、外地办案住宿费、资料鉴定费、文印费、伙食补助费、办案补贴费等。(2)业务调研、培训、宣传等所需的必要费用。(3)奖励资金。即对法律援助工作有突出贡献的单位和个人的奖励资金支出。(4)其他合法支出。①

---

① 按照《中央补助地方法律援助办案专款管理暂行办法》以及司法部《关于规范有效使用中央补助地方法律援助办案专款的通知》,中央补助地方法律援助办案专款是帮助经济不发达地区解决法律援助困难,促进不同地区法律援助工作协调发展,由中央财政专项安排的补助地方办理法律援助案件的资金。根据《中央补助地方法律援助办案专款管理暂行办法》第3条,中补助地方法律援助办案专款的投向是国家级和省级扶贫开发工作重点县(市、区),以及经费保障能力较低的其他困难县(市、区)法律援助机构(含未单独设立法律援助机构,承担法律援助任务的县、市、区司法局)。中央补助地方法律援助办案专款的使用范围是:(1)支付办案人员办案补贴:包括差旅费、文印费、交通通信费、调查取证费等;(2)法律援助机构办理案件的其他直接费用;(3)受援人员败诉后无力交纳的仲裁费和鉴定费。对于省、市向贫困县(区)财政转移拨款的法律援助专项资金,也应当参照中央补助地方法律援助办案专款的具体要求实施,使其主要用于法律援助办案业务支出。

实践中,我国法律援助资金的支出项目多,实际用于法律援助办案的经费比例较低。2009 年全国法律援助经费支出总额 7.05 亿元,其中业务经费 34,517.9 万元,占经费支出总额中的 49%;办案补贴及支出为 23,983.67 万元。"目前各地法律援助资金中用于法律援助办案经费的比例偏低,未能充分发挥法律援助应有的社会功能和价值。"①

国家立法机关、各级人民政府司法行政部门,应在征询财政管理部门意见和建议的基础上,以法律法规、规章制度等形式,确保法律援助资金主要用于办案业务支出。

各级法律援助机构,也应该按照相关法律法规、规章制度的要求,结合法律援助工作的特色属性,按照现行财务制度的相关规定和要求,建立健全法律援助资金使用和管理的各项财务制度,配备专职的会计、出纳人员,加强财务人员的监督和管理;同时,要严格本法律援助机构及其工作人员严格遵守国家财经纪律和财经政策,如果有侵占、私分、挪用法律援助经费的情形,要按照相关法律法规和《法律援助条例》规定予以追回,情节严重、构成犯罪的移交司法部门处理。

三、加强法律援助专项资金专户管理

2005 年 9 月 6 日开始实施的《中央补助地方法律援助办案专款管理暂行办法》第 7 条明确要求专项资金必须专款专用。② 在实际中,将法律援助经费放在各级司法行政机关的账户上,使法律援助专款专用、独立核算规定流于表面文章。司法部法律援助中心调研处郭婕同志对我国各省(市、自治区)法律援助经费账户设立情况进行统计,2010 年,设立独立账户,并享有独立管理使用权的法律援助机构有 9 个;另外有 18 个设有独立账户只有部分管理使用权。在本调查组对陕西省法律援助专项资金管理的实际调研中,这一问题也有所凸显:陕西省榆林市(地级

---

① 王雨静:《法律援助资金保障机制建设研究》,载《北京政法职业学院学报》2013 年第 1 期。

② 《中央补助地方法律援助办案专款管理暂行办法》第 7 条规定:(1)各级财政部门和司法行政部门要加强对法律援助办案专款的监督管理,制定切实有效的管理办法,保证法律援助办案专款及时、足额到位,专款专用,不得用于司法行政部门和法律援助机构的人员经费和公用经费。(2)每年度终了后 4 个月内,省级财政部门和司法行政部门要将法律援助办案专款的安排和使用情况如实向财政部和司法部做出书面报告。中央财政将以此作为考核省级财政和司法行政部门对法律援助办案专款管理工作的一项重要内容和安排下一年度法律援助办案专款的参考依据。(3)省级财政部门要会同司法行政部门建立效益考核制度,对使用法律援助办案专款的情况进行量化考核,定期向上级和下级财政、司法行政部门通报考核情况,及时提出问题和改进意见。(4)财政部、司法部将定期或不定期地直接或委托有关部门对专款的使用情况进行现场检查、审计。对法律援助办案专款到位不及时、使用效益不高、存在挤占挪用现象等违反本办法规定的地区,将暂停以后年度法律援助办案专款并按照《财政违法行为处罚处分条例》的规定予以处罚处分。

市)13个法律援助机构中,有8个机构账户能够独立使用,不能独立使用的高达5个;截至2008年年底,陕西省咸阳市(地级市)14个法律援助机构中,账户独立使用的仅有4家,账户不独立竟有10家之多,其中包括市级法律援助中心。

法律援助专项资金管理账户不独立,法律援助机构也就无法实际控制经费的使用,实时监督也无从谈起,致使专项资金被挪用和挤占的情况时有发生。就目前而言,对经费的具体管理都语焉不详,缺乏制度的明确和细化,这种监督就成了空中楼阁。在一些地方,由于法律援助账户与司法行政部门账户的合一,加上司法行政部门是法律援助机构的管理监督部门,因而存在法律援助经费的开支使用必须由司法行政部门及其相关领导决定的现象,专款能否在事实上实现专用值得商榷。有些地方,政府或司法行政部门就将法律援助专项资金用于其他项目,导致法律援助专项资金的严重流失。

在此情形下,必须建立法律援助专户管理和单独核算制度,必须使用专用账簿进行单独核算,避免和其他经费混同。具体内容包括:(1)坚持专款专用,不得以任何理由进行挪用或挤占,不得以任何方式改变法律援助资金的用途和性质;(2)坚持效益最大化,合理使用资金,确保资金正确使用在法律援助业务支出上,实现有限经费的最大化社会效益;(3)坚持区别管理和使用,使用不同的管理模式,分担法律援助经费风险。财政拨付经费是法律援助经费的主要来源,要确保这部分资金的安全,因而必须采取财政管理模式,用于保证维护法律援助机构正常运转的各项开支,主要用于日常业务经费;对于社会资助资金(包括社会捐助、基金及其他资金来源)主要采取基金模式,通过投资经营获得一定的收益,补充法律援助经费,主要用于法律援助服务的业务经费。在经费管理与使用过程中,要坚持"分级负责、痕迹管理"的资金管理办法,各负其责,明细管理。

四、加强专项资金的审计和监督

其一,做好援助申请的条件审查。法律援助机构的基本宗旨是保护经济困难者或其他弱势群体,通过对申请人经济状况的审查,可以防止申请人可能存在的欺诈行为,保障有限的农村法律援助经费得到有效利用。我国《法律援助条例》规定法律援助的申请人或代理申请人应该提交身份证明、代理证明、经济困难证明以及申请法律援助的案件材料。援助中心接到申请材料后对援助对象的经济标准及受案范围进行审查。"关于经济困难标准,《法律援助条例》授权各省、自治区、直辖市人民政府,由各省、自治区、直辖市根据本行政区域经济发展和法律援助事业的实际需要作具体规定”,[①]《法律援助条例》根据我国各地经济发展水平不一的特点,对于经济审查也采取区别的方式,但实际生活中的做法多以当地最低生活标准为纲。

其二,做好援助效益审查的监督。法律援助案件的办理需要人力物力,但在资源配置并不宽裕的条件下,只有开源节流,对于一些案件可以采取分类处理的办法加以解决:(1)案件案情简单,通过一定指导,申请人有能力自行解决的,就给予相应指导,鼓励其自行解决,必要时再委托法律援助实施者代理服务;(2)对于可以通过非诉讼方式解决的矛盾纠纷,建议当事人采用非诉讼方式解决,最大限度节约法律援助经费和司法成本;(3)对于一些胜诉可能性非常低或者胜诉后判决也很难执行的案件,法律援助机构可以协同其他相关部门可以尝试通过诉讼前或执行前和解的方式解决。援助效益审查制度可以减少法律援助资金和人力的投入,通过提供法律咨询、法律意见等非诉的方式解决当事人的问题,可以有效地节约援助资金的使用,这是合理配置法律援助专项资金的一种重要方式。

其三,建立法律援助专项资金管理人制度。各级法律援助机构根据具体情况,指定1~2名法律援助专项资金管理人(专管员),专职对专项资金的使用进行管理和全程监督。事前审核,专管员要检查预算能否满足区域内法律援助工作需要等;事中监督,在实施法律援助制度过程中,专管员及时监督各部门的遵法守法情况;“事后监督,主要检查分析经费使用有无违法情形”等。[②] 在管理过程中,专管员一方面要加强与各级各部门的有效沟通与协调,获得相应的支持和帮助;另一方面要积极创新管理和监督方法,规范管理。

其四,规范各级法律援助机构的财务管理。引进高科技的财务管理软件,学习高新管理技术和管理经验,如德国SAP(思爱普)公司新开发的SAP HANA(实时业务查询与分析平台)、SAP B1(业务管理软件SAP Business One的简称)等产品;完善法律援助机构财务制度,对援助经费预算进行合理编制;建立健全法律援助经费的收支制度,根据《中央补助地方法律援助办案专款管理暂行办法》规定,实行法律援助经费专户管理、单独核算、专款专用,要严格审批各项经费支出,制定相应的使用事项、数额及相关报销标准;建立法律援助专项资金收支情况公开制度,在法律援助中心网站或相关媒介上明确公开经费收支明细,做到每一笔收

① 《法律援助条例》第13条第1款明确规定:“本条例所称公民经济困难的标准,由省、自治区、直辖市人民政府根据本行政区域经济发展状况和法律援助事业的需要规定。”

② 宫晓冰:《中国法律援助制度培训教程》,中国检察出版社2002年版,第321~322页。

入和每一笔支出都有据可查，接受司法行政机关与公众的监督，杜绝出现截留专款或挪用专款用以补贴其他支出，对于挪用和侵占法律援助专项资金的行为给予严厉查处，及时追回相关的法律援助资金，保障法律援助资金能够运用到法律援助工作中，确保法律援助专项资金的有效使用。

其五，确立经费检查制度。在制度设计中，检查主体一般应该是政府司法行政部门，也就是法律援助机构的主管监督部门；检查内容涵盖经费预算、分配、使用等各个环节，而且可以检查法律援助机构的经费管理制度及办法，还可以检查法律援助机构经费支出的明细和使用效率；检查方式可以采取抽样检查或全面检查，在实践中综合考虑二者的优劣进行选择。发展高效便捷的电子技术，建设经费网络管理系统，实现对经费使用的实时监管，加强检查效果，[①]实现监督效果。

第四节　农村法律援助业务管理体系建设

一、农村法律援助咨询管理

在农村法律援助业务中，法律援助咨询比重很大。“依据 2007 年各省（区、市）法律援助咨询量占全国法律援助咨询总量的比例，2007 年我国全国共接受法律援助咨询 4,069,972 人次，其中接受来访咨询人次 2,011,655 人次，接受来信咨询 38,666 人次，接受来电咨询 2,019,651 人次”。[②] 通常情况下，法律援助咨询主要是由法律援助机构的律师或相关法律工作人员来承担。但是，随着近年来公民法律意识和对法律援助认可度的不断增强，法律援助咨询的数量也急剧增长，给法律援助机构带来了改革的动力，部分省（直辖市、自治区）法律援助中心、县（区）法律援助中心建立值班制度，鼓励、引导社会律师或相关法律工作者采取灵活多样的形式在法律援助机构中为困难群体提供法律咨询，有些地方还开通了“148”法律咨询专线电话，在线回应群众的法律援助咨询。截至 2007 年，全国有独立的“148”电话平台的法律援助机构数情况如下：

---

① 参见梁春礼：《浅析法律援助监督管理机制中国家责任的实现》，载《法制与社会》2015 年第 1 期。

② 司法部法律援助中心：《2007 年度法律援助发展数据统计分析报告》（内部资料），第 191 页。

表 11－1 全国有独立“148”电话平台的机构数及比例(截至 2007 年)①

	有独立“148”电话平台的机构数	已建机构数	比例(%)
省级	6	33	18.18
地市级	135	361	37.40
县区级	779	2865	27.19
全国	920	3259	28.23

要搞好农村法律援助咨询,必须在加快县(区)“148”电话平台建设和乡镇法律援助工作站值班制度建设的同时,规范农村法律援助咨询业务的相关事项:(1)实行农村法律援助咨询登记制度,执行首问责任制。就是要对农民群众的法律援助来访、来电、来信咨询进行登记,并由第一位接待该法律咨询的工作人员全程负责,确保事项不遗漏,不推诿。(2)实行法律援助咨询备案制度,对法律援助人员的相关法律建议进行登记在册,以保证咨询服务质量。对于相关法律建议,可以定期或不定期送至“权威”(专业的、专职的律师及其团体)进行审查,如果出现偏差予以及时纠正;对于接待人员囿于专业限制,无法直接给予相关建议的,可以建议咨询人员直接联系或者接待人员代为联系更为专业的权威人士进行解答,并由第一位接待人员对相关建议登记备案。

二、农村法律援助指派案件管理

由于农村法律援助机构法律人力资源匮乏,有的没有专职法律工作者,完成审查后,将案件全部指派给社会法律工作者。有专职法律工作者的机构也仅有能力完成部分案件,其他案件还需指派给社会法律工作者。2007 年在全国范围内法律援助机构工作人员办理法律援助案件分别占全国及各省(区、市)办理法律援助案件总数的比例如表 11－2 所示。

① 司法部法律援助中心:《2007 年度法律援助发展数据统计分析报告》(内部资料),第 3 页。

表 11－2　2007 年在全国部分省市自治区法律援助机构工作人员办理法律援助案件比例①

地区	法律援助机构人员办理案件数	法律援助案件总数	比例(%)
北京	195	12,482	1.6
天津	1973	2849	69.3
河北	4833	11,673	41.4
山西	2439	10,172	24.0
内蒙古	4876	8918	54.7
辽宁	5781	18,004	32.1
吉林	4090	6302	64.9
黑龙江	2657	12,732	20.9
上海	0	7577	0.0
江苏	2756	19,149	14.4
浙江	4829	24,125	20.0
安徽	4120	11,091	35.3
福建	3231	13,621	23.7
江西	4945	12,220	40.5
山东	5047	18,314	30.8
河南	12,377	26,890	40.0
湖北	3680	11,890	31.0
湖南	6230	16,660	37.4
广东	7038	26,835	26.2
广西	3072	11,604	26.5
海南	147	2767	5.3
重庆	16,987	28,455	59.7
四川	6039	25,379	23.8

① 参见司法部法律援助中心:《2007 年度法律援助发展数据统计分析报告》(内部资料),第 161 页。

续表

地区	法律援助机构人员办理案件数	法律援助案件总数	比例(%)
贵州	6842	15,379	44.5
云南	9364	22,908	40.8
西藏	470	673	69.6
陕西	3237	7495	43.2
甘肃	3711	7238	51.3
青海	569	3756	15.1
宁夏	1055	5407	19.5
新疆	2174	7258	30.0
新疆兵团	96	1296	7.4
合计	135,466	411,783	32.9

从表11－2数据可知,法律援助机构工作人员直接办理案件率,最高的是西藏69.6%,最低的是上海为0,列入统计的全国平均数是32.9%。也就是说,大部分的案件均是由法律援助机构审查后,指派给社会律师等法律工作者完成的,而且这种指派较为随意,全国各地指派数量不一,方式也不同,基本没有形成系统的制度。

为了保证农村法律援助指派案件的质量,要加强指派案件的管理,规范外派行为。我国香港特别行政区对是否将法律援助案件外派就考虑了很多因素:(1)受援人的意愿,是愿意选择机构内工作人员办理,还是选择案件外派;(2)法律援助机构是否具备相应办案知识,如果不具备相关的专业人员,就应考虑外派;(3)法律援助机构现有的工作量,为了保证法律援助的及时性,在工作人员工作量饱和情形下应考虑外派;(4)交由本机构专职律师办理,是否会出现利益冲突的情况,是否与本机构或本机构人员出现利益关联;(5)案件由社会法律工作者办理是否更迅速且更符合经济效益,是否更能保障申请人的合法权益;(6)申请人是否已经聘请社会律师代表其提出诉讼等。内地可以借鉴这一经验做法,根据本机构和工作人员处理业务的能力,受援人的意愿,社会法律工作者处理业务的能力和意愿,综合考量,合理指派,保障外派案件质量。在此过程中,要避免几种有害的倾向:一是法律援助机构挑肥拣瘦,将简单易办、能够及时取得效果的案件自己办理,而将一些疑难复杂的案件指派出去;二是法律援助机构随意指派,不考虑案件的性质类型,不考虑被指派法律工作者的专业和意愿,不考虑受援人的意愿,指派的公平、公正性受到质疑;三是采取不合理的办案补贴制度,对机构内部工作人员的补贴费用较高，而对社会法律工作者的补贴费用较低，甚至不支付，挫伤社会法律工作者的工作积极性。

针对法律援助人力资源（尤其是法律专业工作者）不足的现实，各地各级法律援助机构可以根据自身情况：一是积极培育现有的基层法律服务工作者，提升其业务能力和技巧；二是建立法律援助服务平台，实现区域内法律援助人力资源的整合优化与整体调配，实现有效人力资源的最大化利用；三是签订法律援助服务承包合同，鼓励、引导社会律师和律师事务所无偿或低费用开展法律援助，发挥有限的法律援助经费的积极作用；四是积极发挥民间法律援助和社会法律援助志愿者的作用；五是培训"准律师"，河南、贵州、云南、西藏、江西等省（市、自治区）就对基层法律援助工作者进行法律知识和法律援助相关知识的培训，经考核通过后，颁发法律援助工作者证，极大充实和发展法律援助人力资源队伍。

第五节　农村法律援助的监督

一、农村法律援助监督的必要性

人民群众对法律援助的量和质的要求也是日益增高，法律援助工作的各个方面也任重道远。自 1994 年开始我国法律援助工作试点，直到 2003 年 9 月 1 日颁布了《法律援助条例》，法律援助的监督工作主要由法律援助机构自我完成。这种自我监督的缺陷是明显的，一方面是法律援助机构本来就存在人员不足的状况，根本无力设立专门人员进行监督，事实上有时候也没有这个意识要监督；另一方面这种监督是"自曝其丑"的行为，法律援助机构掌握着法律援助的受理、审查、指派以及经费的使用，一旦这些环节出现问题，法律援助机构更倾向于隐瞒这些问题。因此，必须在内部监督的基础上施行外部监督，并由司法行政部门主导外部监督，综合运用社会各界力量，形成全社会共同监督的模式。

也正是由于法律援助工作开展在先，而相关法律制度制定在后，多年的工作实际累积了很多问题。有些法律援助机构被定性为差额拨款或自收自支单位，没有列入行政事业单位系列，政府也因此没有给予相应的财政拨款；由于没有政策上的限制，法律援助经费又严重不足，有些法律援助机构和人员就从事有偿法律服务或在法律援助服务中收取费用；法律援助机构相关制度不完备，对案件受理范围、条件、申请人资格等没有科学规范，案件办理过程、办理结果缺乏有效监督管理。这些问题，在短期内都难以得到彻底解决，这也就决定了法律援助监督是一项必要而长期的工作。

农村法律援助工作更是我国法律援助工作中的重点，更需要关注和重视。构建农村法律援助监督体系，应该以司法行政部门主导的专业监督和法律援助机构的自我监督为主，以人大代表、政协委员、法律工作者、社团组织人员、新闻媒体、特殊群体代表、援助对象及其代表、法律援助志愿者及其组织组成法律援助社会监督团为辅。自我监督是法律援助机构自我完善的重要途径之一，法律援助机构同时要主动接受司法行政部门的专业监督以及社会监督，让法律援助工作更加透明，不断提高法律援助的工作质量。各类监督主体，在监督的过程中，要严格按照相关质量控制和监督标准，秉承客观公正的立场，以实事求是的态度，对法律援助事项进行全程监督，努力实现农村法律援助经济效益与社会效益双丰收。

二、农村法律援助监督的主体和对象

负有农村法律援助监督义务的主体主要有：(1)政府司法行政部门，主要是地(市)司法局、县(区)司法局、乡(镇)司法所及其相关职能部门。(2)法律援助机构。由于现阶段我国农村法律援助机构性质与职能的特殊性，实践中，各级司法行政部门对法律援助工作的管理监督职责很多都交由法律援助机构行使，法律援助机构负责对本机构指派或安排办理的法律援助案件进行监督检查评估。(3)律师事务所、基层法律服务工作站(所)。(4)律师协会。此外，法律援助机构还可聘请人大代表、政协委员、法律工作者、社团组织人员、特殊群体代表、援助对象及其代表、法律援助志愿者及其组织组成法律援助社会监督团，辅助政府司法行政部门和法律援助机构做好监督检查评估工作。

法律援助监督的对象可以分为两大类：一是“人”，就是对接受法律机构指派和委托，办理法律援助案件的法律援助实施者和法律援助机构的管理者等工作人员进行监督；二是“事”，就是对各种活动进行监督。总的来说，就是法律援助的法律法规和政策制度的执行情况。① 机构监督管理包括：设立、制度建立、业务流程设立、财务管理、人员设备管理、年度注册等。“社会公益活动监督管理方面包括：社会募捐、社会赞助等社会公益活动”。②

三、农村法律援助监督的方法手段

农村法律援助监督中，要综合运用各种监督方法，丰富监督手段，因地制宜，

---

① 具体包括业务监督与管理、人员监督与管理、机构监督与管理、公益活动监督与管理。其中，业务监督管理包括：业务程序、档案管理、办案质量、经费使用、质量评估、网络信息、业务报表、异地协作、对外交流等。人员监督管理包括：政治思想教育、业务培训、职业道德、执业纪律、服务态度、服务质量、奖惩制度等。

② 赵志敏：《加强法律援助监督管理的思考与实践》，载《中国司法》2010 年第 10 期。

因时制宜,因事制宜,选择一种或多种方法,加强监督的深度和力度。这些监督方法和手段大致概括为以下几种:

1. 一次告知。法律援助机构在案件受理之后,可以书面或口头的形式,告知双方当事人(援助对象和法律援助承办人员)的权利义务,并公示相关的监督电话等。

2. 集体研究。这种方法适合一些重大疑难案件,还有涉及团体诉讼的,尤其影响大、敏感性强的法律援助案件,都应该进行集体研究。承办这些重点案件的承办人员,要将具体案情分析、诉讼证据收集、法律适用、代理(辩护)观点向研究集体详细汇报,由集体研究共同决定这些案件处理的相关事宜,发挥集体的力量办理案件,实施法律援助监督。

3. 一案一报。法律援助机构可以要求承办人员在诉讼类案件开庭审理前(其他非诉讼案件在办理前)向指派机构进行报告。报告的主要内容是对案件分析意见、证据收集情况、法律法规的适用意见和代理(或辩护)的主要观点,法律援助机构(指派机构)应当对以上内容进行审查。

4. "两卡"监督。法律援助机构在案件受理并指派案件承办人员后,向案件相关的执法人员(法官、检察官、仲裁员、司法工作人员等)和援助对象发放法律援助质量监督卡,将援助对象和承办律师的权利义务、协议内容、投诉电话(方式)公布其上,在案件办结后由受援人和相关执法人员填写意见后交回法律援助机构,作为评估案件质量的一个重要依据。

5. 投诉处理。如果案件承办人员在法律援助实施过程中违反职业纪律和职业道德,采取不恰当的方式履行法律援助义务,没有合理保障援助对象的合法权益,甚至造成较大损失,援助对象或其他人员对此进行投诉的时候,法律援助机构要及时跟进,及时展开调查,及时处理。经调查属实的,要按照《法律援助条例》、司法部《关于律师和基层法律服务工作者开展法律援助工作暂行管理办法》的有关规定,严肃处理。

6. 旁听审理。法律援助机构应当有计划地定期、不定期组织工作人员或法律专业人士参加法律援助案件的审理旁听,对案件办理质量进行现场评估和监督。

7. 定期走访。法律援助机构应当定期走访正在办理或已经办结法律援助案件的相关人员(包括援助对象、相关执法人员等),听取援助对象、审理人员、公诉人员对法律援助承办人员的意见和建议,及时改进工作方法,提高办案质量。

8. 随案跟踪。法律援助机构在案件指派后,应当通过电话、电邮、座谈等各种方式,向受援人和承办人了解案情进展情况,发现问题及时纠正,进展良好则稳步推进。

9.卷宗归档。按照相关的要求检查法律援助案件结案后的卷宗归档情况。法律援助机构应严格按照《法律援助条例》和《办理法律援助案件程序规则》的要求,指导督促案件承办人员及时交付已办结的案件卷宗以供审查,“同时还应将案件的指派文书、判决(裁定)文书、仲裁文书、调解协议或行政处理(复议)决定等法律文书副本及承办人员的结案报告立卷归档,并实行一案一卷”,[①]保证承办案件全过程的高质量。

四、农村法律援助监督检查的内容和程序

农村法律援助监督检查的内容包括:案件是否符合法律援助的条件和范围;援助申请人是否符合法律援助的主体要求;法律援助机构的指派程序是否符合规定;法律援助实施者是否认真遵守职业纪律,是否及时书写、递交相应法律文书,是否进行必要的案件分析,是否及时进行相应的证据收集,是否给援助对象提供案件的法律法规适用意见,是否与当事人及时沟通代理(或辩护)的主要事宜,在办理案件过程中,是否出现违反职业道德现象,有无泄露国家机密、商业机密、当事人隐私的行为,是否及时按要求将案件材料整理归档报送指派机构(法律援助机构)进行审核;重大疑难案件、团体诉讼案件、影响大、敏感性强的案件是否报送集体研究,是否及时向援助机构报送案件实施情况;援助所取得的结果是否符合援助对象的预期,援助对象对法律援助实施者及其相关援助行为的评价如何;等等。

在这个意义上说,法律援助监督检查内容的涵盖时段是从法律援助案件的审查受理开始,到案件办结卷宗归档审查后结束,贯穿了法律援助受理、审查、指派、办理、结案、归档的全过程,因而法律援助的程序也就是法律援助监督检查的程序,就是随着法律援助行为开展而开始,随着法律援助案件结案而终止。

在实践中,法律援助案件的质量监督应该经常化和制度化,法律援助机构以及其他监督力量应该综合多种形式、全方位、多角度的对法律援助案件进行全程监督检查,这种监督检查应该始终贯彻到每一个法律援助案件中去。在一定时间段内,法律援助机构要“回头看”,对区域内的法律援助案件质量进行总结检查,总结经验,吸取教训,建立法律援助质量控制的长效机制,确保法律援助质量不会因人而非,不会因人而废。

---

① 姜裕波:《沈阳市法律援助服务质量问题研究》,吉林大学2011年硕士学位论文,第29页。

第十二章　需求导向型农村法律援助体系的保障

第一节　人力资源保障

一、我国农村法律援助实施主体构成

（一）专职律师

在法律援助专职律师模式理论中，法律援助是一种公共福利计划，是整个社会保障体系不可缺少的部分。在该种模式理论中，国家是提供社会保障的主体，法律援助应当由国家提供资金并设立专门机构雇佣专门人员负责法律援助的实施。专职律师就是具有法律从业资格由国家雇佣从事专门法律援助工作的国家法律援助机构工作人员。在我国，专职律师就是在各级法律援助机构中专职从事法律援助事务的具有法律从业资格的人员，属公务员性质或参照公务员管理，享受国家规定的待遇。[①] 2013 年年

① 截至2013 年年底，全国法律援助管理机构数为 431 个，法律援助机构数为 3249 个，其中行政性质机构和参照公务员管理的事业单位分别为 1544 个和 633 个，这两类机构占机构总数的 67%；全额拨款事业单位（不含参照公务员管理的事业单位）1010 个，占机构总数的 31.1%。全国业务经费纳入财政预算机构数为 2922 个，占机构总数的 89.9%，有专门接待场所机构数为 3041 个。全国法律援助管理机构和法律援助机构工作人员共有 14,548人，编制数为 12,991 人，法律援助机构中具有法律职业资格或律师资格的工作人员数为 6414 人，法律援助注册律师数为 4813 人。2014 年底，全国法律援助管理机构数为 474 个，法律援助机构数为 3263 个，其中行政性质机构和参照公务员管理的事业单位分别为 1530 个和 628 个，这两类机构占机构总数的 66.1%；全额拨款事业单位（不含参照公务员管理的事业单位）1054 个，占机构总数的 32.3%。参见司法部法律援助工作司：《2014 年全国法律援助工作统计分析（一）》，载《中国司法》2015 年第 6 期。

底全国法律援助管理机构共有14,548名工作人员,具有律师资格或法律职业资格的6414人,4813人为法律援助注册律师数。[①] 2014年全国法律援助包括管理与从业机构编制13,364人,工作人员14,533人,具有律师资格或法律职业资格的人员数为6450人,4771人为法律援助注册律师数。[②] 专职律师不对外承接社会法律服务,由法律援助机构指派办理案件。相对于其他主体,专职律师具有鲜明的专业性和专门性,是法律援助工作的重要力量。2013年各类法律援助案件,分别为律师事务所律师(社会律师)361,124件、基层法律服务工作者343,403件、法律援助机构工作人员195,555件、社会组织人员35,670件和注册法律援助志愿者18,168件,分别占比为:37.8%、35.9%、20.5%、0.04%、0.02%。[③]

(二)社会律师

社会律师,也即律师事务所律师,是指接受指派从事法律援助的社会执业律师。法律援助是律师的义务,是社会律师基本的职业道德要求。早期的法律援助起源就是律师的自愿行为,并由于它对社会弱势群体利益的维护,以及对司法正义的保障,备受社会推崇。在法律援助司法保障模式下,法律援助的实施主体就是社会私人律师,通过政府购买而得以实现。我国虽然是混合模式,但是社会律师仍然是法律援助实施的主要力量。各级法律援助管理机构通过协议指派社会律师或者将法律援助案件指派给相应的律师事务所由其安排特定的律师予以办理。社会律师办理法律援助案件,同样有其鲜明的优势,那就是实现了管办的有效分离,便于对案件办理及其质量进行有效监督和管理,避免了法律援助管办不分、职责不清的弊病。尤其在农村法律援助中,法律援助机构通过合同模式与社会律师事务所签订服务合同,指派给社会律师办理,一方面能够实现人力资源的有效统筹(农村法律援助机构可以与城镇律师事务所签订服务合同),另一方面可以低成本高质量地保证法律援助案件的办理。从我国的社会实践来看,社会律师越来越成为法律援助的生力军,其在农村法律援助工作中应当发挥更大的作用。

(三)农村基层法律工作者

在执业律师严重短缺的现实条件下,在有些农村地区依托乡镇法律服务所,建立起法律援助工作站(点)并配备具有一定资质的人员来承担法律援助事务。

---

① 参见司法部法律援助工作司:《2013年全国法律援助工作统计分析(一)》,载《中国司法》2014年第6期。

② 参见司法部法律援助工作司:《2014年全国法律援助工作统计分析(一)》,载《中国司法》2015年第6期。

③ 参见司法部法律援助工作司:《2013年全国法律援助工作统计分析(三)》,载《中国司法》2014年第8期。

乡镇法律服务所工作人员也是重要力量,其通过接受县区法律援助机构委派承担工作。他们的主要优势表现在:首先,他们熟悉和了解当地的社会经济环境,对当地社情民意了解的比较多,很容易在纠纷解决中找到当事人均可接受的处理方法;其次,依托司法所,在基层政府和司法所的管理之下从事法律服务工作,在农村社会具有一定的司法权威。但是其在发展中也存在一些问题,最主要的就是交叉设岗,责权不清,仅能办理简单民事纠纷,与县区法律援助机构之间的工作衔接不畅,工作流程和质量难以保证。其主要原因有三个:第一,乡镇司法所与乡镇法律服务所在人员配置上多有交集,很多乡镇司法所工作人员同样也是法律服务所工作人员。但是乡镇法律服务所与乡镇司法所之间在性质上不同,乡镇司法所是国家基层行政机关,其对乡镇法律服务或其他司法活动进行管理,其人员工资纳入国家财政,其所从事的管理和公益活动是不能收费的。而乡镇法律服务所是自主经营自负盈亏在农村地区开展法律服务的社会团体,其开展的法律服务是可以收费的。第二,人员法律专业素质不高,虽然在纠纷的解决中可以做到依据当地的习俗处理纷争,但是对于法律规范所确定的权利义务以及法律关系正义在农村地区的弘扬和树立稍显不足。第三,就是其诉讼代理权一直存在争议,基层法律服务人员应当依照规定履行援助义务,①但是他们不能以律师名义执业,只能通过"公民代理",在实践中地位还是比较尴尬的。各地对法律援助实施主体的不同侧重点形成了不同的法律援助模式。② 2013 年基层法律工作者共计办理法律援助案件 343,403 件,占法律援助案件(955,841 件)35.9%,仅次于社会律师办案量。

(四)社会组织人员

参与法律援助工作的社会组织,主要包括自发成立的各种社会团体、民间法律援助组织。③ 民间法律援助组织目前主要由律师事务所、其他社会团体以及高校发起设立,其并不直接受政府管理,多属于志愿服务,经费多来源于资金捐助。民间法律援助不具备政府部门提供的法律援助的义务性和法定性,④并有针对某些特殊弱势群体服务的特点,比如,妇联法律援助机构就针对妇女儿童权益受侵害的法律援助,工会法律援助主要集中在职工维权领域。民间组织法律援助的优

---

① 参见刘虹:《对我国法律援助主体的几点思考》,华中科技大学 2009 年硕士学位论文,第 36 页。

② 参见郑自文:《法律援助服务的提供模式》,载贾午光主编:《法律援助管理技能》,中国方正出版社 2008 年版,第 218 页。

③ 参见司法部法律援助中心调研组:《社会组织参与法律援助工作的调研报告》,载《中国司法》2005 年第 4 期。

④ 参见林莉红、黄启辉:《民间法律援助与政府法律援助之关系研究》,载《环球法律评论》2005 年第 6 期。

势表现在：首先，因为依托相应的社会团体组织，民间法律援助针对特定对象群体的法律援助有其资源和技术方面的优势；其次，因为法律援助领域的单一性，民间法律援助工作效率比较高；再次，因为其具有鲜明的志愿性，吸引国内外资金捐助能力比较强；最后，不管在活动方式还是组织形式上都比较灵活。法律援助应当是全社会共同参与的一项社会公益事业，民间法律援助是政府法律援助的有益补充，在政府法律援助之外，民间法律援助应当弥补政府不足，对政府履行义务进行监督。其实早在我国法律援助制度正式建立之前，一些民间社团和志愿者就已经实施了对社会弱势群体的法律援助，其积极作用为社会所肯定，也推动了中国法律援助事业的发展。① 据了解，2013 年全国共办理法律援助案件 955,841 件，社会组织人员共计办理 35,670 件，占总案件数的 0.04% 。②

（五）大学生志愿者

来自高校的大学生志愿者，是近年来逐步发展壮大起来的法律援助不可或缺的力量。早在 20 世纪 80 年代，西北政法学院法律服务中心正式成立，开始面向社会进行免费的法律咨询和代理服务。到了 21 世纪初，各个高校法学院所研究机构纷纷成立法律援助机构，备受社会瞩目，它们通过法律诊所或法援中心进行法制宣传、法律咨询以及提供免费的诉讼代理等，成为我国法律援助重要组成部分。“目前已有 128 个诊所法律教育专业委员会的会员单位”，③其中影响较大的有“北京大学妇女法律援助与服务中心”“武汉大学社会弱者权利保护中心”“华东政法大学劳动法律服务中心”等，在国内外以及各领域法律维权中获得了很高的社会声誉，得到国际相关组织的注意和支持，成绩斐然。④ 高校大学生志愿者从事法律援助工作，其优势有：第一，高校法律援助机构（包括法律诊所）均是在法学专业老师的指导下从事法律咨询和代理服务，具有很强的专业性。第二，由于雄厚的师资力量，高校法律援助人力资源充沛，可持续性强。第三，可以全方位进行多领域

---

① 当前全国有近 2/3 的省以及为数不少的地市、区县的妇联、工会、残联、共青团和消协等经所在地司法行政机关批准，建立了法律援助工作部或联络站、分中心，为困难群众提供法律服务。参见张中：《弱势群体的法律救助——法律援助服务及其质量研究》，中国人民公安大学出版社 2008 年版，第 75 页。

② 参见司法部法律援助工作司：《2013 年全国法律援助工作统计分析（三）》，载《中国司法》2014 年第 8 期。

③ 来自诊所法律教育网的统计：绝大部分高校成立了大学生法律援助中心、大学生志愿者服务中心。它们之间共通之处表现在以下方面：其一，都强调通过参加社会实践提高大学生的综合素质，并且都是以社会实践为载体。其二，都注重公益精神的培养，强调奉献、团结与合作的品格。其三，主要内容都是无偿地参与扶贫帮困和社会公益事业。

④ 参见刘虹：《对我国法律援助主体的几点思考》，华中科技大学 2009 年硕士学位论文，第 36 页。

法律援助服务,不受专业领域的限制。第四,有利于培养人才。大学生在老师的指导下通过法律诊所或法律援助机构进行法律实务训练,一方面为当事人提供了高质量的法律服务,另一方面也提高了自身法律实务能力。大学生志愿者是农村法律援助重要人力资源宝库,对于解决农村法律援助人力资源短缺具有重要意义。

二、农村法律援助人力资源开发

(一)建立中国特色农村法律援助值班律师制度,保障农村法律援助专业律师供给

(1)值班律师制度的起源与发展

"设立法律援助值班律师制度的目的,就是要为经济困难者或其他社会弱势群体提供免费、专业、及时、高效、高质量的法律援助服务。"①该制度最早产生于英国,现在已经发展成为一项重要的法律援助制度。值班律师制度的优点有:①内容广泛性。可以根据需要设立刑事、民事、精神健康、婚姻家庭、专事咨询或其他特殊的值班律师,以特定方式和专业领域为当事人提供服务。②服务方式的多样化。值班律师可以通过法律咨询、代书、代理调解、代为申请、代理诉讼,为被监禁的受援人提供特定的法律帮助。③服务的及时性。提供服务的及时性是设立值班律师、建立值班律师制度的重要目的。值班律师就像医院里的值班急诊医生,当事人一旦有法律援助需求,可以随时得到值班律师的帮助和服务。但是,正因如此,值班律师对当事人提供的法律服务就具有随机性和简易性。一方面,在值班律师服务中当事人没有选择律师的机会,律师也是按照法律援助机构的安排轮流值班,为当事人提供的多是即时性法律咨询,帮助当事人知悉具体的法律规定以及在特定案件中的权利与义务,告知当事人相应的法律程序,也可以即时性为当事人提供法律文书等。另一方面,值班律师一般不能向当事人提供出庭代理和辩护服务,也不能进行案件的调查取证等工作。当事人如需则提出申请,由法律援助机构审查同意后指派非值班律师为其提供服务。④服务对象的非特定性。法律援助是有其特定服务对象的——经济困难或其他弱势群体。但是,从各国的法律援助实践来看,值班律师在面向不特定当事人进行法律服务时,并不审查当事人的资格,也很难做到有效审查。其提供的法律服务也不受各个国家法律援助受案范围的限制,对社会公众的法律咨询全部接受,并提供及时有效的帮助。⑤充分发挥社会律师作用,有效实现城乡律师资源统筹。通过值班律师制度,农

① 左秀美:《加拿大法律援助值班律师制度及其借鉴意义》,中国民主法制出版社2007年版,第113页。

村法律援助机构可以与城镇律师事务所通过协议安排律师做农村法律援助值班律师,也可以由区县法律援助机构安排其专职律师为本辖区内农村社区开展值班律师活动,开展免费的法律服务工作,统筹城乡法律援助资源。值班律师制度不仅充分发挥了社会律师的作用,同时也在农村法律援助当事人与法律援助机构和政府部门之间畅通无阻地交流法律援助事项等各项工作。能够使法律援助服务与市场法律服务有机结合,在当事人与值班律师沟通过程中,一些不属于法律援助对象的当事人或者不属于法律援助事项范围的法律事务也可以直接向社会律师提出有偿服务,并且值班律师由社会律师来担任,法律援助案件的办理质量也能够得到最基本的保障,与市场有偿法律服务保持相对一致的标准。

(2)当前我国值班律师法律服务的基本形式

①接待电话咨询服务。提供电话法律咨询或来电来访咨询是值班律师最基本的服务方式。"据对全国27个省区市的统计,在地市建制的291个法律援助机构中,开通专用电话257个,地市开通率为88.3%;县区建制的2279个机构中,开通专用电话1801个,县区电话开通率为79%。"①我国开展的值班律师电话咨询("148"热线)不受法律援助受援人的限制,而是针对所有公民,这一点与世界各国基本一致。咨询的事项范围以民事、经济行政类纠纷为主。但是,我国现行法律援助电话咨询体制条块分割,未能实现全覆盖,各地完全依赖本地县市、区的工作人员和经费等具体情况进行电话热线的设置及运行,咨询电话按级别设置,接受解答咨询的律师并不十分固定,而是随机性安排,律师服务水平参差不齐。这样的一种实施机制,虽然灵活有余,但是规范不足,难以保障法律咨询服务的质量。加拿大由统一组织负责实施法律咨询服务,即按照行政区划,一个省的法律咨询业务均由一个法律援助机构负责实施和提供服务,相对固定的值班律师保障了基本的服务质量,避免了相应问题的出现。因此,我们认为,对于值班律师法律咨询服务我们不需要一味地追求各个地区咨询电话的开通率,而应当考虑如何更好地利用更高一级的律师资源,毕竟更高一级的律师执业水平、业务能力都是相对比较高的。为提高法律援助咨询服务的专业化和服务质量,考虑在1个省尽量由1个或几个法律援助机构专门值班承办法律咨询服务,是有一定的优势的,一方面,可以提高法律援助咨询服务的专业化;另一方面,也有利于法律援助机构对咨询服务业务进行跟踪和质量监督,保障服务质量。只有在咨询服务中认为需要当地法律援助机构提供服务的,才与当地机构进行联系,以便解决受援人的其他服务

① 左秀美:《加拿大法律援助值班律师制度及其借鉴意义》,中国民主法制出版社2007年版,第115页。

需求。从实践来看,我国各地法律咨询电话量并不大,集中到省市一级机构来统一实施,不仅能通过利用上一级律师资源提高服务质量,也能通过服务的专业化提高服务质量,而且还节约了大量的人力物力,扩大了电话咨询的范围,做到全区域覆盖。

②现场服务。所谓现场服务就是值班律师在值班场所,应当事人的需求提供的代书、咨询或其他法律服务,甚至是在处理纠纷的场所为当事人即时地提供代理服务。当前我国值班律师的现场服务主要集中在以下方面:一是各地法律援助机构在信访部门设立的值班律师站点;二是妇、残、青、工等社会团体在各地设立工作站时,也派律师去值班;三是区县法律援助机构在乡镇村设立的工作站联系点时,派律师定期值班;四是近年来开始的法律援助机构在检察院、法院、仲裁庭这些处理纠纷的场所设立的工作站点,派律师去值班。提供现场值班律师服务,有一个基本理念就是要将过去我们要求的"便于当事人申请法律援助"上升为"便于当事人获得援助"。欣慰的是,近年来,各地法律援助机构增设法律援助工作站,以便当事人申请和获得法律援助。据统计,截至 2014 年年底全国共设立 68,225个法律援助工作站,比前一年增加了 4.9%。另外,依托司法所设立 40,024 个工作站,在青、工、妇、残、老、高校、信访、监狱等设立工作站 26,510 个,在看守所设立工作站 1691 个。[①] 有些地方已经开始试点在检察院、法院等地进行值班律师现场服务工作。但是,提高值班律师现场服务,是建立在放宽法律援助受援对象的基本理念基础之上的。国外积极推行的现场服务,都是通行在简单询问其基本经济状况条件下,先行提供服务,后续再进行审核是否应当收取少额费用,而且对于不符合法律援助条件的当事人也统一提供简单的法律服务,无须任何费用。这一做法被认为是通过扩大法律援助简单服务的面,扩大法律援助的覆盖面,备受社会支持。因此,法律援助值班律师的现场服务是在一定的人力、物力基础上逐步发展的。但是这种通过法律援助简单服务扩大法律援助覆盖面的低成本做法对实现法律服务的全民化、实现司法工作的规范化都具有重要意义,值得我们借鉴和参考。

(3)建立健全农村法律援助值班律师制度的意义

我国农村法律援助发展滞后,一个很重要的原因就是受人力资源严重制约。据公开的资料显示,截至 2014 年年底我国执业律师共计 27.1 万多人,其中,24.4 万名专职律师,1 万多名兼职律师,6800 多名公职律师,2300 多名公司律师,法律

---

① 参见司法部法律援助工作司:《2014 年全国法律援助工作统计分析(一)》,载《中国司法》2015 年第 6 期。

援助专职律师只有5900多人。① 而这些律师主要分布在城镇经济发达地区,农村地区尤其是经济不发达的农村地区律师资源更是严重缺乏。以河南省漯河市为例,2005年该市有乡镇法律援助工作站56个,仅有106个法律援助工作人员,一个工作站平均只有1~2人,在这106个工作人员中,本科学历12人,占11.3%,只有9人具有基层法律服务资格,只占8.5%,具有律师执业资格的0人,难以满足农村乡镇法律援助的需要。② 推动律师、公证向农村社会延伸是当前依法治国的重要举措。通过值班律师制度的建立,法律援助机构就可以与专职律师、社会私人律师、公司律师签订相应协议建立农村法律援助值班律师库,根据实际需要为值班地区农村公民服务。探索和建立农村法律援助值班律师制度,在当前城乡法律援助资源严重失衡的情况下,具有统筹城乡发展促进城镇律师走向农村社会为更广大公民服务的重要意义。

值班律师在我国还是一项新的法律援助服务形式,为了保证该项制度顺利发展,为公民提供及时高效高质量的法律援助服务,我们认为,首先需要对法律援助值班律师设置合理资格标准——具有5年以上律师从业经验的律师。因为在值班律师业务中,大多是随机性很强的法律咨询和现场服务,没有一定的从业经验很难保证值班服务的质量。其次需要建立相应的资源库,规范管理。通过法律援助机构与社会私人律师签订协议提出自愿服务申请,建立值班律师数据库。这样做有什么好处?一是便于对值班律师进行专业和业务类型分类,将不同专业类型的值班律师排在不同地区进行交替轮流值班。二是便于按照值班地点进行分类建立档案名册,法律援助机构或各个法律援助工作站在征询值班律师意见的基础上,根据值班律师名册结合实际业务需要,建立值班律师日常值班表,并指派值班律师到相应的法律援助工作站或其他值班办公室,或者通过电话网络等为当事人提供快捷即时的法律援助服务。三是应当将值班律师值班补贴、办案补贴、办公费用计入办案成本,统一由法律援助经费予以支付,并且保证做到及时、足额的给付。四是应当在对当地区县乡镇法律援助人力资源进行充分摸底调研的基础上建立农村法律援助值班律师制度。需要切实做好当地法律援助人力资源的客观评估,其实际的供需状况是建立科学的值班律师制度的前提。五是充分利用更高一级的律师资源是提高值班律师服务质量的有效途径。统筹建立地市一级或者省级法律援助值班律师资源库制度,建立地市一级或省级法律援助值班律师网络服务体系,充分利用更高一级的社会律师和法律援助专职律师资源,是我国农村

① 参见吕立秋:《政府法律顾问制度建设分析和展望》,载《中国法律评论》2015年第2期。
② 参见程卫、丁红霞:《规范法律援助工作站的实践与思考》,载《中国建设信息》2006年第12期。

法律援助值班律师制度的最优选择。一方面,值班律师制度的建立使广大农村公民获得了即时便捷的法律服务,将便于农村公民申请法律援助进一步上升为便于农村公民获得法律援助;另一方面,这种资源配置有效实现了城乡律师资源统筹使用。

(二)推动和加强社会组织参与农村法律援助的具体措施

主要有这些社会团体参与法律援助工作:(1)各级妇联、工会、残联、共青团等社会团体设立的针对特定服务对象的法律援助组织。这些组织是作为社会团体的一个内部机构而设立,主要服务于本系统本区域的职工群众,同时很多组织也作为司法行政机关在本系统的法律援助工作站点,开展对本地区本系统职工群众的法律援助工作,这些组织在提供法律服务时并不严格按当地政府制定的经济困难标准衡量受援人条件,具有很大的灵活性。(2)高校以及其他法学院所设立的法律诊所及其他法律援助组织。(3)民间自发组织形成的法律援助组织。

社会组织法律援助的开展,对政府法律援助有监督和评价作用,具有重要的现实意义。但是不能忽视的是,当前社会组织法律援助还存在一些问题:

1. 民间法律援助发展滞后

与国外相比较而言,我国民间法律援助发展缓慢,私人组织参与社会公益事业比例不大。中国社会作为公众生活的大社会理念还未普遍形成,整个社会还依赖政府的治理和管控。一方面,作为私主体很难进入社会的政治层面从而实现自我的社会价值;另一方面,作为私主体也对参与社会的管理和公益事业积极性不高,甚至在现代社会很多人仍然认为这根本就是政府的责任。因此,作为私主体参与社会事业的典型,民间法律援助发展缓慢。当前中国社会组织法律援助,主要以行政事业单位或者社会团体性质的法律援助组织为主,纯粹的民间法律援助很少。但是,随着社会的发展以及对特定群体利益的保护,民间法律援助也逐渐出现和发展起来。比如,北京的"打工妹之家",作为一个对女性职工进行维权的民间组织,其发展就受到社会的广泛支持和帮助,内部还聘请了律师为打工妹进行免费法律维权帮助。

2. 人员不足

我国社会组织法律援助主要集中在行政事业单位或者社会团体。但是即便是这样的一种情况,这些法律援助组织的人员也明显不足。① 这样的人力资源供

---

① 如广东省妇联系统共有144个法律援助组织,但截至2004年年底,整个系统仅有15名律师,而且大多集中在广州、深圳、珠海等发达的城市,在经济相对落后的城市或县区则一名律师都没有。参见洪笃凯:《关于社会团体参与法律援助活动的思考》,载《中国司法》2005年第5期。

给使这些社会团体很难满足针对本系统本地区的法律服务工作,更不能借此承担政府法律援助的某些职能。但是,相反的情况是,虽然法律援助有较强的专业性,但是我国法学专业人才存量还是很高的,只不过大部分的法学专业人才并没有进入法律援助的系统之中。这些人员虽然可以通过志愿参与法律援助,但是不能办理诸如刑事辩护和诉讼代理服务。同时,又由于法律援助办案补贴较少,社会组织内部人才流失也很严重。几方面原因造成了社会组织法律援助人员不足的现实状况。

3. 经费保障困难

首先,社会组织法律援助经费一般都是由这些组织自筹,尤其是对于没有任何官方背景的民间法律援助组织,其经费更是难以保障。[①] 其次,由于经费保障困难,这些社会组织法律援助机构往往办理一些边缘性法律收费服务项目,以获取部分资金维持发展,但是这样做又违背了法律援助的公益性质,反过来又极大地损害了这些社会组织法律援助的形象和职能定位。

4. 工作不规范

社会组织法律援助一部分是由行政事业单位或社会团体设立的法律援助机构开展,一部分是由高校法学院所法律援助机构,根据教学研一体化人才培养模式开展,另一部分由社会私人组织自发开展。不同的社会组织法律援助定位并不相同,工作也难以规范。目前,我国对于社会组织法律援助工作还缺乏统一的立法性规范,有些省市地方司法行政部门对于社会组织法律援助出台了一些规范性管理意见。但是这些规范性意见,一是非常粗糙;二是大多仅是针对经其批准设立的法律援助组织,或者主动与他们联系的社会组织法律援助机构,对于一些纯粹的民间法律援助组织司法行政部门基本上是不联系、不了解的状态,更难以进行管理和监督。社会组织法律援助工作不规范主要表现在:(1)截至目前我国还没有有关社会组织法律援助的统一标准,对于如何受理案件,如何办理案件,作为政府法律援助机构工作站联系点的社会组织主要依据自身的经费情况内部掌握,没有形成统一的效果和规模;(2)社会组织法律援助人员很多没有法律执业证书,其法律服务往往会受到身份上的限制和质疑;(3)规模小的社会组织法律援助自身需要社会的帮扶,其工作的规范化很难得到保证。而规模大的社会组织法律援助机构其受案范围很多,与政府法律援助受案范围相同,难以做到对政府法律援助的有益补充。

---

① 近年来,有些民间法律援助组织的发展受到了国际组织的注意,有的还获得了一定的资金支持,部分缓解了民间法律援助组织经费困难问题。

加强和推动社会组织参与农村法律援助具有重要的意义：第一，可以极大地补充农村法律援助人力资源；第二，可以满足农村公民多样化的法律援助需求。对于农村法律援助咨询、调解、代书等非诉讼法律援助，可以广泛地让社会组织法律专业人员参与。对于加强和推动社会组织参与法律援助工作的具体措施，课题组认为：

1. 进行立法

通过建章立制对社会组织参与法律援助工作加以规范。但是，在实践中社会组织参与法律援助的形式多样，对其进行监督和管理也是非常不易的。首先，目前的社会组织参与法律援助的形式有三种：一是接受政府法律援助指派并以法律援助志愿者身份开展的法律援助服务。如一些社会团体法律援助机构，同时也是政府法律援助在该系统该地区的工作站点，其本身也纳入了政府法律援助之内。二是未经政府法律援助机构指派，但是以法律援助志愿者身份提供的法律援助服务。如很多高校法学院所开展的法律援助工作，带有很强的义务性。三是既未获得政府法律援助批准，又不是以法律援助志愿者身份从事的法律援助工作。有些纯粹的民间法律援助组织，一方面没有获得政府的批准，另一方面又在实践中积极为社会弱势群体维权，获得了一定的社会影响和当事人的认可度。这类法律援助具有一定的社会道义，但是其地位尴尬，工作在一定程度上存在合理不合法的现实困境。因此，通过立法对各个类型的社会组织法律援助工作进行分类规范是有必要的。

2. 制定准入标准

对现行参与法律援助的社会组织从资金保障、人员配备、工作规范等诸要素进行重新审定。对接受政府法律援助机构指派并以志愿者身份参与法律援助工作的社会组织，直接纳入政府法律援助体系之中，有必要的给予其办案补贴，提供经费保障；对于不受政府法律援助指派以志愿者名义或不以志愿者名义开展的免费法律服务，明确其不属于政府法律援助之列，由设立该机构的社会组织总体管理，自行承担相关费用和法律风险，明确其在从事免费法律服务中的权利义务，以及接受司法行政部门监督和管理的义务。制定准入标准，从资金保障、工作规范和人员配备等方面对现行社会组织法律援助机构重新审定，对于符合条件的，发给其从业资格，并统一纳入省级或市级农村法律援助人力资源储备库，结合各地农村法律援助人力资源现实的供需情况，制定相应的办法统一和规范社会组织人员参与法律援助的具体工作。对于诊所式或其他类似法学实践教育性质的法律援助以及其他具有道义性质的民间法律援助，主要还是要将其纳入法制化轨道，通过资格认证、工作规范、工作效果和社会影响等诸方面进行科学引导，积极部署，有计划地将其纳入社会法律援助的整体规划中，引导其健康发展，使其成为政府法律援助的有益补充。

3. 完善社会组织法律援助经费保障

为了解决社会组织法律援助经费不足问题，第一，设立法律援助机构的社会组织要增加投入，保障机构法律援助工作的开展。法律援助本身就是一项社会公益事业，各个行政事业单位或者社会团体建立法律援助机构，本身很大程度上也是其履行社会职能的一方面。比如，工会组织其本身就是劳动者合法权益的维护者，各级工会组织法律援助机构肩负着本地区本行业职工法律维权的基本职责。因此，保障经费投入，满足法律援助工作的顺利开展是各级社会组织的应有之义。第二，推动和发展农村法律援助自愿捐助事业。法律援助本身是一项社会公益事业，需要全社会共同关注和支持。从法律援助的历史发展和基本理论来分析，虽然法律援助是政府的责任，但是，它同时也是全社会共同参与发扬人类共同生存共同发展的人道主义事业，其早期就是从社会私人组织的自愿活动发展而来的。中华民族自古就有扶危济困、平等博爱的精神。我们社会从来不缺乏博爱的精神，应该说缺乏的只是道义和善良的制度引领，而不是对其贬损。因此，研究认为，推动和发展农村法律援助自愿捐助，一是制度先行，以基金形式接受捐助，以中国法律援助基金以及各省市法律援助基金会为平台，做好农村法律援助相关宣传，充分发挥基金会的筹资功能，并通过基金投资使法律援助捐助资金保值增值。二是积极试行指定用途捐助。一方面，社会公众对于捐助资金用途都非常关心，毕竟这是一项社会公益事业，希望资金能够用于特定的公益用途；另一方面，农村法律援助是当前依法治国统筹城乡发展，促进社会公平正义的重要社会制度，通过指定用途捐助，能够使社会公众对农村尤其是对农村法律援助重视和关注起来，同时能够让捐助资金有明确的使用方向。三是大力倡导行业捐助。如共青团、工会、残联、妇联、老龄委等社会团体，在本行业中设立法律援助基金，专项用于本地区本系统本行业儿童、困难职工、残疾人、妇女、老年人等免费法律服务工作，使法律援助工作与经费一样都具有针对性，为本组织本团体的工作人员服务。又如，法律服务组织的捐助，主要是法律服务组织为社会组织法律援助机构提供资金捐助。行业捐助在某种意义上具有职业道德意义，但是其对法律援助事业的发展具有重要意义。首先，基于行业内部法律需求的充分了解，行业捐助尤其有明确的针对性；其次，行业捐助便于内部对捐助资金使用的监督，使其最大限度发挥作用。发挥基金会的作用，在法律服务组织内部设立法律援助基金，也是一个比较有效的资金筹集渠道。如在律师事务所设立法律援助基金，作为本律师事务所办理法律援助案件的办案补贴。也可以建立起法律援助基金，将法律援助法律服务行业和从业者的职业道德以设立基金的形式制度化，支持和促进法律援助工作的开展。最后，就是加强与国际法律援助相关项目和组织合作与交流，积极利用外资，争取国际支持。作为一项人权保障事业，很多国际组织都非常关注和支持区域性法律援助事业，也有一些国际交流与合作项目致力于促进各国社会经济事业，尤其是人权保障和维护社会公平的事业发展。比如，2000 年至 2001 年联合国开发计划署以合作培训形式，对我国法律援助工作人员进行了系列周期性培训，取得了非常好的效果。我国是有关国际组织的成员国，出于推动人权保障和促进法治完善，很多国际组织都积极向我国提供法律援助资金支持，帮助我国很多落后贫困地区建立相应援助机制和机构。我国云南等贫困地区曾收到美国亚洲基金会的资金支持，取得了明显的实际效果。一些民间法律援助以及高校法学院所法律诊所也受到来自国际组织的大力支持，比如北京打工妹之家、深圳打工者中心、珠江工友等组织在农民工维权活动中均得到了有关国际组织的资金支持。西北政法大学劳动法诊所，西北政法大学、中国政法大学、华中科技大学的农村法律诊所都得到国际相关组织的资金支持，并取得了非常好的实际效果。时至今日，我国已经加入 WTO 组织，对外开放向纵深发展，更加重视与国际组织及机构的联系与合作，应当说有一定的优势所在。这些国际组织、机构和个人在为我国法律援助事业提供资金的同时，也带来一些成熟先进的理念和方法，对我国法律援助事业，尤其是对民间法律援助事业具有极大的促进作用。

（三）农村内源性法律援助人力资源的开发

1. 中国农村法律援助内源性人力资源开发的必要性

中国农村社会依然是一种熟人社会特质。习俗和乡村伦理在整个农村社会仍然起着主要社会规范的作用，包括矛盾纠纷解决在内的一切社会事务，在农村社会都是按照农村社会的内部规则来处理。长期以来，在传统“礼治”以及乡村伦理宗法制度严重影响下，中国农村社会纠纷解决机制总是沿着发生争执—自行交涉—家族亲友介入—宗族、村民组织介入—村委会以及其他长者介入调解这样一条路径发展，在这种纠纷解决机制中，农村公民起初不愿意也不会打破现有规则借助外部的法律力量来寻求纠纷的解决。这样一种纠纷解决机制，有其优越性所在：首先是能够最大限度降低纠纷解决成本，利用熟人社会固有的规则处理纠纷，无须支付高昂的纠纷解决费用；其次是稳定社会关系。在固有规则下解决纠纷基本不破坏当事人原已形成的社会关系——其实纠纷能够按照这种规则得以解决，很多情况下正是利用了这种原已形成将来也需要赖以维系的社会关系的存在，也不对当事人赖以生存的农村社会基本的社会环境构成破坏——事实是进一步加固了农村社会的固有生态。但是，这种纠纷解决机制是以农村社会业已形成的权威价值、长老价值、宗族力量为基础的,法律价值和法律权威是可有可无的。

可以肯定的是,农村法律援助在保障司法公平社会正义之外,还有一项重要的职责就是送法下乡,在农村社会逐步树立法律价值和法律权威。在建设现代化国家、推进农村经济生活各方面事业全面发展过程中,将中国农村社会原有正式或非正式的社会事务处理机制、矛盾纠纷解决机制、村庄组织体系等作为农村纠纷解决机制和法律服务建设的主要甚至是全部的组织和机制资源,我们认为这是不对的。这种做法显然不利于农村法制化建设和法治农村的战略目标,也不利于农村社会法律服务体系的健康成长。

在全面推行依法治国建设小康社会的总体战略中,中国农村社会现阶段建设的重点是以法治化、市场化、民主化为导向,通过源发展和外部支持相结合,建设新型农村社区。作为满足农村公民基本法律需求、推进农村现代化法制化发展的农村法律服务体系建设,其首要目的就是法律价值与法律权威在农村社会的树立。让广大的农村公民接受和支持法律服务和法律援助,一方面,需要使法律援助切实符合农村公民的现实需求;另一方面,就是要将法律权威与农村现有纠纷解决机制相融合。在农村法律援助的人员配备上,就需要注意对农村内源性人力资源的开发。在当前农村法律援助人力资源严重缺乏的情况下,一方面我们需要通过值班律师制度、倡导和支持社会组织广泛参与农村法律援助之外,另一方面应当注意农村法律援助内源性人力资源的开发,使二者相互取长补短,形成有益的衔接和补充。

2. 农村法律援助内源性人力资源开发的具体内容

(1)将农村乡镇司法所人民调解员有条件地纳入法律援助人力资源队伍

乡镇司法所人民调解员纳入农村法律援助人力资源队伍的意义在于:首先,农村乡镇司法所是设置于农村乡镇人民政府的国家最低层司法行政机构,是县级司法行政机构的派出机构,在乡镇人民政府和县区司法局的领导下履行人民调解、安置帮教、社区矫正、法制宣传等多项司法行政职能,属于政府行政机关性质。农村司法所人民调解员或乡镇司法助理员一般都具有乡镇管理干部身份,拥有农村公民认可的政府权威。其次,乡镇司法助理员或人民调解员没有脱离乡村社会,懂得当地基本的乡村伦理,又掌握一些基本的法律知识,在农村法律服务中能很好地把法律规定与乡村伦理有效地结合,在法律服务中实现法律效果与社会效果的最大限度发挥。再次,当前乡镇司法所人民调解员的纠纷调解大多是免费服务,又由于经费困难在实践中开展人民调解工作积极性不高。将农村乡镇人民调解员纳入农村法律援助人力资源队伍,一是能充分发挥人民调解员的作用,二是通过将其纳入法律援助队伍,对其符合法律援助服务对象和事项的工作给予相应的办案补贴,能极大地调动其人民调解和法律援助的积极性。最后,能够使人民调解工作与法律援助工作有机结合。长期以来,在中国熟人社会农村地区,公民更多选择非诉的方式解决纠纷。人民调解员根深于农村社会,在其办理人民调解过程中,发现符合法律援助事项的,可以通过报告县法律援助机构批准,在开展人民调解工作过程中开展对弱势群体的法律援助。另外,人民调解员在办理指派的非诉法律援助案件时,也可以利用其丰富的调解工作经验,在法律规定的范围内结合当地的农村习俗解决纠纷,恢复固有的农村社会关系。正是基于乡镇司法助理员、人民调解员深入基层、熟悉农村社会基本习俗和多发的法律纠纷类型,其本身也具有丰富的人民调解经验,所以当前我国很多农村地区依托乡镇司法所建立起县区法律援助工作站,通过将司法助理员、人民调解员有条件地吸纳进来,积极开展非诉讼农村法律援助工作,已经取得了很好的社会效果。但是对纳入法律援助队伍的司法助理员、人民调解员进行基本法律技能以及法律援助培训还是必要的。

(2)注重乡村"能人"选拔和任用

通常认为,法律援助是一项专业性很强的公共供给,法律服务应当是受过专门教育、具备完整法学知识体系、获得国家认可的法律服务资格和法律执业资格的法学专门人才从事的专业性社会服务。法律服务有其基本法律原则和理论基础,法律服务的目的是维护司法正义和社会公平。世界各国基本上都将法律服务纳入法律职业范畴,律师是该职业的主体,国家也通过严格的考核对律师执业进行准入审查。但是,在当前我国农村法律服务体系中,执业律师在农村地区的严重匮乏以及农村社会经济发展现状决定了农村法律援助充实和发展律师外法律援助人员的客观必要性。同时,实践中中国农村法律援助实施主体主要还是律师外人员。注重乡村能人的选拔和任用,其必要性表现在:

首先,当前我国法律援助尤其是农村法律援助是一个政府主导多元参与的基本模式,法律援助是一项社会救助事业,中国农村法律援助更是统筹城乡发展、完善社会救助的重要制度。在这一制度的实施中,政府责任与全社会参与并不违背。

其次,乡村能人是农村社会先进生产力的代表,他们先期投入城市,接受了先进社会理念和法律权利义务思想,在农村社区具有较高威望和先进思想。

再次,很多农村地区纠纷解决和矛盾处理越来越依赖乡村固有权威体系以及借助法律外社会力量,一方面,这种趋势表现了农村公民依法解决纠纷和矛盾的需求巨大;另一方面,也反映了我们对于农村法律服务机制建设不到位。"这些'土劣'组织或个人依赖丛林逻辑,参与处理农村纠纷和矛盾并长期得不到有效的制衡”,[①]对农村社会法制建设、建设社会主义新农村造成了极大损害。农村社会存在的制度外非法律纠纷解决途径,在一定程度上也反映了农村固有规则和固有权威的存在。如果要逐步引导和消灭制度外非法律纠纷解决方式,那么通过德高望重以及具有较高威望的先进理念的乡村能人参与纠纷解决,参与农村社区法律服务,可能是一个比较好的策略。

最后,针对中国农村法律服务的现实情况,积极发挥农村社会内生权威在农村法律服务中的作用,利用农村社会现存的私人关系网络以及村庄领导者的传统权威为农村法律援助的开展提供基础和条件。另外,在我国广大农村有许多“乡村能人”,他们能掌握一些基本的法律知识,形成乡土社会所谓的“土律师”“赤脚律师”,这些“乡村能人”,知识较为丰富,根深于当地农村,对当地农村的民情社情十分了解,在处理法律事务过程中能够依据法律的同时寻求满足当地农民客观需要的解决途径,往往能得到当事人的认可。目前,这些“乡村能人”虽然能够在农村法律服务中以非诉讼调解和以“公民代理”名义参与诉讼业务,但却因尚未获得官方的认可被排斥在农村法律服务的主体之外。在当前农村法律援助人力资源严重匮乏的实际情况下,我们认为,通过业务和专业培训,将这些具备一些法律知识并拥有一定农村法律服务经验的“乡村能人”,有条件地纳入农村法律援助人力资源队伍,具有一定的现实意义。

三、加强培训,提高基层法律援助工作者的业务技能

进行农村法律援助人力资资源开发,解决农村法律援助人员短缺问题。在上文中,我们对于农村法律援助人力资源开发的必要性及其具体措施进行了论述,但是,未来保障质量,不因农村法律援助人员的扩展,非法律执业律师等人员的加入等使农村法律援助质量下降,对农村法律援助人力资源加强培训,提高农村基层法律援助工作者业务技能,同样是保障农村法律援助质量及有效实施的必要举措。要将农村法律援助的业务培训与人员选拔任用、上岗培训、业务技能考核联系起来,建立相应的用人机制和培训考核机制。

首先,严格选拔,建立任人唯贤的工作机制。在选拔范围上不限于本村、本镇等地域范围,只要是优秀人才能够从事基础法律援助工作,就可以参加选拔考试。扩大选拔范围不限于法律专业,对于心理学、劳动与社会保障、社会工作等专业人才可以参加选拔,他们的专业虽然不是法律援助,但是他们的专业与法律援助工

---

① 董磊明:《结构混乱与迎法下乡——河南宋村法律实践的解读》,载《中国社会科学》2008年第5期。

作相关，如何同当事人进行沟通这就需要具备一定心理学方面的知识，如何同当事人进行调解工作，这就需要社会工作专业的相关知识。严格遵守选拔制度，确保选拔工作的顺利开展，对于在选拔工作中营私舞弊的人员给予严厉的处理。

其次，进行选拔培训，考核录取。诚然，乡镇司法助理员、司法所人民调解员以及其他社会组织的志愿者、乡村内部人员作为法律援助潜在的人力资源，其法律援助业务技能和法律知识还是比较低的。在扩展性选拔农村法律援助人员时，范围要尽可能的大，只要是优秀人才适合开展法律援助工作，都可以参加选拔培训，然后进行考核录用，对其文化水平、基本的纠纷处理能力以及法律基本知识进行测试，择优录取。

再次，完善上岗培训。对拟录为农村法律援助工作者的人员，分类分环节进行滚动式培训，并进行考核测试，择优上岗。建立农村法律援助指导员制度。将农村基层法律援助人员分类分地区分组，与法律援助机构专业律师、纳入法律援助的社会律师建立指导员制度，由专业律师指导农村基层法律服务工作者的实践工作，有必要让专业律师亲自服务的由法律援助机构为其支付办案补贴。通过此项制度的建立提高农村基层法律服务质量。

最后，培训必须长期、按计划、多种形式、分类别、有针对性。制订农村基层律援助工作者整体培训要求及配套年度培训计划，固定培训课程、培训内容，开展定期培训、年度培训，分专业分类的滚动式培训。培训的目的就是要将农村基层法律服务者丰富的农村社会生活经验与掌握必要的法律知识结合起来，将农村基层善于运用乡村伦理处理农村社会纠纷的斐然能力与有较高的法律援助技能结合起来，将农村基层法律援助工作者对农村社区的热爱与法律援助的社会公益、维护社会公平维护司法公平结合起来，宣扬法律价值，树立法律信仰。当然，培训也要采取多形式，增强培训效果。比如新颁布的法律法规和司法解释，司法行政部门或者上级法律援助机构必须及时组织学习和培训。采用案例教学、实践指导、讨论分析等多种基层法律服务工作者喜闻乐见的培训形式，增强培训效果，提高农村基层法律援助工作者服务质量。

第二节　资金保障

法律援助资金保障是保障法律援助事业与社会经济协调发展的基本条件，也是困难公民获得必要、无偿、符合标准的法律援助的物质保障，同时也是加强法律援助能力建设、促进法律援助规范工作的物质保障。本章在对当前我国农村法律援助现状和存在诸多问题的分析中，通过借鉴国外法律援助经费筹集方式，从财力保障和制度保障两个方面提出完善我国农村法律援助体系资金保障的具体途径和方式。

一、我国农村法律援助资金保障存在的问题

(一)法律援助资金总额少

经费保障是法律援助事业发展的基础,据统计,1999 年到 2008 年法律援助经费从 2758 万元到 68,249 万元,增长了 23.7%;同期,法律援助受理案件总数从 117,545 件到 546,859 件,增加了 3.65%。"随着法律援助经费的增长,法律援助案件办理数量也逐年增加",(见图 12-1)①可见经费保障与法律援助案件办理以及法律援助事业的发展密切相关。

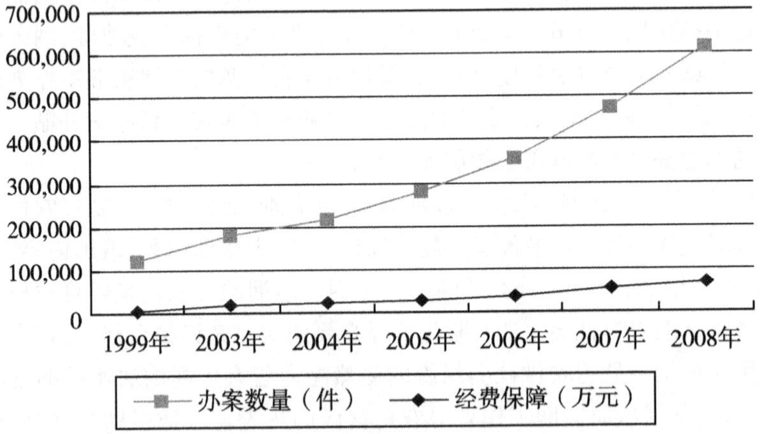

图 12-1 法律援助经费与办案数关系

为保障法律援助事业的发展,世界各国都将法律援助资金列入政府预算,而且英国把法律援助资金作为所有财政预算中唯一一项开放型预算,仅作为一种参考,到了年末的时候才会付诸实际行动拨给相应的资金。20 世纪末,英国法律援助资金需求激增,每年大约 15 亿英镑,2005 年更是增长到 20 亿英镑。美国法律援助资金一度达到 48 亿美元。我国 2008 年法律援助经费为 6.82 亿元(其中政府拨款 6.69 亿人),占 61,330.4 亿元财政总收入的 1.2/10000,而经济发达国家基本上能达到 1% 左右。② 就人均法律援助经费而言,2013 年我国法律援助财政拨款

---

① 丛卉:《2008 年全国法律援助工作统计分析》,载《中国法律援助》2009 年第 3 期。

② 参见冯祥武:《法律援助资金保障新论》,载《云南行政学院学报》2012 年第 1 期。

已经达到16.29亿元，人均1.21元；[①]英国2005年人均498.22元人民币；荷兰2006年人均为235.55元人民币；澳大利亚2005年152.46元人民币；美国2005年为115.98元人民币；韩国2007年人均经费为7.36元人民币。[②] 总体上来说，我国法律援助经费保障与发达国家还有巨大差距。

（二）以当地财政为主要来源的农村法律援助资金保障更是困难

在城乡社会经济长期不均衡发展条件下，农村公民可支配经济收入与城镇居民有较大差异。一方面，当前中国贫困人口主要集中在农村地区，按照农村公民可支配收入计算，他们很难支付有偿法律服务；另一方面，由于农民的弱势性，其权利又容易被侵害。农村的法律援助需求巨大，现行法律援助远远满足不了农村公民的巨大需求。农村法律援助经费保障存在的问题主要有：

一是在省市区（县）三级法律援助体系中，农村区县乡镇法律援助经费保障薄弱。据统计，截至2008年，全国100%省级机构业务经费纳入同级财政预算；但是到了市、县（区）这些级别，比例分别是95.3%和96.9%，可见，越是底层法律援助，资金财政保障越低。

二是从东中西部横向比较看，法律援助经费保障地区之间不均衡，西部地区尤其是西部农村地区经费保障困难。据统计，截至2008年，90.5%的东部地区法律援助经费纳入财政预算，95.3%的中部地区法律援助经费纳入同级预算，只有79.8%的西部地区法律援助经费纳入了同级财政预算。各级政府的财政拨款是我国法律援助资金的主要来源，中央和省级转移拨款较少，各地法律援助资金主要依靠当地的财政资金。中西部地区经济落后，财政吃紧、拨付有限，但是中西部贫困地区需求量越大，法律援助资金缺口就越大。近年来中西部地区法律援助随着法律援助需求量和已办案数量逐年递增，需求与法律援助经费投入之间的供需矛盾越来越突出。尤其是财政收入特别困难的经济贫困县，除支付工作人员工资、日常办公经费后，法律援助资金就所剩无几，法律援助业务开展困难。

通过以上从纵向省市区县到乡镇和从东中西部横向分析，我们不难得出这样一个结论：越是基层，法律援助资金保障越困难；越是经济困难的西部地区，法律援助资金保障越困难；进而发现越是需要法律援助的地区，越是难以得到法律援助的惠及。这从根本上违反了法律援助的基本价值取向。

（三）从城乡比较来看，城乡法律援助资金保障存在巨大差异

法律援助经费保障城乡差别较大，农村法律援助远不能满足实际需求。一方

---

① 参见司法部法律援助中心：《2013中国法律援助年鉴》，中国民主法制出版社2014年版。

② 参见郑自文、夏慧：《部分国家和地区法律援助经费保障情况》，载《中国法律援助》2009年第9期。

面,由于我国法律援助经费主要来源于政府财政拨款,由于城乡社会经济发展存在较大差异,城镇较之于农村地区财政收入要好得多,因此城乡法律援助经费保障也存在巨大的差距。① 另一方面,从层级上看,我国对于乡镇和县区级法律援助机构的经费保障远不如地市和省级机构的经费保障。两者差距达到13.1%,对于同级财政拨付独立办案经费机构数比例,省级与县区差距更大,相差30.9%。业务经费占财政拨款的比例由省级机构到县级机构呈现递减趋势(分别为79.4%、62.9%、48.5%),表明对基层法律援助机构核拨的经费有相当大的部分用于人员工资或办公经费,法律援助业务支出所占比例很小。同时,东、中、西部区域业务经费的差异也使得法律援助的高需求地区面临"无米之炊"的僵局。

二、农村法律援助资金多渠道筹措保障机制的建立

随着新农村建设以及农村法制建设的加快,农村公民的法律意识以及维权意识也逐步增强,农村法律援助的需求将会进一步加大。但是,现行法律援助经费保障模式还远远不能满足农村法律援助工作的需要。统筹和发展城乡法律援助事业,建立健全多渠道农村法律援助资金筹措保障机制显得十分必要。

(一)加强制度建设,以制度保障基础

(1)建立农村法律援助经费最低保障制度

建立此制度的目的在于解决维持办案经费的问题。法律援助经费最低保障额可以通过两方面予以确定:一是法律援助部门工作人员所需经费;二是业务经费。对于业务经费,可以当地家庭成员人均收入低于或略高于当地最低生活保障标准的贫困公民和低收入公民的人数测算,即以当地贫困人口和低收入人口数乘

---

① 以陕西省西安市为例,全西安市2005年法律援助业务经费为43.5万元,其中市法律援助中心30万元,13个区县中仅有四五个区县法律援助中心业务开展有经费保障,合计也不过13.5万元,城乡法律援助经费出现严重倒挂。我们再以西安市户县一个县的情况为例,户县总人口为60万人,妇女约占人口的一半,儿童约15万人,残疾人2万人,"五保户"2000人,最低保障线人口6000人,农村人口多。据测算,户县每年约需办理法律援助案件150件,而实际上能够援助的不足需求量的1/3。按目前最低办案补贴标准每件案件补贴600元计算,每年需要法律援助经费9万元(不含办公等经费)。2007年户县财政向县法律援助中心拨款1.5万元,2008年预算拨款3.2万元,与户县法律援助的实际需要仍然存在较大差距,经费远远满足不了法律援助工作的需要。在全西安市的13个区县中,户县法律援助的资金已经被纳入本级财政预算,资金保障的力度较好。西安市高陵县、灞桥区、蓝田县等由于经济基础薄弱,法律援助经费尚未纳入同级财政,主要依靠上级财政转移支付,其经费保障更是存在严重问题。实践中这样的经费保障现状直接导致的后果就是西安市城乡法律援助人均受援率产生较大差异。全西安市现有人口800多万,2007年受援人总数为1380人,法律援助案件总数为1090件,西安市2007年人均受援率为1.4/10000。但是,周至、户县、蓝田、高陵4个农业县的人口总数为212.1万人,2007年共办理法律援助案件181件,四个农业县人均受援率仅为0.8/10000。

以每人每年平均所需最低费用。然后列入财政预算,若是财政紧张,中央或上级政府将根据扶持区域的最低经费标准设立专项资金进行解决,保证欠发达地区农村有一个基本保障标准来保障经费稳固。法律援助最低经费保障制度是经费保障具体措施的一项有益尝试。尽管这项制度尚未发展成熟,但随着法律援助理念深入人心,法律援助立法不断完善,相信政府最低经费保障制度一定会步入成熟阶段。

(2)完善法律援助经费社会捐助制度

遵循“政府主导、社会参与”是农村法律援助事业发展的基本指导原则。农村法律援助经费保障机制要及时、高效、可靠地建立:一方面,政府通过财政拨款提供必要经费保障,是政府保障和推进农村法律援助事业发展的应尽职责。努力要求各级政府把法律援助经费纳入同级财政预算,保障农村法律援助本级财政专项资金不缺位。建立健全中央和上级财政法律援助专项资金转移支付制度,使经济困难地区法律援助资金得到基本保障。建立农村法律援助经费政府最低保障制度,促使各地农村获得基本公平的法律援助服务。另一方面,农村法律援助资金缺口巨大,单一依靠政府难以满足农村法律援助的快速发展,在广泛动员社会力量的基础上,积极开辟筹措农村法律援助经费的多样化渠道,是农村法律援助资金保障的现实选择。

(3)探索建立法律基金制度

从长远来看,法律服务业的发展需要有基金支持。从国外的实践来看,无论是律师业还是公证业的发展都得到法律基金的极大推动和支持,法律基金也使法律从业在某些环节上更加规范。法律基金资金来源有两方面:一方面来自法律职业协会会员缴纳的会费收入,另一方面就是律师信托账户的利息收入。我国当前对律师信托账户利息收入未作法律规定,究其原因主要还是这些收入从数额上还不算很多,没有引起行业内的注意。但是,随着我国律师业务从过去的刑事辩护为主转变为在市场体系下为当事人谋求全方位法律服务,律师信托业务不断发展和扩大,律师信托账户利息规模也在不断扩大。比如,私人律师受委托进行遗产分割、依遗嘱进行析产的案件中,巨额的遗产长时间受律师委托管理,其必然产生一定数量的利息。又如,律师为外国客户在中国购置不动产,代办产权一般情况下都需要1年以上时间,律师受委托管理的为缴纳房屋契税、印花税等的费用都会产生一定量的利息。因此,规范和合理利用律师信托资金是法律执业规范发展的重要内容,也是规范律师收费、法律事务资金往来的一个重要举措。当然,从理论上讲,这些律师管理的当事人的信托资金账户利息,应当视为当事人的收益。但是当律师将一些短期、数额较小难以产生利息的资金集中起来由一个账户统一管理,这样所产生的利息归属应当是一个有意义的讨论。国外很多国家都将这部分律师信托账户利息作为法律基金的一个来源,法律基金也转化为推动和发展法律服务业的主要力量。从国外的实践来看,法律基金都是法律援助资金的重要来源,有的国家规定法律基金年收入一般必须提交法律援助机构以作经费。由于我国暂时还没有建立起法律基金制度,这在一定程度上影响到法律服务业的发展。在长远规划我国法律服务业基础上,建立健全我国的法律基金制度,探索法律基金对农村法律援助的资金保障机制,具有重要研究价值。

(4)探索和运行法律保险制度

法律保险制度的建立有赖于健全的市场法律体系以及保险业的高度发达。在市场经济发达的欧洲,法律保险早就转化为人们规避法律风险,面对高昂的律师服务费用所作的理性选择。当事人如果购买了法律保险,在有效期间内若是遇到法律纠纷,保险公司会支付律师的服务费用,这样可以降低和保障当事人依法解决纠纷的成本,极大降低当事人支付高昂法律服务费用的风险。但是,从理论上来讲,法律保险案件一般都不属于法律援助案件(法律援助案件以当事人达到一定经济困难标准为受援对象),但是,发展法律保险制度将一部分有可能转化为法律援助案件的案件分流出去,将极大地降低和缓解农村法律援助的资金压力。引进法律保险制度是缓减当事人诉讼成本压力的客观需要,从案件受理费到律师费等各种费用对当事人是一种沉重的经济压力,导致了他们对诉讼望而却步,这不利于法治国家的建立。诉讼保险制度则可缓解国家财政压力。但是,由于国情的客观制约,财政经费有限,实践中法律援助制度的涵盖范围很狭窄,不能保障所有贫困者,所以,穷则变,变则通,不妨有效地引进诉讼保险制度,开发利用社会的力量,或许会遇到一种意想不到、喜出望外的效果。有的国家法律保险制度规定,对于符合法律援助条件的法律保险案件,先由保险公司按其标准支付律师费用,不足部分再由法律援助资金予以支付。

当前,我国暂无诉讼保险险种,对此类的保险仅限于财产险种之下,如有些保险公司规定:在赔偿保险财产损失外,还加之以律师费用或诉讼费用。随着我国保险业的发展,诉讼保险险种正处于萌芽尝试阶段,这虽与法律援助无太大的直接联系,却可以过滤一些法律援助的对象,节约了法律援助经费的支出。西方实践经验显示,诉讼保险在很大程度上缓解了政府财政紧张。随着我国市场经济的快速发展,我国的保险业也得到了长足发展,保险事项领域越来越广泛,在某些财产保险法律制度中,尤其是在一些有关财产损失保险中,也出现了由保险公司承担由该财产所引发的诉讼费用(包括律师服务费用)。因此,探索建立中国法律保险制度从眼下来说是可行的。

(二)多渠道增加经费投入

(1)加大财政支持力度,满足农村法律援助基本需求

从法律援助制度建立之后,政府对它的重视随着经济发展也不断提高。2003年党的十六届三中全会第一次明确提出了"统筹城乡发展"的战略思想。其关键就在于如何实现农村公共产品的有效供给。农村公共品的有效供应是农村社会平等发展,享受政府履行义务而带来结果的过程。政府执政观念的转变保证了农村公共产品的有效供给。2006年中央"一号文件"提出,要不断增加对农业和农村的投入,这一文件的出台为改变农村公共产品的供给格局指明了方向。作为社会公共产品的法律援助,属于社会再分配,在城乡法律援助资源分配不均的情形下,要加大投入农村法律援助资金。

建立有效的经费保障机制,不能一蹴而就,需要立足实际,考虑潜在的经费保障方式,首先需要政府在财力资源上对农村法律援助工作的投入。发展法律援助是政府的一项基本责任,应当由政府来提供基本的经费保障。但无论由谁来具体承办法律援助事项,政府要率先承担法律援助经费保障。各级各地政府应当将法律援助经费切实纳入同级财政预算,让财政资金为法律援助的发展提供物质动力,尤其是需要尽快实现区县经费100%纳入同级财政预算,对于经济落后地区,应当通过中央或上级财政转移支付的方式予以最基本的保障。2005年《中央补助地方法律援助办案专款管理暂行办法》出台,中央补助地方法律援助办案专款制度得以建立,困难县(市、区)法律援助机构由中央拨付法律援助办案专款。这一制度对于解决经济不发达地区法律援助经费困难、促进不同地区法律援助工作的协调发展起到了积极作用。同时,根据司法部、民政部、财政部等9部门《关于贯彻落实〈法律援助条例〉切实解决困难群众打官司难问题的意见》,省内贫困地区由省级财政专项拨付。① 这些措施极大地促进了各级各地法律援助经费的基本保障,拓宽并加固了法律援助资金保障,但是该制度也存在一些问题,需要在深入研究的基础上予以解决。比如,一些专项资金需要辅以一定比例配套资金,但一些地方日常开销经费都无法保证,配套资金更是天方夜谭,这导致了两种结果:一是采取不光彩的手段如假配套等方法,二是被迫放弃。若是某些地区无计可施,仅仅是因为拿不出配套资金而连同失去了财政专项资金,这有悖于专项资金设立的初衷。

---

① 目前,广东、重庆、浙江等20个省(区、市)设立了法律援助专项经费,对省内的贫困地区予以补助,2006年中央财政在拨付补助地方办案专款的时候,专门拿出了220万元奖励已设法律援助专项资金的8个省,鼓励地方加大法律援助经费投入。

(2)加大相关协会组织对法律援助的捐助

从国际的情况来看,来自法律协会的资金支持一直是法律援助经费的一个来源。在我国最初开展法律援助工作时,法律协会的捐助就已经开始,具有很好的历史传统。在20世纪80年代我国法律援助试点运行阶段,很多省(如黑龙江、福建等省)律师协会、公证员协会就向法律援助机构提供了一定资金,对法律援助工作的健康发展进行了必要的支持和帮助。目前,在我国通过法律强制规定从律师协会及公证员协会会费收入中划拨一定比例作为法律援助事业发展经费的时机还不成熟,仍应继续倡导相关法律协会对法律援助事业的捐助支持,逐步使法律协会捐助资金转化为较为持续的稳定的法律援助资金来源。另外,在我国,农村法律援助受援对象中,有很大一部分是妇女、老年人、残疾人、(农村)消费者、青少年等特殊群体的人员,隶属于一定社会团体(如妇联、老龄委、残联、消协、共青团等),这些社会团体在保护成员合法权益过程中一般都成立了相应的法律维权机构。近年来,随着社会团体维权能力的增强,他们的内部维权机构开始与当地的法律援助机构开展广泛合作,有些地方已将社会团体法律维权中心等机构纳入法律援助体系当中,并据此在社会团体法律维权机构成立了法律援助工作站,为特定领域或社会团体成员提供免费的法律援助服务。在我国,社会团体对其成员的法律维权工作是社会团体的一项基本和长期的工作,所以一般都有专项经费予以保障和支持。随着社会团体法律维权中心逐步被纳入法律援助体系之中,在广大农村的妇女、老年人、残疾人、农村青少年等弱势群体的法律援助就可以依托特定社会团体法律援助机构予以实施,减少国家法律援助机构的资金压力。

(3)多渠道自筹资金

要广泛考虑到社会潜在的巨大资金供应能力,要开拓新的方法去筹资。比如,可以考虑通过出售一些有关法律服务的相关资料作为一种法律援助资金来源方式,虽不能作为主要经费来源,但对普及法律援助和法治起到了重要作用。又如,可以参考安徽省法律援助中心与邮政部门合作发行法律援助明信片的做法,不但筹措了资金,也进行了法律援助宣传,取得良好效果。还可以与邮政部门合作发行法律援助邮票、纪念币等、印制可以负载法律援助宣传内容的物品进行销售、发行法律援助公益性彩票等采取多种形式和渠道筹集农村法律援助资金。

参考文献

互联网文献类：

[1]孙建:《美国法律援助制度专题研究》,载中华人民共和国司法部网:http://www. moj. gov. cn/yjs/content/2010-08/18/content_2247296. htm? node=384,2010年12月2日最后访问。

[2]《关于法律服务公司绩效标准》,载法律服务公司网:http://www. lsc. gov/about/lsc. php,2010年12月2日最后访问。

[3]美国法律服务公司网信息资料:http://www. lsc. gov/press/updates_2010_detail_T259_R13. php,2010年12月2日最后访问。

[4]邹星:《美国民事法律援助史评介》,载中国社会科学网:http://www. cass. net. cn/file/200411236263,2010年12月2日最后访问。

[5]中华人民共和国国家统计局网:http://www. stats. gov. cn/tjsj/tjgb/rkpcgb/qgrkpcgb/201104/t20110428_30327. html,2015年1月12日最后访问。

[6]《数字回顾法援十年》,载中国法律援助网:http://www. chinalegalaid. gov. cn/China_legalaid/content/2012-09/12/content_3836135. htm? node=24953,2015年1月13日最后访问。

[7]《法律援助工作情况》,载中华人民共和国国家统计局官网:http://www. stats. gov. cn/ztjc/ztsj/hstjnj/sh2009/201209/t20120905_73017. html,2015年1月13日最后访问。

[8]《我市将解决法律援助人力资源分配不均问题》,载今日惠州网:http://www.huizhou.cn/news/sz/xw_hzyw/200903/t20090315_217034.htm,2011年4月4日最后访问。

[9]万源市法律援助中心:《关于法律援助工作相关情况的调研报告》,载万源市司法行政网:http://www.wysf.wybstv.com.cn/Article/ShowArticle.asp?ArticleID=1113,2011年4月4日最后访问。

[10]金山区法律援助中心办公室:《农村法律援助工作大有可为——金山区农村法律援助工作调研报告》,资料来源:http://www.jssifa.jsol.net/presentation/newshou,php?type=8&id=2379,2007年5月1日最后访问。

[11]广东省法律援助中心:《关于开展农村法律援助工作的调研报告》,载广东法律援助网:http://www.gdfy.gov.cn/main/contextBody.jsp?title_id=ff8080811d19215e011d271682910037,2011年4月4日最后访问。

[12]中华人民共和国国家统计局:《中华人民共和国2009年国民经济和社会发展统计公报》,载国家统计局网:http://www.stats.gov.cn/t,2011年4月4日最后访问。

[13]中华人民共和国民政部:《2010年2月份民政事业统计月报》,载中华人民共和国民政部网:http://www.mca.gov.cn/article/zwgk/tjsj/,2011年4月4日最后访问。

[14]国家统计局官网:《2010年第六次全国人口普查主要数据公报(第1号)》,http://www.stats.gov.cn/tjsj/tjgb/rkpcgb/qgrkpcgb/201104/t20110428_30327.html,2015年1月19日最后访问。

[15]国家统计局官网:《2013年国民经济和社会发展统计公报》,http://www.stats.gov.cn/tjsj/zxfb/201402/t20140224_514970.html,2015年1月19日最后访问。

[16]《收入分配调节方案上报国务院,鼓励富人做慈善》,载时政新闻:http://www.news.qq.com,2009年10月23日最后访问。

[17]郭育银:《思南县农村法律援助工作调研报告》,载铜仁普法网:http://www.tongren.gov.cn/news/fz/fzflwc/2009/414/116198A5CD3F31BD7E3B.html,2011年4月4日最后访问。

[18]《开展非诉讼法律援助的研究》,载义乌市司法局网:http://www.sfj.yiwu.gov.cn/dwjs/gzyj/200904/t20090424_196418.html,2014年10月28日最后访问。

[19]徐立桐、陈桂兰:《浅议非诉讼调解在法律援助工作中的积极运用》,载江

苏省司法厅网：http://www. jssf. gov. cn/sfzl/llyt/200903/t20090305_29474. html，2014 年 10 月 25 日最后访问。

[20]范新起：《非诉讼办理农民工法律援助案件之我见》，载 http://www. qssfxz. com/news_look. asp? id = 544&tid = 69，2013 年 4 月 23 日最后访问。

[21]《开展非诉讼法律援助的研究》，载义乌司法局网：http://www. sfj. yiwu. gov. cn/dwjs/gzyj/200904/t20090424_196418. html，2013 年 10 月 23 日最后访问。

[22]《让困难群众真切感受到法援的温暖——访司法部副部长赵大程》，载湖北省司法厅网：http://www. hbsf. gov. cn/Publish/zwgk/gdcz/20080904121847005369. html，2009 年 4 月 7 日最后访问。

著作类：

[1]陈共：《财政学》，中国人民大学出版社 2002 年版，第 28 页。

[2][法]勒内·达维德：《当代主要法律体系》，上海译文出版社 1984 年版，第 48 页。

[3]费孝通：《乡土中国》，北京三联书店 1985 年版，第 150 页。

[4]耿忠平：《社会保障学导引》，同济大学出版社 2003 年版，第 266 页。

[5]宫晓冰主编：《中国法律援助制度研究》，中国方正出版社 2004 年版，第 3 页。

[6]宫晓冰主编：《各国法律援助理论研究》，中国方正出版社 1999 年版，第 187 页。

[7]宫晓冰主编：《中国法律援助制度培训教程》，中国检察出版社 2002 年版，第 321 ~ 322 页。

[8][美]哈维·S. 罗森：《财政学》，中国人民大学出版社 2003 年版，第 115 页。

[9]胡乐亭、卢洪友等：《公共财政学》，中国财政经济出版社 1999 年版，第 56 页。

[10][美]吉尔伯特·罗兹曼：《中国的现代化》，江苏人民出版社 1988 年版，第 129 页。

[11]贾午光主编：《法律援助管理技能》，中国方正出版社 2008 年版。

[12]李建波主编：《中国法律援助制度》，中国检察出版社 2004 年版，第 150 页。

[13]刘丹冰：《中国西部法治发展报告》，法律出版社 2012 年版，第 3 ~ 4 页。

[14]张中：《弱势群体的法律救助——法律援助服务及其质量研究》，中国人民公安大学出版社 2008 年版，第 75 页。

[15]马克思:《资本论》(第3卷),人民出版社1975年版,第992~993页。

[16][美]莱斯特·萨拉蒙:《公民社会与第三部门》,何增科译,社会科学文献出版社2000年版。

[17][美]马丁·梅耶:《法律公正的理念与贫困问题》,胡显耀译,载《美国律师》,江苏人民出版社2001年版,第261页。

[18][美]罗尔斯:《正义论》,中国社会科学出版社1988年版。

[19][美]詹姆斯·布坎南:《民主财政论》(中译本),商务印书馆1999年版,第218页。

[20][美]费正清:《美国与中国》,商务印书馆1987年版,第86~88页。

[21][美]E.博登海默:《法理学——法哲学及其方法》,邓正来等译,华夏出版社1987年版,第373页。

[22]齐树洁:《民事司法改革研究》,厦门大学出版社2000年版。

[23]青峰:《中国律师制度论纲》,中国法制出版社1997年版,第404页。

[24]沈宗灵:《现代西方法理学》,北京大学出版社1992年版,第291页。

[25]司法部法律援助中心:《农村法律援助工作调研报告》,载《2007年中国法律援助年鉴》,中国民主法制出版社2008年版,第242页。

[26]司法部法律援助中心:《2006年全国法律援助工作统计分析》,载《2006中国法律援助年鉴》,中国民主法制出版社2007年版,第204页。

[27]司法部法律援助中心:《2007年全国法律援助工作统计分析》,载《2007中国法律援助年鉴》,中国民主法制出版社2008年版,第155页。

[28]王铭铭:《乡土社会的秩序,公正与权威》,中国政法大学出版社1991年版,第165页。

[29]严军兴:《法律援助制度理论与实务》,法律出版社1999年版,第38页。

[30]姚洋:《转轨中国:审视社会公正和平等》,中国人民大学出版社2004年版,第675页。

[31]杨红:《中国农村公共产品特殊论》,中国税务出版社2006年版,第28页。

[32]杨永昌:《中国法律援助发展问题研究》,陕西人民出版社2004年版,第196页。

[33]杨静:《统筹城乡中农村公共产品供给:理论与实证分析》,经济科学出版社2008年版,第281页。

[34][英]约翰·穆勒:《政治经济学原理及其在社会哲学上的应用》,胡企林、朱泱译,商务印书馆1991年版,第371页。

[35][英]洛克:《政府论》(下),叶启芳、瞿菊农译,商务印书馆1964年版,第60页。

[36]张耕主编:《中国法律援助制度诞生的前前后后》,中国方正出版社1998年版。

[37]张中:《弱势群体的法律救助——法律援助服务及其质量问题研究》,中国人民公安大学出版社2008年版,第72页。

[38]中央马列编译局:《马克思恩格斯全集》(第21卷),人民出版社1965年版,第195页。

[39]中央马列编译局:《马克思恩格斯选集》(第3卷),人民出版社1972年版,第9~10页。

[40]种明钊主编:《社会保障法律制度研究》,法律出版社2000年版,第433页。

[41]司法部法律援助中心:《2013中国法律援助年鉴》,中国民主法制出版社2014年版,第204页。

期刊论文:

[1]曹建民:《中国农村的法治需求与供给——以法律援助为视角》,载《中国司法》2005年第12期。

[2]陈醇:《论国家的义务》,载《法学》2002年第8期。

[3]陈强:《法律援助的概念机法理学依据》,载《山东省农业管理干部学院学报》2006年第2期。

[4]陈荣卓、唐鸣:《农村社会法律服务的资源整合与体系构建》,载《当代世界与社会主义》2009年第12期。

[5]丛卉:《法律援助向基层延伸取得新进展,各地普遍建立法律援助工作站》,载《中国法律援助》2006年第8期。

[6]丛卉:《各级政府对法律援助财政支持力度不断加大,法律援助经费保障水平逐步提高》,载《中国法律援助》2006年第8期。

[7]丛卉:《2007年法律援助工作统计分析》,载《中国法律援助》2008年第3期。

[8]丛卉:《2008年全国法律援助工作统计分析》,载《中国法律援助》2009年第3期。

[9]程卫、丁红霞:《规范乡镇法律援助工作站的实践与思考》,载《建设信息》2006年第12期。

[10]戴其武、沈树萍:《构建非诉法律援助的工作机制》,载《法律援助》2015年第1期。

[11]戴其武、沈树萍:《提高法律援助案件服务质量之浅见》,载《中国司法》2006年第9期。

[12]董磊明等:《结构混乱与迎法下乡——河南宋村法律实践的解读》,载《中国社会科学》2008年第5期。

[13]杜承铭:《论社会转型期乡土社会的法治》,载《社会主义研究》2001年第4期。

[14]范愉:《以多元化纠纷解决机制保证社会的可持续发展》,载《国家法官学院学报》2005年第2期。

[15]付铁钰:《试谈社会二元结构的解构》,载《理论观察》2009年第2期。

[16]范英华:《试论中国传统法律文化与现代法制建设》,载《社会与法》2014年第9期。

[17]高小珺:《法律援助制度与弱势群体的人权保障》,载《山西青年管理干部学院学报》2003年第4期。

[18]高小珺:《建立和完善法律人权的保障体系》,载《党政干部学刊》2003年第12期。

[19]高贞:《法律援助审查中的若干问题探讨》,载《中国司法》2008年第2期。

[20]高帆:《中国城乡二元经济结构转化的影响因素分解:1981~2009年》,载《经济理论与经济管理》2012年第9期。

[21]宫晓冰:《美国民事法律援助制度简介》,载《中国司法》2005年第10期。

[22]郭婕:《谈法律援助与社会救助的区别》,载《中国司法》2008年第5期。

[23]郭婕:《当前法律援助面临的问题与对策》,载《中国司法》2014年第2期。

[24]郭道晖:《法治国家与法治社会》,载《政治与法律》1995年第1期。

[25]郭建军:《我国城乡统筹发展的现状、问题和政策建议》,载《经济研究参考》2007年第1期。

[26]韩雪风:《论法治社会与中国法文化传统》,载《国家行政学院学报》2000年第1期。

[27]韩学平、王馨:《我国农村法律援助制度的现状及其对策》,载《行政论坛》2012年第6期。

[28]贺春云:《建立法律援助案件质量评估体系的初步构想》,载《中国司法》2011年第5期。

[29]何兵:《纠纷解决机制之重构》,载《中外法学》2002 年第 1 期。

[30]洪大用:《社会救助的目标与我国现阶段社会救助的评估》,载《甘肃社会科学》2007 年第 4 期。

[31]洪笃凯:《关于社会团体参与法律援助活动的思考》,载《中国法律援助》2005 年第 5 期。

[32]胡子君:《我国农村基础法律援助制度的不足与完善》,载《农业经济》2014 年第 1 期。

[33]胡进祥:《统筹城乡发展的科学内涵》,载《学术交流》2004 年第 2 期。

[34]胡玉霞、胡晓涛:《对国外法律援助模式之比较与借鉴》,载《华中科技大学学报》(社会科学版)2006 年第 3 期。

[35]贾午光:《关于加强和改进县区法律援助工作的思考》,载《中国司法》2007 年第 10 期。

[36]贾午光、贺春云:《法律援助案件质量评估报告》,载《中国司法》2010 年第 6 期。

[37]贾午光、郑自文:《关于法律援助体制改革的几点思考》,载《中国司法》2006 年第 5 期。

[38]江必新、王红霞:《法治社会论纲》,载《中国社会科学》2014 年第 1 期。

[39]蒋月、冯祥武:《论我国法律援助的特殊对象》,载《法治研究》2010 年第 10 期。

[40]姜作培:《城乡统筹发展的科学内涵与实践要求》,载《经济问题》2004 年第 6 期。

[41]蒋建峰:《法律援助办案质量控制》,载《中国司法》2005 年第 7 期。

[42]孔勤:《统筹城乡发展的制约因素及思考》,载《经济与社会发展》2010 年第 6 期。

[43]乐山市法律援助中心:《关于法律援助案件质量评估工作的几点思考》,载《中国司法》2011 年第 2 期。

[44]李学宽:《现代法律援助制度中的国家责任》,载《现代法学》2001 年第 10 期。

[45]李昌麒、许明月、卢代富、高宽众、鲁篱:《农村法治建设若干基本问题的思考》,载《现代法学》2001 年第 2 期。

[46]李天鸿:《甘肃省法律援助工作的现状与对策》,载《河西学院学报》2011 年第 4 期。

[47]李保民:《非诉讼解决农村民事法律援助案件探析》,载《法制与经济》2010 年第 3 期。

[48]李双元、肖北庚:《法治社会——中国法治进程的最终目标——兼并郭道晖先生的〈法的时代精神〉》,载《法学》1998 年第 1 期。

[49]李长健:《我国农村法治的困境与解决方略研究》,载《武汉大学学报》(哲学社会科学版)2005 年第 5 期。

[50]李俊:《社会转型时期我国农村多元纠纷解决机制的重构路径》,载《河北法学》2013 年第 12 期。

[51]李可艳、赵庆鸣:《新时期农民诉讼意识的调查》,载《社科论坛》2009 年第 3 期。

[52]李智慧、王杏飞:《法律援助的模式选择》,载《当代法学》2002 年第 8 期。

[53]李戈、苏曦子:《太原市法律援助现状及其完善》,载《中共山西省委党校学报》2011 年第 6 期。

[54]李靖:《农村纠纷解决途径与机制——关于当代中国农村法治问题的研究》,载《河北学刊》2011 年第 5 期。

[55]梁高峰:《法律援助专项资金管理中存在的问题及其对策建议——以陕西省为例》,载《开发研究》2010 年第 4 期。

[56]梁高峰、王改周、魏娟、李全荣:《西安市城乡法律援助发展状况实证研究》,载《中国司法》2009 年第 6 期。

[57]梁春礼:《浅析法律援助监督管理机制中国家责任的实现》,载《法制与社会》2015 年第 1 期。

[58]林莉红、黄启辉:《论法律援助》,载《社会科学战线》2003 年第 6 期。

[59]林莉红、黄启辉:《民间法律援助与政府法律援助之关系研究》,载《环球法律评论》2005 年第 6 期。

[60]林凤章:《论法律援助制度建立过程中的政府责任》,载《福建师范大学学报》(哲学社会科学版)2006 年第 5 期。

[61]刘琳:《乡镇法律援助工作站运行模式初探》,载《黑河学刊》2007 年第 9 期。

[62]刘士国:《农村法律援助机制的创新研究》,载《社会科学家》2013 年第 8 期。

[63]刘凤泉:《论实施法律援助制度是保障人权的重要内容》,载《当代法学》2002 年第 1 期。

[64]刘永红:《多元化纠纷解决机制与构建和谐社会》,载《山东社会科学》2010 年第 4 期。

[65]刘国章:《经济基础与上层建筑关系问题探讨》,载《广西社会科学》2007 年第 9 期。

[66]刘洪德:《农民法律援助机制建设中存在的问题及治理对策分析》,载《农村经济》2007 年第 5 期。

[67]陆作人:《浅析法律援助进农村与新农村法治环境的构建》,载《特区经济》2006 年第 9 期。

[68]吕正春:《我国法律援助的价值功能及其实现途径》,载《党政干部学刊》2005 年第 4 期。

[69]吕涛、杨江红:《政府主导的法律援助现状与拓展——基于实践与基层的视角》,载《云南大学学报》(法学版)2011 年第 3 期。

[70]彭锡华:《法律援助的国家责任——从国际人权法的视角考察》,载《法学评论》2006 年第 3 期。

[71]潘岳松:《农村法律援助工作的实践与思考》,载《中国司法》2008 年第 12 期。

[72]蒲皆祐:《关于解决法律援助经费问题的思考》,载《中国法律援助》2004 年第 3 期。

[73]齐蕴博、王琳、耿平:《法律文化与法律制度构建之思考》,载《河北大学成人教育学院学报》2008 年第 1 期。

[74]秦庆武:《统筹城乡发展的内涵与重点》,载《山东农业大学学报》(哲学社会科学版)2005 年第 1 期。

[75]任宗理:《关于加强司法救助与法律援助衔接与配合问题的思考》,载《河北法学》2005 年第 6 期。

[76]人民论坛编辑部:《中国城乡二元结构在演变》,载《人民论坛》2008 年第 1 期。

[77]桑宁:《法律援助管理体制研究》,载《中国司法》2008 年第 6 期。

[78]宋梅:《农村纠纷解决方式探析》,载《兰州学刊》2005 年第 2 期。

[79]孙冕:《法社会学视野下的乡村民间纠纷解决机制——来自田野的调查与思考》,载《南京财经大学学报》2006 年第 6 期。

[80]孙文恺、李卫东:《对中国法律援助制度之"政府责任"的反思》,载《学习与探索》2009 年第 4 期。

[81]孙育玮:《替代性纠纷解决机制(ADR)的借鉴与融合——以纽约和上海为例的相关法文化法社会学思考》,载《学习与探索》2009 年第 1 期。

[82]沈红卫:《浅议法律援助的种类及原则》,载《湖湘论坛》2005 年第 3 期。

[83]盛红斌:《法律援助质量管理战略与实现——应援优援》,载《中国司法》2013 年第 4 期。

[84]田新文、曹攀峰:《影响城乡统筹的因素分析》,载《黄冈师范学院学报》2007年第4期。

[85]王纯发:《简论法律援助案件质量控制》,载《中国司法》2010年第9期。

[86]王元芳:《提高法律援助案件质量对策研究》,载《中国司法》2010年第6期。

[87]王志、庄天慧:《中国农村法治建设路径选择初探》,载《长白学刊》2007年第7期。

[88]王俊民、孔庆余:《反思与超越:论法律援助之政府责任》,载《政治与法律》2006年第6期。

[89]王雨静:《法律援助资金保障机制建设研究》,载《北京政法职业学院》2013年第1期。

[90]王军益:《增强法律援助经费保障能力的探索与思考》,载《中国司法》2008年第5期。

[91]王亚新:《农村法律服务问题实证研究》,载《法制与社会发展》2006年第3期。

[92]魏杰:《何为法治社会——关于法治社会的几个问题》,载《理论视野》2007年第4期。

[93]吴全柱:《我国现行的法律援助管理模式》,载《律师世界》2001年第7期。

[94]吴培娥:《论我国法律援助经费承担》,载《内蒙古电大学刊》2007年第9期。

[95]解亚:《发展中国家城乡统筹得失及启示》,载《中国经贸导刊》2005年第2期。

[96]徐升:《浅析传统文化对法律的影响》,载《九江学院学报》(哲学社会科学版)2010年第4期。

[97]杨梦梅、蔡士博:《从人权保障角度浅谈我国法律援助制度》,载《经营管理者》2011年第22期。

[98]杨伟东:《关于我国纠纷解决机制的思考》,载《行政法学研究》2006年第3期。

[99]叶显伟:《论农村法律援助的实践问题》,载《中南财经政法大学研究生报》2006年第3期。

[100]岳松:《农村法律援助工作的实践与思考》,载《中国司法》2008年第2期。

[101]赵茹枫、李云凯:《公民权利意识是法治社会的基础》,载《理论观察》2004 年第 2 期。

[102]赵志敏:《加强法律援助监督管理的思考与实践》,载《中国司法》2010 年第 10 期。

[103]赵宏伟:《吉林省法律援助服务民生工作调研报告》,载《中国司法》2011 年第 8 期。

[104]赵伟、刘琳:《积极办理非诉讼法律援助案件有力推动社会矛盾化解》,载《黑河学刊》2012 年第 10 期。

[105]张振芝:《关于弱势群体法律援助的思考》,载《党政干部学刊》2006 年第 11 期。

[106]张超:《法律援助经费来源问题探讨》,载《法制与社会》2009 年第 6 期。

[107]张宝群:《法律援助经费在法律援助制度中的地位与作用》,载《法制与社会》2008 年第 6 期。

[108]张宜松、付强:《统筹城乡发展的制约因素及路径探析》,载《安徽农业科学》2008 年第 15 期。

[109]张晓明、李晓青:《我国农村法律需求不足的生成逻辑及对策研究》,载《前沿》2004 年第 8 期。

[110]张韦碧:《法治的回应——以城乡统筹下的法律援助制度构建为视角》,载《知识经济》2010 年第 8 期。

[111]张福森:《法律援助:公民的权利、政府的责任》,载《人民论坛》2004 年第 12 期。

[112]张彦华:《河南省农村法律援助制度的分析与完善》,载《法制与社会》2011 年第 3 期。

[113]郑自文、左秀美:《强化政府财政拨款责任,构建法律援助经费保障机制》,载《中国司法》2004 年第 2 期。

[114]郑自文、左秀美:《法律援助资金筹集方式及可行性研究》,载《中国司法》2004 年第 4 期。

[115]钟骏树、彭敏:《农村法治化与和谐社会的构建》,载《求是》2005 年第 10 期。

[116]朱良好:《法律援助责任主体论略》,载《福建师范大学学报》(哲学社会科学版)2014 年第 1 期。

[117]朱昆:《英国法律援助制度概述》,载《哈尔滨学院学报》2010 年第 4 期。

[118]朱昆:《美国法律援助制度》,载《北京政法职业学院学报》2011 年第 2 期。

[119]朱昆:《论法律援助经费制度体系建设》,载《安徽农业大学学报》2009年第5期。

[120]朱昆、郭婕:《我国法律援助机构设置中的文图及对策》,载《行政与法》2012年第12期。

[121]周旺生:《让中国社会成为现代法治社会》,载《政治与法律》1996年第8期。

[122]周寅:《法学专业大学生志愿服务与法律援助相结合的实践模式探索》,载《江苏警官学院学报》2010年第5期。

[123]高帆:《中国城乡二元经济结构转化的影响因素分解:1981~2009年》,载《经济理论与经济管理》2012年第9期。

[124]桑宁:《法律援助发展中结构性矛盾和瓶颈问题研究》,载《中国司法》2012年第1期。

[125]冯祥武:《法律援助资金保障新论》,载《云南行政学院学报》2012年第1期。

[126]李俊:《社会转型时期我国农村多元纠纷解决机制的重构路径》,载《河北法学》2013年第12期。

[127]司法部法律援助工作司:《2013年全国法律援助工作统计分析》,载《中国司法》2014年第7期。

[128]王雨静:《法律援助资金保障机制建设研究》,载《北京政法职业学院学报》2013年第1期。

[129]盛红:《法律援助质量管理战略与实现——应援优援》,载《中国司法》2013年第4期。

[130]上海法律援助中心:《关于完善法律援助服务质量管理体系的思考》,载《中国司法》2013年第5期。

[131]范英华:《试论中国传统法律文化与现代法制建设》,载《社会与法》2014年第9期。

[132]江必新、王红霞:《法治社会论纲》,载《中国社会科学》2014年第1期。

[133]郭婕:《当前法律援助面临的问题与对策》,载《中国司法》2014年第2期。

[134]戴其武、沈树萍:《构建非诉法律援助的工作机制》,载《法律援助》2015年第1期。

[135]梁春礼:《浅析法律援助监督管理机制中国家责任的实现》,载《法制与社会》2015年第1期。

[136]吕立秋:《政府法律顾问制度建设分析和展望》,载《中国法律评论》2015年第2期。

报告年鉴类:

[1]司法部法律援助中心:《2007年度法律援助业发展数据统计分析报告》,第85页。

[2]《山东省人大内务司法委员会关于贯彻实施〈山东省法律援助条例〉情况的调研报告》,载《山东省人民代表大会常务委员会公报》2009年第1期。

[3]陕西省法律援助中心:《关于农村法律援助工作的调研报告》(调研资料)。

[4]商洛市法律援助中心:《关于商洛市法律援助经费管理情况的汇报》(调研资料),2009年1月7日。

[5]上海法律援助中心:《关于完善法律援助服务质量管理体系的思考》,载《中国司法》2013年第5期。

[6]袁艳华:《农村法律援助工作问题与研究》。

[7]咸阳市法律援助中心:《关于咸阳市法律援助专项资金使用情况的报告》(调研资料),咸法援字[2009]01号。

[8]杨凌区法律援助中心:《杨凌区法律援助经费管理情况的报告》(调研资料),2009年1月14日。

[9]榆林市法律援助中心:《关于上报法律援助经费管理情况的报告》(调研资料),榆政司发[2009]9号,2009年1月15日。

[10]左秀美:《加拿大法律援助值班律师制度及其借鉴意义》,载司法部法律援助中心编:《2006中国法律援助年鉴》,中国民主法制出版社2007年版。

[11]司法部法律援助中心:《2013中国法律援助年鉴》,中国民主法制出版社2014年版,第204页。

[12]司法部法律援助工作司:《2014年全国法律援助工作统计分析(一)》,载《中国司法》2015年第6期。

学位论文:

[1]陈思:《我国农村法律援助制度探讨》,湘潭大学2010年硕士学位论文。

[2]陈冰晶:《香港法律援助制度研究》,复旦大学2009年硕士学位论文。

[3]程文欣:《完善我国法律援助制度途径的探究》,安徽大学2007年硕士学位论文。

[4]付利军:《长沙市法律援助运行模式问题研究》,国防科学技术大学2007年硕士学位论文。

[5]郭芹:《我国城乡二元化户籍制度改革的伦理探究——以重庆市为例》,重庆大学2012年硕士学位论文。

[6]韩雨欣:《我国法律援助制度存在的问题及其完善——以淄博市张店区法律援助中心为研究基点》,山东大学2011年硕士学位论文。

[7]韩淑君:《法律援助经费制度研究》,南京师范大学2007年硕士学位论文。

[8]贾敏:《农村法律援助制度构建研究——以巴东县为例》,江西农业大学2011年硕士学位论文。

[9]姜裕波:《沈阳市法律援助服务质量问题研究》,吉林大学2011年硕士学位论文。

[10]张丽萍:《试论我国农村法律援助制度的完善》,山东大学2013年硕士学位论文。

[11]刘虹:《对我国法律援助主体的几点思考》,华中科技大学2009年硕士学位论文。

[12]彭浩:《中国城乡二元结构与社会公平问题研究》,四川大学2007年硕士学位论文。

[13]潘妃霞:《上海市与香港特别行政区法律援助制度的比较研究》,东华大学2014年硕士学位论文。

[14]秦琴:《论我国法律援助制度的完善》,湖南大学2012年硕士学位论文。

[15]沈英姿:《我国法律援助制度运行现状及其思考——基于广州市天河区法律援助实践的分析》,暨南大学2011年硕士学位论文。

[16]沈红卫:《法律援助的基本理论问题及模式选择》,湖南师范大学2002年硕士学位论文。

[17]王楠楠:《法律援助制度的困境及完善》,暨南大学2011年硕士学位论文。

[18]王策:《法律援助问题研究——对我国法律援助制度的思考和建议》,吉林大学2011年硕士学位论文。

[19]徐敏康:《法律援助质量保障制度比较研究》,复旦大学2008年硕士学位论文。

[20]尹茂平:《中国内地与香港特区法律援助制度比较研究》,暨南大学2010年硕士学位论文。

英文文献：

[1]D. E. Wart, S. Linden, Background Paper on the Implications of the Salaried Defender Concept for the Delivery of Legal Aid Services in Ontario Ministry of the Attorney eneral. Maryland, Dozier & Hamelburg LLC Press, 1978, p. 19.

[2]U. S. Legal Service Corporation, The Delivery Systems Study: A Policy Report to the Congress and the President of the United States. Washington D . C, Counsel Press, 1980. p. 63.

[3]Roger Hanson, "Indigent Defender: Get the Job Done and Done Well", National Center for State Courts, 1992, p. 51.

图书在版编目(CIP)数据

农村法律援助体系的创新和发展研究 / 梁高峰著
. -- 北京 : 法律出版社, 2019
(长安经济法学文库 / 强力主编)
ISBN 978-7-5197-3093-2

Ⅰ. ①农… Ⅱ. ①梁… Ⅲ. ①农村-法律援助-研究-中国 Ⅳ. ①D926.04

中国版本图书馆 CIP 数据核字(2019)第 022701 号

农村法律援助体系的创新和发展研究
NONGCUN FALÜ YUANZHU TIXI DE CHUANGXIN HE FAZHAN YANJIU

梁高峰 著

策划编辑 沈小英
责任编辑 沈小英 张泽华
装帧设计 贾丹丹

出版 法律出版社
总发行 中国法律图书有限公司
经销 新华书店
印刷 北京虎彩文化传播有限公司
责任校对 郭艳萍
责任印制 吕亚莉

编辑统筹 法治与经济出版分社
开本 720 毫米×960 毫米 1/16
印张 16.25
字数 330 千
版本 2019 年 2 月第 1 版
印次 2019 年 2 月第 1 次印刷

法律出版社/北京市丰台区莲花池西里 7 号(100073)
网址/www.lawpress.com.cn
投稿邮箱/info@lawpress.com.cn
举报维权邮箱/jbwq@lawpress.com.cn
销售热线/010-83938336
咨询电话/010-63939796

中国法律图书有限公司/北京市丰台区莲花池西里 7 号(100073)
全国各地中法图分、子公司销售电话:
统一销售客服/400-660-6393
第一法律书店/010-83938334/8335
西安分公司/029-85330678
重庆分公司/023-67453036
上海分公司/021-62071639/1636
深圳分公司/0755-83072995

书号:ISBN 978-7-5197-3093-2
定价:73.00 元